民法典背景下

商业银行担保实务问题100问

法律评析·实务指南

主　编：胡　龙　刘　晔
副主编：张雅蒙　郭湾湾　何　琴

中国法制出版社
CHINA LEGAL PUBLISHING HOUSE

前　言
PREFACE

授信业务是商业银行的主营业务。商业银行在开展授信业务过程中，为确保信贷资金安全，通常接受借款人或第三人提供的担保作为风险控制措施。担保权利是否有效设立、如何便于实现，是商业银行需要重点关注的问题。而债权是否脱保，往往是商业银行主诉案件中当之无愧的争议焦点之一。

随着金融业务的不断创新，越来越复杂、新颖的担保措施逐渐从授信业务扩大到资管及其他银行业务领域，担保实务越发重要。而随着《中华人民共和国民法典》、最高人民法院《关于适用〈中华人民共和国民法典〉有关担保制度的解释》的颁布与施行，《中华人民共和国担保法》施行以来实行了20余年的担保制度亦发生了不小的变迁，担保实务更为疑难。在此背景下，重点梳理商业银行常见的担保实务问题，结合新的立法司法观点及商业银行业务实践，阐明法律观点、提示法律风险、提出风控建议，具有极强的现实意义。

本书以商业银行为视角，基于多年为商业银行提供法律服务的经验，从中总结、整理了具有一定的代表性、普遍性、易产生风险的100个实务问题。针对这些问题，本书通过【问题】【法律解析】【审查要点】【裁判观点】【法律延伸】五个部分的内容，试图作出尽可能务实、完善的解答。

【问题】就商业银行在业务开展过程中常见的具体问题，以清晰、简要、重点突出的方式进行概括式描述，帮助读者尤其是商业银行业务人员按图索骥，精准找到对应的问题。

【法律解析】基于现行法律法规、司法解释，针对问题进行简要的法律分析，或提示可能存在的多种理解，帮助银行识别相应的法律风险。

【审查要点】主要结合商业银行业务实际操作需要，就商业银行可能面临的法律风险，提出具有较强实操性的风险防范建议，帮助商业银行事前控制风险。

【裁判观点】针对每一问题的法律争议，挑选出具有代表性的最高人民法院或高级人民法院裁判案例，摘录裁判要旨，帮助商业银行了解司法实践中的裁判观点，并通过法院观点进一步准确理解法律规定。

【法律延伸】就问题涉及的重要法律规范进行法律条文摘录，方便读者检索。

目 录
CONTENTS

第一章

一般规定

1.独立担保条款能否在国内交易中使用？

问　题

担保人在对商业银行提供担保时，在担保函或担保合同中约定不因主合同无效而免除担保责任，或约定担保函的效力独立于主合同，该种约定是否有效？

法律解析

《中华人民共和国民法典》（以下简称《民法典》）第三百八十八条第一款规定："设立担保物权，应当依照本法和其他法律的规定订立担保合同。担保合同包括抵押合同、质押合同和其他具有担保功能的合同。担保合同是主债权债务合同的从合同。主债权债务合同无效的，担保合同无效，但是法律另有规定的除外。"第六百八十二条第一款规定："保证合同是主债权债务合同的从合同。主债权债务合同无效的，保证合同无效，但是法律另有规定的除外。"最高人民法院《关于适用〈中华人民共和国民法典〉有关担保制度的解释》（以下简称《民法典担保制度司法解释》）第二条、第三条进一步强调了担保合同的从属性，第二条第一款规定："当事人在担保合同中约定担保合同的效力独立于主合同，或者约定担保人对主合同无效的法律后果承担担保责任，该有关担保独立性的约定无效。主合同有效的，有关担保独立性的约定无效不影响担保合同的效力；主合同无效的，人民法院应当认定担保合同无效，但是法律另有规定的除外。"第三条规定："当事人对担保责任的承担约定专门的违约责任，或者约定的担保责任范围超出债务人应当承担的责任范围，担保人主张仅在债务人应当承担的责任范围内承担责任的，人民法院应予支持。担保人承担的责任超出债务人应当承担的责任范围，担保人向债务人追偿，债务人主张仅在其应当承担的责任范围内承担责任的，人民法院应予支持；担保人请求债权人返还超出部分的，人民法院依法予以支持。”据此，在法律另有规定情形之外，担保合同均属于主债权债务合同的从合同。主合同无效的，担保合同无效。

目前，我国法律、行政法规并未作出除外规定，仅最高人民法院《关于审理独立保函纠纷案件若干问题的规定》认可独立保函的效力独立于主合同。尽管该司法解释不属于《中华人民共和国立法法》（以下简称《立法法》）意义上的“法律”，但根据《最高人民法院民法典担保制度司法解释理解与适用》[①]一书中的观点，在当前“独立保函”并无专门立法的情况下，不妨将该司法解释理解为《民法典》规定的广义的“法律”。

最高人民法院《关于审理独立保函纠纷案件若干问题的规定》第二十三条规定：“当事人约定在国内交易中适用独立保函，一方当事人以独立保函不具有涉外因素为由，主张保函独立性的约定无效的，人民法院不予支持。”根据这一规定，在国内交易中同样可以适用独立保函。也就是说，只要独立保函符合下述条件之一，保函独立性的约定即有效，并不因是涉外交易还是国内交易，而有所区别：（1）保函载明见索即付；（2）保函载明适用国际商会《见索即付保函统一规则》等独立保函交易示范规则；（3）根据保函文本内容，开立人的付款义务独立于基础交易关系及保函申请法律关系，其仅承担相符交单的付款责任。

需要注意的是，最高人民法院《关于审理独立保函纠纷案件若干问题的规定》对独立保函作出明确的定义。该规定第一条第一款规定：“本规定所称的独立保函，是指银行或非银行金融机构作为开立人，以书面形式向受益人出具的，同意在受益人请求付款并提交符合保函要求的单据时，向其支付特定款项或在保函最高金额内付款的承诺。”在国内交易中，符合该规定的独立保函具有独立性，除此之外的担保文件则应严格遵守担保合同从属性的规定。

审查要点

商业银行在办理国内交易业务时首先应重点审核主合同、担保合同或担

① 最高人民法院民事审判第二庭著：《最高人民法院民法典担保制度司法解释理解与适用》，人民法院出版社2021年版。

保函的效力，以及担保合同或担保函中对于担保人担保责任的约定内容。同时，应当特别关注针对担保责任的约定内容，是否已经履行登记、备案程序，而非强制性要求设定独立担保条款，导致关注焦点的偏移。

裁判观点[①]

案例：北京某物资贸易有限公司与天津市某盐业集团有限公司确认合同无效纠纷案［最高人民法院（2018）最高法民申6281号］

裁判摘要：原审判决关于《担保合同》的效力认定是否存在认定事实不清、适用法律错误问题。《中华人民共和国物权法》（以下简称《物权法》）第一百七十二条第一款规定："设立担保物权，应当依照本法和其他法律的规定订立担保合同。担保合同是主债权债务合同的从合同。主债权债务合同无效，担保合同无效，但法律另有规定的除外。"该条规定，在法律对独立物保有特别规定的情形下，才能认定独立物保有效，否则，独立物保无效。该条排除了当事人约定独立物保的有效性。由于该条是对担保人提供独立物保的规定，而本案规定的是提供独立保证的情形，物保与人保并不相同，故本案不能直接援引《物权法》的该条规定进行裁判。《中华人民共和国担保法》（以下简称《担保法》）第五条第一款规定："担保合同是主合同的从合同，主合同无效，担保合同无效。担保合同另有约定的，按照约定。"根据该条规定，当事人对独立担保有约定的，可以从约定。但基于法理，对该条规定应做限缩解释，即，考虑到独立担保责任的异常严厉性，以及使用该制度可能产生欺诈和滥用权利的弊端，尤其是为了避免严重影响或动摇我国担保法律制度体系的基础，在司法实践中独立担保只能在国际商事交易中使

---

① 《中华人民共和国民法典》自2021年1月1日起施行。《中华人民共和国民法通则》《中华人民共和国担保法》《中华人民共和国合同法》《中华人民共和国物权法》《中华人民共和国民法总则》等同时废止。本书裁判观点部分收录的部分案例裁判于《中华人民共和国民法典》生效之前，为了更好呈现和分析相关裁判规则的内在逻辑和规范依据，本书保留了案件审理当时有效的法律法规、司法解释和规范性文件的内容。本书收录的案例所适用的法律规定，与现行有效的法律规定不存在冲突，具有较高的参考价值。本书收录的案例均来源于中国裁判文书网，对当事人等信息进行了隐名处理，仅供法律分析参考。下文将不再对此进行提示。

用，不能在国内市场交易中运用。基于上述分析，原审判决认定案涉《担保合同》中当事人关于独立担保的约定无效，并无不当。原审判决关于《担保合同》的效力认定并不存在认定事实不清、适用法律错误问题。

法律延伸

《中华人民共和国民法典》

第三百八十八条　设立担保物权，应当依照本法和其他法律的规定订立担保合同。担保合同包括抵押合同、质押合同和其他具有担保功能的合同。担保合同是主债权债务合同的从合同。主债权债务合同无效的，担保合同无效，但是法律另有规定的除外。

担保合同被确认无效后，债务人、担保人、债权人有过错的，应当根据其过错各自承担相应的民事责任。

第六百八十二条　保证合同是主债权债务合同的从合同。主债权债务合同无效的，保证合同无效，但是法律另有规定的除外。

保证合同被确认无效后，债务人、保证人、债权人有过错的，应当根据其过错各自承担相应的民事责任。

最高人民法院《关于审理独立保函纠纷案件若干问题的规定》（法释〔2020〕18号）

第一条　本规定所称的独立保函，是指银行或非银行金融机构作为开立人，以书面形式向受益人出具的，同意在受益人请求付款并提交符合保函要求的单据时，向其支付特定款项或在保函最高金额内付款的承诺。

前款所称的单据，是指独立保函载明的受益人应提交的付款请求书、违约声明、第三方签发的文件、法院判决、仲裁裁决、汇票、发票等表明发生付款到期事件的书面文件。

独立保函可以依保函申请人的申请而开立，也可以依另一金融机构的指示而开立。开立人依指示开立独立保函的，可以要求指示人向其开立用以保障追偿权的独立保函。

第三条　保函具有下列情形之一，当事人主张保函性质为独立保函的，人民法院应予支持，但保函未载明据以付款的单据和最高金额的除外：

（一）保函载明见索即付；

（二）保函载明适用国际商会《见索即付保函统一规则》等独立保函交易示范规则；

（三）根据保函文本内容，开立人的付款义务独立于基础交易关系及保函申请法律关系，其仅承担相符交单的付款责任。

当事人以独立保函记载了对应的基础交易为由，主张该保函性质为一般保证或连带保证的，人民法院不予支持。

当事人主张独立保函适用民法典关于一般保证或连带保证规定的，人民法院不予支持。

第二十三条 当事人约定在国内交易中适用独立保函，一方当事人以独立保函不具有涉外因素为由，主张保函独立性的约定无效的，人民法院不予支持。

2.担保合同无效时，债权人及担保人的责任如何承担？

问　题

在商业银行与第三人签订的担保合同被认定无效时，商业银行及担保人是否应当承担责任？承担何种责任？如何确定承担责任的比例？

法律解析

根据《民法典》第三百八十八条、第六百八十二条规定，担保人承担的责任不仅限于担保有效之时，在担保无效时，担保人在一定条件下也应承担民事责任。《民法典》第三百八十八条第二款规定：“担保合同被确认无效后，债务人、担保人、债权人有过错的，应当根据其过错各自承担相应的民事责任。”《民法典担保制度司法解释》第十七条区分了担保合同无效情形下的各种情况，并对责任承担范围作出了规定。具体而言：

1.主合同有效而担保合同无效

缔约过失责任的承担以当事人有过错为前提，因此在债权人与债务人之间主合同有效，而债权人与第三人订立的担保合同无效时，以债权人、担保人有无过错而有所分别。

（1）债权人、担保人均有过错。在债权人、担保人均有过错的情形下，债权人也应对担保合同的无效承担责任。因此，担保人仅承担部分赔偿责任。担保人承担的赔偿责任不超过债务人不能清偿部分的1/2。需要注意的是，是债务人不能清偿部分的1/2，而不是债权人全部损失的1/2。所谓"不能清偿部分"，是指债务人在债务到期后清偿债务的剩余部分，与债务人是否还有清偿能力有关。债务人仍有能力清偿的，仍应先执行债务人的财产。①

（2）债权人无过错而担保人有过错。《民法典》第一百五十七条规定："民事法律行为无效、被撤销或者确定不发生效力后……有过错的一方应当赔偿对方由此所受到的损失……"《民法典担保制度司法解释》明确了担保人的赔偿责任范围，即担保人仅对债务人不能清偿的部分向债权人承担责任。

（3）债权人有过错而担保人无过错。在此情形下，担保人因对担保合同无效没有过错而不承担赔偿责任。

2. 主合同无效导致担保合同无效

（1）担保人无过错。主合同的缔约主体为债权人、债务人，担保合同的缔约主体为债权人、担保人。在主合同无效导致担保合同无效的情形下，担保人并非主合同的缔约主体，且担保人无过错，则担保人无需承担责任。

（2）担保人有过错。在因主合同无效导致担保合同无效的情形下，虽担保人有过错，但担保合同无效系因主合同无效所致，其责任承担不应超过债权人及/或债务人。因此，《民法典担保制度司法解释》规定此种情形下担保人承担的责任不超过债务人不能清偿部分的1/3。

审查要点

商业银行在接受担保时，应尽到审慎核查义务，确保主合同、担保合同

---

① 参见曹士兵著：《中国担保制度与担保方法（第四版）》，中国法制出版社2017年版，第99页。

的合法、有效，其在订立主合同、担保合同过程中，不存在过错。如审核担保主体资格是否符合法律规定时，如法律禁止国家机关（但经国务院批准为使用外国政府或者国际经济组织贷款进行转贷的除外）作为保证人，商业银行仍接受国家机关主体提供担保的，其属于明知或应知担保无效而设定担保，商业银行具有过错，应承担相应民事责任。

裁判观点

案例：天津开发区某进出口贸易有限公司、深圳前海某供应链平台服务有限公司金融借款合同纠纷案［最高人民法院（2020）最高法民终189号］[①]

裁判摘要：对于宁夏某能源公司是否承担保证责任的问题。某银行兰州分行作为金融机构，应当知晓《中华人民共和国公司法》（以下简称《公司法》）关于公司对外担保的相关规定；且某银行兰州分行要求其他三公司提供了股东会决议，其在注意到公司对外担保应当提供相关会议决议的同时，未提供宁夏某能源公司对外担保的相关决议，也无证据证明其要求宁夏某能源公司提供相关决议，某银行兰州分行对其与宁夏某能源公司之间的担保需经股东会或董事会决议未尽到审查义务。因此，某银行兰州分行不是善意相对人。根据《中华人民共和国合同法》（以下简称《合同法》）第五十条的规定，某银行兰州分行与宁夏某能源公司签订的《最高额保证合同》无效。原判决认定《最高额保证合同》合法有效，适用法律错误，本院予以纠正。宁夏某能源公司未按法律规定在未经股东大会决议的情况下，擅自为案涉债务提供担保，宁夏某能源公司对《最高额保证合同》的无效存在过错，应承担相应责任。如前所述，某银行兰州分行作为金融机构对宁夏某能源公司对案涉债务进行担保需经股东会或董事会决议未尽到审查义务，亦对《最高额保证合同》的无效存在过错。根据最高人民法院《关于适用〈中华人民共和国担保法〉若干问题的解释》（以下简称《担保法司法解释》）第七条的规定，宁夏某能源公司与某银行兰州分行的上述过错程度相当，故宁夏某能源公司对于债务人甘肃某公司不能清偿部分，应承担50%的赔偿责任。

---

① 类似案例还有最高人民法院（2016）最高法民再335号。

法律延伸

《中华人民共和国民法典》

第三百八十八条　设立担保物权，应当依照本法和其他法律的规定订立担保合同。担保合同包括抵押合同、质押合同和其他具有担保功能的合同。担保合同是主债权债务合同的从合同。主债权债务合同无效的，担保合同无效，但是法律另有规定的除外。

担保合同被确认无效后，债务人、担保人、债权人有过错的，应当根据其过错各自承担相应的民事责任。

第六百八十二条　保证合同是主债权债务合同的从合同。主债权债务合同无效的，保证合同无效，但是法律另有规定的除外。

保证合同被确认无效后，债务人、保证人、债权人有过错的，应当根据其过错各自承担相应的民事责任。

最高人民法院《关于适用〈中华人民共和国民法典〉有关担保制度的解释》(法释〔2020〕28号)

第十七条　主合同有效而第三人提供的担保合同无效，人民法院应当区分不同情形确定担保人的赔偿责任：

（一）债权人与担保人均有过错的，担保人承担的赔偿责任不应超过债务人不能清偿部分的二分之一；

（二）担保人有过错而债权人无过错的，担保人对债务人不能清偿的部分承担赔偿责任；

（三）债权人有过错而担保人无过错的，担保人不承担赔偿责任。

主合同无效导致第三人提供的担保合同无效，担保人无过错的，不承担赔偿责任；担保人有过错的，其承担的赔偿责任不应超过债务人不能清偿部分的三分之一。

3.公益性质的组织能否以其财产及土地提供担保?

问 题

某民办学校拟申请商用房按揭贷款并以按揭贷款所购房屋抵押给某商业银行，该抵押是否能有效设立?

法律解析

根据《民法典》第三百九十九条规定，学校、幼儿园、医疗机构等为公益目的成立的非营利法人的教育设施、医疗卫生设施和其他公益设施不得抵押。民办学校、私立医院既可能是非营利法人，也可能是营利法人。

1. 民办学校、私立医院为非营利法人

根据《民法典》的规定，以公益为目的的非营利学校、医疗机构不具有担保资格，因而其提供的担保原则上无效。《民法典担保制度司法解释》第六条第一款进一步规定："以公益为目的的非营利性学校、幼儿园、医疗机构、养老机构等提供担保的，人民法院应当认定担保合同无效，但是有下列情形之一的除外：……（二）以教育设施、医疗卫生设施、养老服务设施和其他公益设施以外的不动产、动产或者财产权利设立担保物权……"根据该司法解释规定，笔者认为，如果民办学校、私立医院是非营利法人，且其以按揭贷款所购买的房屋不属于公益设施的，则该抵押有效。

2. 民办学校、私立医院为营利法人

根据《民法典担保制度司法解释》第六条第二款"登记为营利法人的学校、幼儿园、医疗机构、养老机构等提供担保，当事人以其不具有担保资格为由主张担保合同无效的，人民法院不予支持"之规定，笔者认为，属于营利法人的民办学校、私立医院提供担保，相应担保原则上可有效设立。但考虑到民办学校、私立医院等机构从事的事业属于公益事业，在执行过程中，法院可能会维持以往司法实践中较为流行的做法，即从公益、维稳角度出发，优先保障学校、医疗机构的正常活动经费，或认为相应设施系学校、医院开展正常业务活动所必要的条件，从而不予处置。在《民法典》业已发布尚未生效时，最高人民法院在（2020）最高法民申5054号民事裁定书中认为，抵押人虽然系有限责任公司，但其名下土地使用权实际上免费提供给医院使用，医院为非营利性的医疗卫生机构，地上建筑物均为医疗设施，案涉土地使用权应认定为医疗卫生设施，不得设定抵押，相应抵押合同无效。

审查要点

商业银行在拟接受民办学校、医疗机构、养老机构等提供的担保时，应谨慎核实以下内容：

1. 核实登记部门。如系在民政部门或事业单位登记机关办理的登记，则为非营利性法人，原则上担保无效，除非符合《民法典担保制度司法解释》的例外情形。如系在市场监管部门登记，则为营利性法人，原则上担保有效。

2. 核实担保财产类型。如提供担保的财产系公益设施，且担保财产属于非营利法人的，相应担保无效。如提供担保的财产系公益设施以外的设施，则无论是营利法人还是非营利法人，相应担保均有效。

裁判观点

案例：某银行股份有限公司某分行、某市某人民医院有限公司金融借款合同纠纷案［最高人民法院（2020）最高法民申5054号］[①]

裁判摘要：本院认为，首先，某医院公司系贵州某资产管理公司和某市医院出资设立的有限责任公司，某医院公司独资设立的某医院系经民政部门批准的民办非企业单位，经营性质为非营利性的医疗卫生机构。某医院公司系为开办和经营某医院而设立，根据《中华人民共和国民法总则》（以下简称《民法总则》）第八十七条第一款的规定，其经营所得收益除规定的合理支出外，只能用于医疗机构的继续发展，不得向出资人或设立人分配利润。因此，虽然根据《民法总则》第七十六条的规定，某医院公司在法人分类上

---

① 类似案例还有最高人民法院（2016）最高法民再3385号。

属于营利法人，但某银行某分行未提供证据证明某医院公司除某医院外还存在营利性经营活动，故某银行某分行关于某医院公司并非以公益为目的、不具备《物权法》第一百八十四条第三款规定的主体资格的主张不能成立。

其次，据原审查明，某医院公司名下用以设定抵押的案涉土地使用权，系通过拍卖方式受让取得，某市国土资源局国有土地使用权挂牌出让公告载明，案涉土地用途为医疗卫生用地；某市城乡规划局颁发的《建设用地规划许可证》载明案涉土地的用地性质为医疗卫生用地；某市国土资源局颁发的《土地他项权利证明书》亦载明土地（用途）为医疗慈善用地。案涉借款也是用于某医院基础设施建设和医疗卫生设施。此外，某医院于2014年12月开始建设，某银行某分行与某医院公司2015年11月5日签订案涉《最高额抵押合同》时，某医院主体建筑已基本建成，某银行某分行应当知道案涉土地实际用于医疗卫生目的，且某医院体检中心、部分门诊及住院部已投入使用。据此，案涉土地使用权虽登记在某医院公司名下，但该土地使用权是该公司为建设某医院项目而取得，且某医院在民政部门申请登记时提交某医院公司出具的证明载明，案涉土地由医院免费使用。根据《民办非企业单位登记暂行办法》第五条第三款和第六条第四款的规定，案涉土地使用权是某医院开展业务活动的必要条件。根据《物权法》第一百八十二条规定的房地一体原则，案涉土地使用权应认定为《物权法》第一百八十四条第三项和《担保法》第三十七条第三项规定的医疗卫生设施，属于依法不得设定抵押的财产。二审判决据此确认案涉《最高额抵押合同》因违反法律、行政法规强制性规定无效，某银行某分行就案涉土地使用权不享有优先受偿权，并无不当。某银行某分行关于医院尚未投入使用、抵押合同及抵押权的实现不违反相关立法本意的主张，没有事实和法律根据，不予支持。

法律延伸

《中华人民共和国民法典》

第三百九十九条 下列财产不得抵押：

（一）土地所有权；

（二）宅基地、自留地、自留山等集体所有土地的使用权，但是法律规定可以抵押的除外；

（三）学校、幼儿园、医疗机构等为公益目的成立的非营利法人的教育设施、医疗卫生设施和其他公益设施；

（四）所有权、使用权不明或者有争议的财产；

（五）依法被查封、扣押、监管的财产；

（六）法律、行政法规规定不得抵押的其他财产。

最高人民法院《关于适用〈中华人民共和国民法典〉有关担保制度的解释》（法释〔2020〕28号）

第六条 以公益为目的的非营利性学校、幼儿园、医疗机构、养老机构等提供担保的，人民法院应当认定担保合同无效，但是有下列情形之一的除外：

（一）在购入或者以融资租赁方式承租教育设施、医疗卫生设施、养老服务设施和其他公益设施时，出卖人、出租人为担保价款或者租金实现而在该公益设施上保留所有权；

（二）以教育设施、医疗卫生设施、养老服务设施和其他公益设施以外的不动产、动产或者财产权利设立担保物权。

登记为营利法人的学校、幼儿园、医疗机构、养老机构等提供担保，当事人以其不具有担保资格为由主张担保合同无效的，人民法院不予支持。

4.以诉讼方式实现担保物权的，如何确定管辖问题?

问 题

在借款人无法偿还借款，商业银行拟通过启动诉讼程序要求借款人偿还借款、担保人承担担保责任，而主合同与担保文件的争议解决条款约定不一致时，应如何确定管辖?

法律解析

《民法典担保制度司法解释》第二十一条规定：“主合同或者担保合同约定了仲裁条款的，人民法院对约定仲裁条款的合同当事人之间的纠纷无管辖权。债权人一并起诉债务人和担保人的，应当根据主合同确定管辖法院。债权人依法可以单独起诉担保人且仅起诉担保人的，应当根据担保合同确定管辖法院。”据此，在当事人约定案件管辖时，根据主合同确定管辖是基本原则，只有在债权人有权单独起诉担保人且仅起诉担保人时，才可以根据担保合同确定管辖。如果当事人未约定管辖，则应根据《中华人民共和国民事诉讼法》（以下简称《民事诉讼法》）第二十三条、第三十四条之规定确定管辖法院。

具体而言：

（1）如果商业银行同时起诉债务人和担保人，则根据主合同确定管辖。

（2）如果商业银行可以仅起诉担保人（如担保人为连带责任保证人）且事实上也仅起诉了担保人，由于此时债务人不是诉讼当事人，主合同纠纷未纳入诉讼，因此仅需依据担保合同确定管辖。

裁判观点

案例：张某、山东某不锈钢有限公司、淄博某再生资源有限公司、山东某铜业有限公司、山东某某铜业有限公司、山东某新材料科技有限公司与某有限公司保证合同纠纷案［最高人民法院（2014）民四终字第27号］[①]

裁判摘要：《担保法司法解释》第一百二十九条第一款虽规定“主合同和担保合同发生纠纷提起诉讼的，应当根据主合同确定案件管辖”，但该款同时规定：“担保人承担连带责任的担保合同发生纠纷，债权人向担保人主张权利的，应当由担保人住所地的法院管辖。”张某等七上诉人依据上述条款的前一部分内容提出的本案应当根据主合同确定管辖的上诉理由显然不能成立。

某有限公司依据相关证据诉请被告承担连带保证责任，属于人民法院的受案范围。其起诉有明确的被告，被告所在地均在山东高院辖区，诉讼标的数额也符合该院立案受理的条件。张某等七上诉人没有证据证明本案应适用“不方便法院”原则。故其管辖权异议理由不能成立。

---

① 类似案件还有长沙市中级人民法院（2020）湘01民辖终145号。

法律延伸

最高人民法院《关于适用〈中华人民共和国民法典〉有关担保制度的解释》（法释〔2020〕28号）

第二十一条　主合同或者担保合同约定了仲裁条款的，人民法院对约定仲裁条款的合同当事人之间的纠纷无管辖权。

债权人一并起诉债务人和担保人的，应当根据主合同确定管辖法院。

债权人依法可以单独起诉担保人且仅起诉担保人的，应当根据担保合同确定管辖法院。

第二章
公司担保

5. 商业银行接受公司为他人提供担保时，应尽哪些审核义务？

问　题

自然人甲向商业银行申请贷款，由乙公司提供连带责任保证。乙公司只向商业银行提供了公司营业执照，并在保证合同上盖章。在此情况下，乙公司的担保行为是否合法有效？

法律解析

通常情况下，加盖公司公章的行为具有代表公司作出意思表示的法律效力，但就公司担保和投资两类具有高度损害公司利益的重大交易行为而言，《公司法》设置了特别规定，[①]《公司法》第十六条规定："公司向其他企业投资或者为他人提供担保，依照公司章程的规定，由董事会或者股东会、股东大会决议；公司章程对投资或者担保的总额及单项投资或者担保的数额有限额规定的，不得超过规定的限额。公司为公司股东或者实际控制人提供担保的，必须经股东会或者股东大会决议。前款规定的股东或者受前款规定的实际控制人支配的股东，不得参加前款规定事项的表决。该项表决由出席会议的其他股东所持表决权的过半数通过。"

就《公司法》第十六条是否属于法律、行政法规的强制性规定，违反该规定是否导致担保合同无效的问题，司法实务中历来存在诸多争议。根据检索到的最高人民法院近年的判例，持肯定说和否定说的几乎各占一半。在持肯定说的观点中，对担保权人对公司机关决议的审查义务又有宽严不一的要求：部分法院认为担保权人作为公司外部人，仅承担表面审核义务；但也有

---

① 参见高圣平著：《担保法前沿问题与判解研究（第五卷）——最高人民法院新担保制度司法解释条文释评》，人民法院出版社 2021 年版，第 69 页。

法院认为担保权人应承担实质审核义务。

对此问题，《全国法院民商事审判工作会议纪要》第十七条、第十八条第二款首次明确："为防止法定代表人随意代表公司为他人提供担保给公司造成损失，损害中小股东利益，《公司法》第16条对法定代表人的代表权进行了限制。根据该条规定，担保行为不是法定代表人所能单独决定的事项，而必须以公司股东（大）会、董事会等公司机关的决议作为授权的基础和来源。法定代表人未经授权擅自为他人提供担保的，构成越权代表，人民法院应当根据《合同法》第50条关于法定代表人越权代表的规定，区分订立合同时债权人是否善意分别认定合同效力：债权人善意的，合同有效；反之，合同无效。""债权人对公司机关决议内容的审查一般限于形式审查，只要求尽到必要的注意义务即可，标准不宜太过严苛。公司以机关决议系法定代表人伪造或者变造、决议程序违法、签章（名）不实、担保金额超过法定限额等事由抗辩债权人非善意的，人民法院一般不予支持。但是，公司有证据证明债权人明知决议系伪造或者变造的除外。"

《民法典担保制度司法解释》第七条作出了与之类似的规定："公司的法定代表人违反公司法关于公司对外担保决议程序的规定，超越权限代表公司与相对人订立担保合同，人民法院应当依照民法典第六十一条和第五百零四条等规定处理：（一）相对人善意的，担保合同对公司发生效力；相对人请求公司承担担保责任的，人民法院应予支持。（二）相对人非善意的，担保合同对公司不发生效力；相对人请求公司承担赔偿责任的，参照适用本解释第十七条的有关规定。法定代表人超越权限提供担保造成公司损失，公司请求法定代表人承担赔偿责任的，人民法院应予支持。第一款所称善意，是指相对人在订立担保合同时不知道且不应当知道法定代表人超越权限。相对人有证据证明已对公司决议进行了合理审查，人民法院应当认定其构成善意，但是公司有证据证明相对人知道或者应当知道决议系伪造、变造的除外。"

审查要点

商业银行作为债权人，在接受公司为他人提供担保时，应尽到合理审查义务。具体包括：

1. 审查是否存在公司决策机构决议。一般情况下，债权人均需根据《公司法》第十六条的规定要求担保人提供公司决策机构决议。如担保人无法提供有效的股东（大）会或董事会决议，则担保合同必须由单独或共同持有公司2/3以上对外担保事项有表决权的股东签字。

2. 审查作出决议的主体是否符合法律规定。为公司股东或实际控制人提供的关联担保，无论公司章程是否规定以及如何规定，必须要求担保人提供有效的股东会决议。为股东或实际控制人以外的第三人提供非关联担保的，如公司章程规定担保事项由董事会决议，可以要求担保人提供董事会决议。如公司章程未对决议机关以及决议人数等事项作出规定，从审慎角度考虑，应要求其提供有效的股东（大）会决议。

3. 审查决议内容是否符合《公司法》及公司章程规定。具体包括：决议的召集程序是否合规、股东或董事名称是否与工商登记一致、关联股东是否回避、决议表决人数及通过人数是否符合公司章程规定、决议是否仍在有效期内等。如签章的股东、董事在商业银行预留印鉴的，商业银行还应核对印鉴相符性。

4. 如担保人系上市公司或其控股子公司，还应审查上市公司是否就担保事项已经公司机关决议的事项发布公告。

裁判观点

案例：大连某学院与大连某实业有限公司金融借款合同纠纷案［最高人民法院（2018）最高法民终36号］[①]

裁判摘要：高某在签订案涉保证合同时未向某银行某支行出具某公司的企业法人营业执照、法定代表人授权委托书、某公司同意担保的股东会决议等证明高某有对外担保签约权的文件，缺乏使合同相对人有理由相信高某有代表权或代理权的权利外观。同时，《公司法》第十六条对公司对外担保的决策权和决策机构作出了明确规定，任何接受公司担保的相对人都应尽到谨

---

① 类似案例还有最高人民法院（2020）最高法民申1086号、（2020）最高法民申2155号、（2020）最高法民申2345号。

慎注意义务，某银行某支行作为专业金融机构，更应尽到必要注意义务。案涉保证合同签订时，某公司的工商登记资料以及企业法人营业执照已经进行了变更登记，高某已不是该公司法定代表人，上述工商登记信息具有公示公信力，某银行某支行能够查询知晓。而且，按照银行贷款担保的通行做法，银行一般应对担保人进行核保。但是，该行在签订案涉保证合同时并未要求高某提供相关证明文件，事后也未进行核保，未尽到审慎注意义务，主观上存在过失。因此，高某以某公司的名义签订案涉保证合同的行为，不符合表见代表或表见代理的特征。

法律延伸

《中华人民共和国公司法》

第十六条　公司向其他企业投资或者为他人提供担保，依照公司章程的规定，由董事会或者股东会、股东大会决议；公司章程对投资或者担保的总额及单项投资或者担保的数额有限额规定的，不得超过规定的限额。

公司为公司股东或者实际控制人提供担保的，必须经股东会或者股东大会决议。

前款规定的股东或者受前款规定的实际控制人支配的股东，不得参加前款规定事项的表决。该项表决由出席会议的其他股东所持表决权的过半数通过。

最高人民法院《关于适用〈中华人民共和国民法典〉有关担保制度的解释》（法释〔2020〕28号）

第七条　公司的法定代表人违反公司法关于公司对外担保决议程序的规定，超越权限代表公司与相对人订立担保合同，人民法院应当依照民法典第六十一条和第五百零四条等规定处理：

（一）相对人善意的，担保合同对公司发生效力；相对人请求公司承担担保责任的，人民法院应予支持。

（二）相对人非善意的，担保合同对公司不发生效力；相对人请求公司承担赔偿责任的，参照适用本解释第十七条的有关规定。

法定代表人超越权限提供担保造成公司损失，公司请求法定代表人承担赔偿责任的，人民法院应予支持。

第一款所称善意，是指相对人在订立担保合同时不知道且不应当知道法定代表人超越权限。相对人有证据证明已对公司决议进行了合理审查，人民法院应当认定其构成善意，但是公司有证据证明相对人知道或者应当知道决议系伪造、变造的除外。

第八条 有下列情形之一，公司以其未依照公司法关于公司对外担保的规定作出决议为由主张不承担担保责任的，人民法院不予支持：

（一）金融机构开立保函或者担保公司提供担保；

（二）公司为其全资子公司开展经营活动提供担保；

（三）担保合同系由单独或者共同持有公司三分之二以上对担保事项有表决权的股东签字同意。

上市公司对外提供担保，不适用前款第二项、第三项的规定。

第九条 相对人根据上市公司公开披露的关于担保事项已经董事会或者股东大会决议通过的信息，与上市公司订立担保合同，相对人主张担保合同对上市公司发生效力，并由上市公司承担担保责任的，人民法院应予支持。

相对人未根据上市公司公开披露的关于担保事项已经董事会或者股东大会决议通过的信息，与上市公司订立担保合同，上市公司主张担保合同对其不发生效力，且不承担担保责任或者赔偿责任的，人民法院应予支持。

相对人与上市公司已公开披露的控股子公司订立的担保合同，或者相对人与股票在国务院批准的其他全国性证券交易场所交易的公司订立的担保合同，适用前两款规定。

第十条 一人有限责任公司为其股东提供担保，公司以违反公司法关于公司对外担保决议程序的规定为由主张不承担担保责任的，人民法院不予支持。公司因承担担保责任导致无法清偿其他债务，提供担保时的股东不能证明公司财产独立于自己的财产，其他债权人请求该股东承担连带责任的，人民法院应予支持。

第十一条 公司的分支机构未经公司股东（大）会或者董事会决议以自己的名义对外提供担保，相对人请求公司或者其分支机构承担担保责任的，人民法院不予支持，但是相对人不知道且不应当知道分支机构对外提供担保未经公司决议程序的除外。

金融机构的分支机构在其营业执照记载的经营范围内开立保函，或者经有权从事担保业务的上级机构授权开立保函，金融机构或者其分支机构以违反公司法关于公司对外担保决议程序的规定为由主张不承担担保责任的，人民法院不予支持。金融机构的分支机构未经金融机构授权提供保函之外的担保，金融机构或者其分支机构主张不承担担保责任的，人民法院应予支持，但是相对人不知道且不应当知道分支机构对外提供担保未经金融机构授权的除外。

担保公司的分支机构未经担保公司授权对外提供担保，担保公司或者其分支机构主张不承担担保责任的，人民法院应予支持，但是相对人不知道且不应当知道分支机构对外提供担保未经担保公司授权的除外。

公司的分支机构对外提供担保，相对人非善意，请求公司承担赔偿责任的，参照本解释第十七条的有关规定处理。

第十二条　法定代表人依照民法典第五百五十二条的规定以公司名义加入债务的，人民法院在认定该行为的效力时，可以参照本解释关于公司为他人提供担保的有关规则处理。

《全国法院民商事审判工作会议纪要》（法〔2019〕254号）

关于公司为他人提供担保的合同效力问题，审判实践中裁判尺度不统一，严重影响了司法公信力，有必要予以规范。对此，应当把握以下几点：

17.【违反《公司法》第16条构成越权代表】为防止法定代表人随意代表公司为他人提供担保给公司造成损失，损害中小股东利益，《公司法》第16条对法定代表人的代表权进行了限制。根据该条规定，担保行为不是法定代表人所能单独决定的事项，而必须以公司股东（大）会、董事会等公司机关的决议作为授权的基础和来源。法定代表人未经授权擅自为他人提供担保的，构成越权代表，人民法院应当根据《合同法》第50条关于法定代表人越权代表的规定，区分订立合同时债权人是否善意分别认定合同效力：债权人善意的，合同有效；反之，合同无效。

18.【善意的认定】前条所称的善意，是指债权人不知道或者不应当知道法定代表人超越权限订立担保合同。《公司法》第16条对关联担保和非关联担保的决议机关作出了区别规定，相应地，在善意的判断标准上也应当有所区别。一种情形是，为公司股东或者实际控制人提供关联担保，《公司法》第16条明确规定必须由股东（大）会决议，未经股东（大）会决议，构成越权代表。在此情况下，债权人主张担保合同有效，应当提供证据证明其在订立合同时对股东（大）会决议进行了审查，决议的表决程序符合《公司法》第16条的规定，即在排除被担保股东表决权的情况下，该项表决由出席会议的其他股东所持表决权的过半数通过，签字人员也符合公司章程的规定。另一种情形是，公司为公司股东或者实际控制人以外的人提供非关联担保，根据《公司法》第16条的规定，此时由公司章程规定是由董事会决议还是股东（大）会决议。无论章程是否对决议机关作出规定，也无论章程规定决议机关为董事会还是股东（大）会，根据《民法总则》第61条第3款关于"法人章程或者法人权力机构对法定代表人代表权的限制，不得对抗善意相对人"的规定，只要债权人能够证明其在订立担保合同时对董事会决议或者股东（大）会决议进行了审查，同意决议的人数及签字人员符合公司章程的规定，就应当认定其构成善意，但公司能够证明债权人明知公司章程对决议机关有明确规定的除外。

债权人对公司机关决议内容的审查一般限于形式审查，只要求尽到必要的注意义务即可，标准不宜太过严苛。公司以机关决议系法定代表人伪造或者变造、决议程序违法、签章（名）不实、担保金额超过法定限额等事由抗辩债权人非善意的，人民法院一般不予支持。但是，公司有证据证明债权人明知决议系伪造或者变造的除外。

19.【无须机关决议的例外情况】存在下列情形的，即便债权人知道或者应当知道没有公司机关决议，也应当认定担保合同符合公司的真实意思表示，合同有效：

（1）公司是以为他人提供担保为主营业务的担保公司，或者是开展保函业务的银行或者非银行金融机构；

（2）公司为其直接或者间接控制的公司开展经营活动向债权人提供担保；

（3）公司与主债务人之间存在相互担保等商业合作关系；

（4）担保合同系由单独或者共同持有公司三分之二以上有表决权的股东签字同意。

20.【越权担保的民事责任】依据前述3条规定，担保合同有效，债权人请求公司承担担保责任的，人民法院依法予以支持；担保合同无效，债权人请求公司承担担保责任的，人民法院不予支持，但可以按照担保法及有关司法解释关于担保无效的规定处理。公司举证证明债权人明知法定代表人超越权限或者机关决议系伪造或者变造，债权人请求公司承担合同无效后的民事责任的，人民法院不予支持。

6.公司章程对外担保决策机构约定不明，商业银行应如何审查公司机关决议？

问　题

乙公司拟为甲公司金融借款提供担保，但乙公司的章程既未对公司是否可以对外担保作出规定，也未对公司对外担保由哪一个决策机构进行决议作出规定，如果乙公司仅提供董事会决议，该担保行为是否存在法律瑕疵？

法律解析

公司是以营利为目的的社团法人，但公司为他人提供担保时，无法从担保权人处取得相应对价，在债务人未履行债务时，还要以公司财产为债务人承担代偿责任，由此而决定，公司为他人债务提供担保本身并不具有经营性质或营利性质，在一定程度上背离了公司的设立本旨和存在目的。[①] 因此《公司法》第十六条对公司投资与担保行为作出了特别规定，即公司对外投资、担保的，公司必须就该特定交易行为作出决策，公司章程在公司为他人担保的决策机构上，只能在董事会或者股东会（含股东大会）两者之间进行选择，超出法律允许的选择范围，意思自治将归于无效，不具有法律拘束力。[②]

---

① 参见高圣平著:《担保法前沿问题与判解研究（第五卷）——最高人民法院新担保制度司法解释条文释评》，人民法院出版社 2021 年版，第 63 页。

② 参见曹士兵著:《中国担保制度与担保方法（第四版）》，中国法制出版社 2017 年版，第 87 页。

实践中，若公司章程未对公司担保事项作出具体规定，应区分两种情况进行判断：

1.公司为股东或实际控制人提供关联担保。《公司法》第十六条第二款明确规定关联担保的决议主体为股东（大）会。因此，商业银行在接受公司为其股东或实际控制人提供的担保时，必须要求担保人出具有效的股东（大）会决议。否则，笔者认为，构成越权代表，商业银行因未尽到必要合理审慎义务，不属于善意相对人，担保合同应归于无效。

2.公司为股东或实际控制人以外的人提供非关联担保。《全国法院民商事审判工作会议纪要》第十八条第一款规定："……公司为公司股东或者实际控制人以外的人提供非关联担保，根据《公司法》第16条的规定，此时由公司章程规定是由董事会决议还是股东（大）会决议。无论章程是否对决议机关作出规定，也无论章程规定决议机关为董事会还是股东（大）会，根据《民法总则》第61条第3款①关于'法人章程或者法人权力机构对法定代表人代表权的限制，不得对抗善意相对人'的规定，只要债权人能够证明其在订立担保合同时对董事会决议或者股东（大）会决议进行了审查，同意决议的人数及签字人员符合公司章程的规定，就应当认定其构成善意，但公司能够证明债权人明知公司章程对决议机关有明确规定的除外。"因此，笔者认为，在公司章程没有明确对外担保的决策机构时，商业银行要求担保人提供董事会或股东（大）会决议均可。当然，出于审慎考虑，股东（大）会为公司的最高权力机构，如担保人能够出具股东（大）会决议的，应要求其出具股东（大）会决议。

裁判观点

案例一：某能源科技（北京）股份公司、某资产管理股份有限公司江西省分公司合同纠纷案［最高人民法院（2021）最高法民申1267号］②

裁判摘要：由于案涉《保证合同》未经适格机关即股东大会审议批准，

① 现为《民法典》第61条第3款。

② 类似案例还有最高人民法院（2020）最高法民申5647号。

法定代表人未经授权擅自为他人提供担保，构成越权代表，根据《合同法》第五十条关于法定代表人越权代表的规定，应区分订立合同时债权人是否善意分别认定合同效力：债权人善意的，合同有效；反之，合同无效。……本院认为，在案涉担保为非关联担保的情况下，根据《公司法》第十六条第一款的规定，此时由公司章程规定是由董事会决议还是股东（大）会决议。根据《民法总则》第六十条第三款关于“法人章程或者法人权力机构对法定代表人代表权的限制，不得对抗善意相对人”的规定，只要债权人能够证明其在订立担保合同时对董事会决议或者股东（大）会决议进行了审查，同意决议的人数及签字人员符合公司章程的规定，就应当认定其构成善意。本案中，债权人某公司江西分公司在订立《保证合同》时，对某能源公司的董事会决议进行了形式审查，且某能源公司对该《董事会决议》的真实性不持异议，《董事会决议》不仅同意为案涉债务提供担保，并声明担保金额和相关事项完全符合《公司法》和《公司章程》的规定。虽然某能源公司公开披露的《公司章程》《对外担保管理制度》《2016年年度报告》以及上海证券交易所《股票上市规则》显示，案涉担保数额超过公司最近一期经审计净资产10%，应进一步提交股东大会审议通过，但上述公司章程和内部制度对相关担保的决议机关规定属于约定限制，相对人的审查义务并非基于其对外效力，故应以形式审查为限；且对外担保数额和公司资产的关系并不能从相关公开文件中直接获取，需要债权人进一步计算得出，故不能以上述文件对外公开披露就认定本案债权人明知公司章程对案涉担保决议机关有明确规定；且要求债权人在签订担保合同时对公司担保数额和公司资产的关系比例进行实质审查，或者对债务人董事会相关声明的真伪予以确认，亦增加了债权人的举证责任和交易成本。

案例二：徐某、扬州某酒店有限公司民间借贷纠纷案［最高人民法院（2018）最高法民申4048号］

裁判摘要：本院经审查认为，本案300万元借款的实际使用人为某公司，某公司的法定代表人高某某亦是某某公司的实际控制人，某某公司又是本案《保证合同》订立时某酒店的股东，由此，原审判决认定本案借款主体及担保主体均发生在关联主体之间，有事实依据。根据《公司法》第十六条第二款规定，公司为公司股东或实际控制人提供担保的，必须经股东会或股东会大会决议。本案中，徐某在签订《借款合同》及《保证合同》时，未要求许某提供某酒店同意为借款担保的股东会决议，未尽到谨慎审查义务，原审判决认定徐某不属于善意相对人，案涉担保对某酒店不生效，适用法律并无不当。

法律延伸

《中华人民共和国民法典》

第六十一条 依照法律或者法人章程的规定，代表法人从事民事活动的负责人，为法人的法定代表人。

法定代表人以法人名义从事的民事活动，其法律后果由法人承受。

法人章程或者法人权力机构对法定代表人代表权的限制，不得对抗善意相对人。

第八十五条 营利法人的权力机构、执行机构作出决议的会议召集程序、表决方式违反法律、行政法规、法人章程，或者决议内容违反法人章程的，营利法人的出资人可以请求人民法院撤销该决议。但是，营利法人依据该决议与善意相对人形成的民事法律关系不受影响。

第五百零四条 法人的法定代表人或者非法人组织的负责人超越权限订立的合同，除相对人知道或者应当知道其超越权限外，该代表行为有效，订立的合同对法人或者非法人组织发生效力。

《全国法院民商事审判工作会议纪要》（法〔2019〕254号）

18.【善意的认定】前条所称的善意，是指债权人不知道或者不应当知道法定代表人超越权限订立担保合同。《公司法》第16条对关联担保和非关联担保的决议机关作出了区别规定，相应地，在善意的判断标准上也应当有所区别。一种情形是，为公司股东或者实际控制人提供关联担保，《公司法》第16条明确规定必须由股东（大）会决议，未经股东（大）会决议，构成越权代表。在此情况下，债权人主张担保合同有效，应当提供证据证明其在订立合同时对股东（大）会决议进行了审查，决议的表决程序符合《公司法》第16条的规定，即在排除被担保股东表决权的情况下，该项表决由出席会议的其他股东所持表决权的过半数通过，签字人员也符合公司章程的规定。另一种情形是，公司为公司股东或者实际控制人以外的人提供非关联担保，根据《公司法》第16条的规定，此时由公司章程规定是由董事会决议还是股东（大）会决议。无论章程是否对决议机关作出规定，也无论章程规定决议机关为董事会还是股东（大）会，根据《民法总则》第61条第3款关于“法人章程或者法人权力机构对法定代表人代表权的限制，不得对抗善意相对人”的规定，只要债权人能够证明其在订立担保合同时对董事会决议或者股东（大）会决议进行了审查，同意决议的人数及签字人员符合公司章程的规定，就应当认定其构成善意，但公司能够证明债权人明知公司章程对决议机关有明确规定的除外。

债权人对公司机关决议内容的审查一般限于形式审查，只要求尽到必要的注意义务即可，标准不宜太过严苛。公司以机关决议系法定代表人伪造或者变造、决议程序违法、签章（名）不实、担保金额超过法定限额等事由抗辩债权人非善意的，人民法院一般不予支持。但是，公司有证据证明债权人明知决议系伪造或者变造的除外。

7.作出公司对外担保的决议机构与公司章程规定的不一致，相应公司机关决议是否有效？担保是否有效设立？

问　题

甲公司为乙公司的控股子公司，甲公司欲向某商业银行贷款1,500万元，乙公司同意为上述贷款提供连带责任保证担保。乙公司章程规定，股东会行使最高权力，董事会对股东会负责，其中董事会行使对公司的经营计划、投资和融资方案及对外担保的权利。但乙公司部分董事长期在外以致无法召开董事会。现乙公司就该笔担保召开了股东会并作出了股东会决议。乙公司的股东会决议能否作为对外担保事项的有效决议？

法律解析

公司章程中对“为他人提供担保”事项特别规定由董事会决议时，根据

《公司法》第十六条第一款之规定："公司向其他企业投资或者为他人提供担保，依照公司章程的规定，由董事会或者股东会、股东大会决议；公司章程对投资或者担保的总额及单项投资或者担保的数额有限额规定的，不得超过规定的限额。"笔者认为，公司章程中对"为他人提供担保"事项特别规定由董事会决议时，公司为他人提供担保，应由董事会作出有效决议。鉴于董事会的一般担保决策权也是经由公司章程授权产生，因公司章程是公司股东集体意思表示的产物，所以董事会的担保决策权也是公司所有者授权公司经营层行使的特殊权利。[①]因此，若因其他客观原因导致该公司无法作出有效董事会决议时，则可以由股东会、股东大会作出决议，但应经出席会议的股东所持表决权的2/3以上通过。

公司章程中对"为他人提供担保"事项特别规定由股东会或股东大会决议时，若公司提供非关联担保实际由公司董事会作出有效决议，根据《全国法院民商事审判工作会议纪要》的相关规定，应由公司股东（大）会作出有效决议。

也就是说，公司章程规定应由董事会作出决议的，可以经持2/3以上表决权的股东作出股东（大）会决议替代董事会决议，相应担保有效；但如公司章程规定应由公司股东（大）会决议的，则应由股东（大）会作出决议，以董事会决议替代股东（大）会决议的，相应担保很可能被认定无效。

审查要点

公司为股东或实际控制人提供的关联担保，无论公司章程是否规定以及如何规定，必须要求担保人提供有效的股东（大）会决议。公司为股东或实际控制人以外的第三人提供非关联担保的，如公司章程规定担保事项由董事会决议，可以要求担保人提供董事会决议。如公司章程未对决策机构以及决议人数等事项作出规定，从审慎角度考虑，应要求其提供有效的股东（大）会决议。

---

① 参见曹士兵著:《中国担保制度与担保方法（第四版）》，中国法制出版社2017年版，第88页。

裁判观点

案例：广州某传媒有限公司、深圳市某电子有限公司融资租赁合同纠纷案［河南省高级人民法院（2020）豫民终392号］

裁判摘要：关于深圳某公司上诉主张称庄某滥用职权进行担保，《保证合同》不是深圳某公司和江苏某公司的真实意思表示，按照公司章程和《关于规范上市公司对外担保行为的通知》，该笔担保应当经其股东江苏某公司董事会或股东会同意，担保形式严重瑕疵，其不应当承担担保责任。对此，本院认为，《公司法》第十六条是对公司向其他企业投资或者为他人提供担保需经董事会或者股东会、股东大会决议的程序性规定。根据《全国法院民商事审判工作会议纪要》第十七条、第十八条规定的精神，公司对外提供担保时，相对人具有审查公司董事会或者股东会、股东大会决议的注意义务，否则不能认定为善意。但相对人的审查义务仅为形式审查，在公司对外提供非关联担保时，无论公司章程规定的决议机关为董事会还是股东会、股东大会，只要债权人能够证明其在订立担保合同时对董事会决议或者股东会、股东大会决议进行了审查，同意决议人数及签字人员符合公司章程规定就应当认定为善意。

法律延伸

《中华人民共和国公司法》

第十六条　公司向其他企业投资或者为他人提供担保，依照公司章程的规定，由董事会或者股东会、股东大会决议；公司章程对投资或者担保的总额及单项投资或者担保的数额有限额规定的，不得超过规定的限额。

公司为公司股东或者实际控制人提供担保的，必须经股东会或者股东大会决议。

前款规定的股东或者受前款规定的实际控制人支配的股东，不得参加前款规定事项的表决。该项表决由出席会议的其他股东所持表决权的过半数通过。

8.公司提供的担保函件约定的责任承担方式与公司机关决议不一致，担保是否有效设立？

问 题

在转授权业务中，母公司出具的董事会决议写明："转授权额度由子公司使用，由我公司提供连带责任保证。"但母公司提供的《授信额度使用授权委托书》中写明其承担的是连带清偿责任。《重点客户转授权额度申请表》审批的担保方式也是连带清偿责任。在担保文件承诺承担连带清偿责任但公司机关决议仅授权公司承担连带保证责任的情况下，公司应承担何种责任？

法律解析

《民法典》第六百八十八条规定了连带责任保证，其属于保证责任的一种形式。而连带清偿责任的范围相对更广，包括《民法典》第五百一十八条、第五百一十九条、第五百二十条规定的"连带债务"，其是债务履行的一种方式。此外，《民法典》第五百五十二条规定了"债的加入"，其承担责任的方式同样是连带债务（连带清偿责任）。通常而言，债务加入人的责任重于连带责任保证人的责任。比如，债务加入人与原债务人不是主从关系，债务加入合同相对于原债权债务合同不具有从属性，不受主合同效力的影响。

根据"举轻以明重"的解释规则，《全国法院民商事审判工作会议纪要》第二十三条规定："法定代表人以公司名义与债务人约定加入债务并通知债权人或者向债权人表示愿意加入债务，该约定的效力问题，参照本纪要关于公司为他人提供担保的有关规则处理。"在此情况下，笔者认为，公司提供对外担保或类似承诺时，商业银行应当审核公司决议文件，且应确保决议载明的责任与公司签订的担保合同或类似文件承诺的责任保持完全一致。如二者存在不一致，参照《民法典担保制度司法解释》第三十六条第三款"前两款中第三人提供的承诺文件难以确定是保证还是债务加入的，人民法院应当将其认定为保证"之规定，存在被法院按照公司责任较轻的文件裁判的可能。

也就是说，在题设问题中，尽管公司内部审批文件等材料中明确授权子公司对外承担连带清偿责任，但因母公司有权机关作出决议同意公司承担连带保证责任，应按照更轻的责任即连带保证责任确定子公司的法律责任。责任性质的确定，在主合同无效等情形下，对债权人而言，意义重大，应予高度重视。

审查要点

1. 公司作出提供担保、债务加入或类似承诺时，商业银行应当按照《公司法》和公司章程的规定，严格审核有关法律文件（包括公司章程、公司机关决议）及其取得程序，尽到合理审查义务。

2. 公司提供的一整套担保文件，包括但不限于公司机关决议、授权文件、担保合同或类似承诺，在担保方式、范围、期限、主债权数额等内容上应保持一致。

裁判观点

案例：瑞安某地产有限公司、北京某房地产咨询有限责任公司合同纠纷案［最高人民法院（2019）最高法民终1178号］

裁判摘要：对合同条款的理解，应当坚持文义优先原则，联系当事人签订合同的上下文，依照措辞表述进行相应定性。《五方协议》中，其条款排布主要划分为“前言”“第一条定义”“第二条第一笔股东贷款的偿还”“第三条委托贷款”“第四条额外补偿款项”“第五条通知”“第六条其他事项”。从上述标题设置和具体约定内容可见，一是合同方在“第二条”项下明确了涉案贷款11,199,990美元的本金清偿、利息支付以及担保的方式，载明某公司就上述贷款本金及利息提供连带责任保证。该条款可印证某公司关于作出连带责任保证意思表示的主张。二是合同方在第四条项下针对“额外补偿款项”作了安排，其条款虽提及“连带责任”，但用语中未使用“债务加入”的措辞。在无其他特别说明或者特别约定的情况下，某公司关于第四条中的“连带责任”系对应于第二条“连带保证责任”的理解，更符合合同文本前后用语含义的一致性与延续性，应当更贴近当事人签约当时的真实意思表示。相较而言，瑞安某地产公司将该“连带责任”另行引申为作出债务加入的意思表示，理据相对欠缺。

其次，审查实际履约行为，进一步确认合同各方的真实意思表示。《五方协议》签订之后，某公司与瑞安某公司的关联公司瑞安某业签订了一份《谅解备忘录》，在“背景”一栏列举了某公司所负债务等背景情况，其中涵括某公司对涉案贷款的清偿承担连带保证责任。由此，能够证明某公司对涉案贷款提供保证的意思表示前后一致。虽然瑞安某地产公司表示双方当事人曾就涉案债务的清偿再次进行磋商，但其提供的《备忘录》讨论稿等文件出现的是连带责任保证的字样，未体现某公司作出债务加入意思表示的内容，且双方也未就涉案债务的清偿再次共同签署文件。直至本案诉讼发生前，瑞安某地产公司未曾向某公司提出债务加入情形下的清偿主张。

综合前述签约、履约情况，原审法院认定《五方协议》第4.2条中的“连带责任”应当解释为连带责任保证，事实与法律依据充分，并无不当。瑞安某地产公司关于某公司在《五方协议》作出债务加入意思表示的主张不成立，本院不予支持，其基于债务加入情形而提出的贷款本金、利息清偿的诉讼请求属无本之木，亦不成立，本院不予支持。

法律延伸

最高人民法院《关于适用〈中华人民共和国民法典〉有关担保制度的解释》（法释〔2020〕28号）

第三十六条 第三人向债权人提供差额补足、流动性支持等类似承诺文件作为增信措施，具有提供担保的意思表示，债权人请求第三人承担保证责任的，人民法院应当依照保证的有关规定处理。

第三人向债权人提供的承诺文件，具有加入债务或者与债务人共同承担债务等意思表示的，人民法院应当认定为民法典第五百五十二条规定的债务加入。

前两款中第三人提供的承诺文件难以确定是保证还是债务加入的，人民法院应当将其认定为保证。

第三人向债权人提供的承诺文件不符合前三款规定的情形，债权人请求第三人承担保证责任或者连带责任的，人民法院不予支持，但是不影响其依据承诺文件请求第三人履行约定的义务或者承担相应的民事责任。

9.商业银行接受上市公司为他人提供担保时，应当注意哪些问题？

问　题

甲公司为上市公司，拟为乙公司的金融借款提供担保，甲公司在提供担保时仅向某商业银行提供了董事会决议，该担保行为是否存在法律瑕疵？

法律解析

接受上市公司或其控股子公司所提供的对外担保，应从决议效力和是否履行信息披露义务两方面进行审查，根据《全国法院民商事审判工作会议纪要》《民法典担保制度司法解释》《深圳证券交易所股票上市规则》《上海证券交易所股票上市规则》《北京证券交易所股票上市规则（试行）》《上市公司信息披露管理办法》的相关规定，审查要点归纳如下：

1.决议有效性审查

（1）决议主体审查：上市公司或其控股子公司对外担保必须经董事会决议，符合下列情形的对外担保需经股东大会决议：

①单笔担保额超过上市公司最近一期经审计净资产10%的担保；

②上市公司及其控股子公司的对外担保，超过上市公司最近一期经审计净资产50%以后提供的任何担保；

③上市公司及其控股子公司对外提供的担保总额，超过上市公司最近一期经审计总资产30%以后提供的任何担保；

④按照担保金额连续12个月内累计计算原则，超过上市公司最近一期经审计总资产30%的担保；

⑤为资产负债率超过70%的担保对象提供的担保；

⑥对股东、实际控制人及其关联人提供的担保；

⑦交易所或者公司章程规定的其他担保。

（2）决议程序审查：

①出席会议人数审查：董事会会议应有过半数的董事出席，股东大会出

席人数应审查是否符合公司章程的相关规定。

②表决人数审查：

第一，由董事会审议的对外担保事项，如公司章程无特别规定，应经出席董事会会议的2/3以上董事同意。

第二，由股东大会决议的对外担保事项：其一，经出席会议的股东所持表决权的1/2以上通过；其二，属连续12个月内担保金额超过公司最近一期经审计总资产的30%的情形，需经出席会议的股东所持表决权的2/3以上通过；其三，为股东、实际控制人及其关联人提供担保，该关联股东应予以回避。

2. 信息披露义务审查

（1）信息披露方式审查：上市公司信息披露应当在证券交易所的网站和符合中国证监会规定条件的媒体发布，信息披露文件的全文应当在证券交易所的网站和符合中国证监会规定条件的报刊依法开办的网站披露，在其他媒体和网站上所作出的对外担保信息披露不属于有效的信息披露。

（2）信息披露内容审查：对外担保事项披露的内容包括有权决议机构的决议、截至信息披露日上市公司及其控股子公司对外担保总额、上市公司对控股子公司提供担保的总额、上述数额分别占上市公司最近一期经审计净资产的比例等。

裁判观点

案例：某控股股份有限公司与安某营业信托纠纷案［最高人民法院（2019）最高法民终1524号］[①]

裁判摘要：某控股公司属于上市公司。相对于关联担保的相对人，上市公司的中小股东克服信息不对称和防范上市公司大股东、法定代表人等高管道德风险的成本更高，从公平的角度看，上市公司对公司股东、法定代表人提供关联担保的，相对人应当负担更高的注意义务。此外，上市公司作为公众公司，其章程、关联担保等重大经营事项均应依法公开，相对人可以通过很低的交易

① 安某针对本判决申请再审。再审法院作出（2020）最高法民申2345号民事裁定书，驳回安某的再审申请。

成本了解到上市公司法定代表人是否有权自行决定对外担保以及公司股东大会重大决议事项。因此，无论从利益平衡的角度还是从注意义务分配的角度看，上市公司的法定代表人以公司名义对外提供关联担保的，相对人应当审查该担保是否经过股东大会决议。虽然案涉《保证合同》第1.1条和第1.2条中明确约定："保证人可以对外提供保证担保，并有能力承担保证责任""保证人为债务人提供保证担保完全出于自愿，并经过内部有权机关通过，不违背公司章程，保证人在本保证合同项下的全部意思表示真实有效"，但该意思表示系由某控股公司时任法定代表人郭某代表某控股公司作出，由于对外担保并非某控股公司法定代表人所能单独决定的事项，故上述意思表示亦非郭某有权在未经某控股公司股东大会决议的情况下单独代表某控股公司作出。安某未提交充分有效的证据证明其对郭某签订案涉《担保合同》经过某控股公司股东大会决议进行了审查，未尽到应尽的注意义务，不属于善意相对人。

法律延伸

最高人民法院《关于适用〈中华人民共和国民法典〉有关担保制度的解释》（法释〔2020〕28号）

第八条　有下列情形之一，公司以其未依照公司法关于公司对外担保的规定作出决议为由主张不承担担保责任的，人民法院不予支持：

（一）金融机构开立保函或者担保公司提供担保；

（二）公司为其全资子公司开展经营活动提供担保；

（三）担保合同系由单独或者共同持有公司三分之二以上对担保事项有表决权的股东签字同意。

上市公司对外提供担保，不适用前款第二项、第三项的规定。

《上市公司信息披露管理办法》（中国证券监督管理委员会令2021年第182号）

第八条　依法披露的信息，应当在证券交易所的网站和符合中国证监会规定条件的媒体发布，同时将其置备于上市公司住所、证券交易所，供社会公众查阅。

信息披露文件的全文应当在证券交易所的网站和符合中国证监会规定条

件的报刊依法开办的网站披露，定期报告、收购报告书等信息披露文件的摘要应当在证券交易所的网站和符合中国证监会规定条件的报刊披露。

信息披露义务人不得以新闻发布或者答记者问等任何形式代替应当履行的报告、公告义务，不得以定期报告形式代替应当履行的临时报告义务。

10.上市公司对外担保，虽经公司机关决议但未进行公告，担保是否有效？

问　题

甲上市公司为乙公司的金融借款提供担保，甲上市公司提供了公司董事会关于表决同意该项担保的决议，但经查询有关媒体信息，甲上市公司并未披露该董事会决议，该担保行为是否存在法律瑕疵？

法律解析

根据《中华人民共和国证券法》（以下简称《证券法》）、《上市公司信息披露管理办法》等相关法律规定，只要上市公司及其控股子公司对外提供的是合规担保，上市公司均会进行公告。实践中，上市公司对提供担保的相关信息未公开进行披露时，担保是否对上市公司发生效力，在《民法典》颁布之前，法律并无明文规定，司法实践认定不统一。《民法典》及配套司法解释颁布后，统一要求将上市公司公开披露对外担保经公司机关决议的事项作为债权人是否为善意的认定标准。《民法典担保制度司法解释》第九条明确规定，上市公司及其控股子公司等公众公司对外担保的效力取决于债权人是否查阅公告，债权人未根据上市公司公开披露的关于担保事项已经董事会或者股东大会决议通过的信息，与上市公司订立担保合同的，担保合同对上市公司不发生效力，且上市公司既不承担担保责任，也不承担其他赔偿责任。

审查要点

商业银行在接受上市公司及其控股子公司对外担保时，必须依据《证券法》《上市公司信息披露管理办法》的相关规定，严格核查上市公司相关公告信息。

裁判观点

案例：北海某生物公司产业投资股份有限公司、四川某电子有限公司企业借贷纠纷案［最高人民法院（2020）最高法民终935号］[①]

裁判摘要：本院认为，根据本案查明事实，案涉加盖某生物公司公章及徐某私章的《保证合同》与案涉加盖某公司公章和法定代表人叶某私章以及叶某签字的《保证合同》，并未依据公司章程规定经过两公司股东大会表决通过。故加盖某公司公章及法定代表人叶某签字的案涉《保证合同》，属于越权代表行为。加盖某生物公司公章及徐某私章的案涉《保证合同》，虽然徐某并非时任法定代表人，但相对人基于对公章的信赖，有理由相信公章为法定代表人或其授权他人使用，故不影响认定加盖某生物公司公章这一行为构成越权代表。另外，某生物公司作为上市公司，和其控股子公司某公司对外提供担保，应履行法律规定的信息披露义务。某某公司在接受某生物公司、某公司提供的担保时，可公开查询某生物公司对该担保事项有无进行公告，据此可认定某某公司应当知道案涉《保证合同》未经过上市公司股东大会表决通过。可见，某某公司并未履行基本的形式审查义务，不属善意相对人，故案涉加盖某生物公司、某公司公章的《保证合同》无效。

因本案事实发生在民法典实施前，关于案涉《保证合同》无效后的民事责任，应根据当时的《担保法》及《担保法司法解释》规定进行认定。某生物公司、某公司对其公章对外使用管理不规范客观存在，可认定其存在过失。同时，在案证据表明，因某生物公司未履行内部控制程序为股东及关联方提供违规担保，已经受到了中国证监会立案，除本案之外，还存在多起巨额违规担保行为，且对此未及时发现并纠正，该事实亦能印证某生物公司公章管理不规范，存在过错。一审法院根据《担保法》第五条及《担保法司法解释》第七条第二款规定，综合考虑双方当事人过错，分别认定某生物公司

---

① 类似案例还有上海市高级人民法院（2020）沪民终599号。

及其控股子公司某公司各自向某某公司承担某某集团公司不能清偿案涉《借款合同》项下债务的1/2的赔偿责任，属合理裁量范围，并无不当。

法律延伸

最高人民法院《关于适用〈中华人民共和国民法典〉有关担保制度的解释》（法释〔2020〕28号）

第九条 相对人根据上市公司公开披露的关于担保事项已经董事会或者股东大会决议通过的信息，与上市公司订立担保合同，相对人主张担保合同对上市公司发生效力，并由上市公司承担担保责任的，人民法院应予支持。

相对人未根据上市公司公开披露的关于担保事项已经董事会或者股东大会决议通过的信息，与上市公司订立担保合同，上市公司主张担保合同对其不发生效力，且不承担担保责任或者赔偿责任的，人民法院应予支持。

相对人与上市公司已公开披露的控股子公司订立的担保合同，或者相对人与股票在国务院批准的其他全国性证券交易场所交易的公司订立的担保合同，适用前两款规定。

11.上市公司在规定网站发布了公告，是否可以证明其经过了公司机关有效决议？

问　题

甲上市公司为乙公司的金融借款提供担保，甲上市公司未提供公司股东大会或者董事会关于表决同意该项担保的决议，但提供了已经在有关媒体公开披露该项担保的信息，该担保行为是否存在法律瑕疵？

法律解析

根据《民法典担保制度司法解释》第九条的规定，上市公司对其对外担保事项履行了信息披露义务，是否能豁免债权人对公司章程及决议的审查义务，相关司法解释并未予以明确，由此在实践中产生了两种不同观点。

一种观点认为，上市公司的公告仅具备外观和形式的作用，不能代表上市公司的真实意思表示，即使存在对外担保事项的有效公告，债权人仍应对公司章程、决议进行审查，并以此判断担保行为是否具备效力上的瑕疵。

另一种观点认为，债权人对上市公司发布的公告具有信赖利益，无需再对章程和决议进行审查。最高人民法院民二庭在《〈全国法院民商事审判工作会议纪要〉理解与适用》[①]一书中指出："如果担保事项事实上未经决议通过，但是上市公司在公告信息中虚假陈述其已经董事会或股东大会决议通过，该担保对上市公司发生效力。"最高人民法院法官在《〈关于适用民法典有关担保制度的解释〉的理解和适用》[②]一文中也指出："上市公司对外担保，不仅须依据公司法第十六条由董事会或股东大会决议，而且还要对决议公开披露，但如果债权人仅仅是根据披露的信息与上市公司签订担保合同，人民法院也认定担保有效，上市公司应承担担保责任。"

审查要点

由于目前缺乏相关判例进行参考，且在司法实践中法院往往认为商业银行作为专业的金融机构，相较一般的债权人具有更高的专业能力和经验，应尽到更为审慎的审查义务，故出于风险防范的考虑，即使上市公司在规定网站上发布了对外担保的公告，仍然建议商业银行对上市公司章程和决议进行审查。

裁判观点

案例：某银行股份有限公司、某医疗控股股份有限公司保证合同纠纷案［最高人民法院（2021）最高法民申1682号］

裁判摘要：本院经审查认为，首先，某医疗公司法定代表人许某构成越权代表。案涉《承诺函》属公司为股东或实际控制人提供的关联担保，系某

---

① 最高人民法院民事审判第二庭编著:《〈全国法院民商事审判工作会议纪要〉理解与适用》，人民法院出版社2019年版。

② 林文学、杨永清、麻锦亮、吴光荣:《〈关于适用民法典有关担保制度的解释〉的理解和适用》，载《人民司法》2021年第4期。

医疗公司法定代表人许某以某医疗公司名义为某医疗公司股东珠海某集团股份有限公司提供担保。根据《公司法》第十六条第二款"公司为公司股东或者实际控制人提供担保的，必须经股东会或者股东大会决议"的规定，某医疗公司的法定代表人许某不能单独决定该担保行为，必须以公司股东大会的决议作为授权的基础和来源，上述法律条款系为防止法定代表人随意为他人提供担保给公司造成损失，损害中小股东利益。由于现无证据证明许某代表某医疗公司对外签订案涉《承诺函》经过了股东大会决议，故许某系超越其权限订立合同。其次，某银行不属善意相对人。某医疗公司章程明确规定，公司对股东、实际控制人及其关联方提供的担保须经股东大会审议通过。本案相对人某银行作为专业金融机构且为上市公司，可以通过很低的交易成本了解到某医疗公司的法定代表人是否有权自行决定对外担保以及公司股东大会重大决议事项。本案中，某医疗公司对外担保的意思表示系由法定代表人许某作出，但该对外担保行为并非由法定代表人单独所能决定，现某银行并无充分有效证据证明其对许某签订案涉《承诺函》时已经某医疗公司股东大会决议进行了审查，其并未尽到必要的注意义务。最后，某医疗公司并未对案涉《承诺函》进行追认。某医疗公司于2019年5月30日通过公司董事会发布了《进展公告》，该公告内容系有关某医疗公司自查发现违规向某银行出具《担保函》提供担保，未消除未来可能造成的担保损失而采取的应对措施，并未公告上述《承诺函》系某医疗公司对其法定代表人以公司名义出具《承诺函》行为的追认。据此，原判决认定案涉《承诺函》无效，并无不当。

法律延伸

最高人民法院《关于适用〈中华人民共和国民法典〉有关担保制度的解释》（法释〔2020〕28号）

第九条 相对人根据上市公司公开披露的关于担保事项已经董事会或者股东大会决议通过的信息，与上市公司订立担保合同，相对人主张担保合同对上市公司发生效力，并由上市公司承担担保责任的，人民法院应予支持。

相对人未根据上市公司公开披露的关于担保事项已经董事会或者股东大会决议通过的信息，与上市公司订立担保合同，上市公司主张担保合同对其不发生效力，且不承担担保责任或者赔偿责任的，人民法院应予支持。

相对人与上市公司已公开披露的控股子公司订立的担保合同，或者相对人与股票在国务院批准的其他全国性证券交易场所交易的公司订立的担保合同，适用前两款规定。

《全国法院民商事审判工作会议纪要》(法〔2019〕254号)

22.【上市公司为他人提供担保】债权人根据上市公司公开披露的关于担保事项已经董事会或者股东大会决议通过的信息订立的担保合同，人民法院应当认定有效。

12.上市公司有效对外担保金额如何确定？

问　题

《公司法》第一百二十一条规定："上市公司在一年内购买、出售重大资产或者担保金额超过公司资产总额百分之三十的，应当由股东大会作出决议，并经出席会议的股东所持表决权的三分之二以上通过。"很多上市公司都直接将该条款写入章程，该条文中所述的担保金额是累计的全部担保金额（含最终未形成担保责任的金额），还是截至目前有效的担保余额？

法律解析

根据《深圳证券交易所股票上市规则》第6.1.10条、《上海证券交易所股票上市规则》第6.1.10条和《北京证券交易所股票上市规则（试行）》第7.1.11条的规定，《公司法》第一百二十一条所述的担保金额应按照截至作出本次担保时有效的担保余额累计计算，即截至此次作出担保的时点，上市公司承担担保责任的有效担保金额总计是否超过公司资产总额的30%。有效担保金额是指上市公司作出公司机关决议并签署担保文件承诺承担的担保金额。如累积担保金额超过30%，提交董事会审议后还应由股东大会审议，并经出席会议的股东所持表决权的2/3以上通过。

法律延伸

《上海证券交易所股票上市规则》(上证发〔2022〕1号)

6.1.10　上市公司发生"提供担保"交易事项，除应当经全体董事的过半数审议通过外，还应当经出席董事会会议的三分之二以上董事审议通过，并及时披露。

担保事项属于下列情形之一的，还应当在董事会审议通过后提交股东大会审议：

（一）单笔担保额超过上市公司最近一期经审计净资产10%的担保；

（二）上市公司及其控股子公司的对外担保，超过上市公司最近一期经审计净资产50%以后提供的任何担保；

（三）上市公司及其控股子公司对外提供的担保总额，超过上市公司最近一期经审计总资产30%以后提供的任何担保；

（四）按照担保金额连续12个月内累计计算原则，超过上市公司最近一期经审计总资产30%的担保；

（五）为资产负债率超过70%的担保对象提供的担保；

（六）对股东、实际控制人及其关联人提供的担保；

（七）本所或者公司章程规定的其他担保。

上市公司股东大会审议前款第（四）项担保时，应当经出席会议的股东所持表决权的三分之二以上通过。

《深圳证券交易所股票上市规则》(深证上〔2022〕12号)

6.1.10　上市公司提供担保，除应当经全体董事的过半数审议通过外，还应当经出席董事会会议的三分之二以上董事审议同意并作出决议，并及时对外披露。

上市公司提供担保属于下列情形之一的，还应当在董事会审议通过后提交股东大会审议：

（一）单笔担保额超过上市公司最近一期经审计净资产10%；

（二）上市公司及其控股子公司对外提供的担保总额，超过上市公司最近一期经审计净资产50%以后提供的任何担保；

（三）上市公司及其控股子公司对外提供的担保总额，超过上市公司最近一期经审计总资产30%以后提供的任何担保；

（四）被担保对象最近一期财务报表数据显示资产负债率超过70%；

（五）最近十二个月内担保金额累计计算超过公司最近一期经审计总资产的30%；

（六）对股东、实际控制人及其关联人提供的担保；

（七）本所或者公司章程规定的其他情形。

上市公司股东大会审议前款第（五）项担保事项时，应当经出席会议的股东所持表决权的三分之二以上通过。

《北京证券交易所股票上市规则（试行）》（北证公告〔2021〕13号）

7.1.11　上市公司提供担保的，应当提交公司董事会审议并对外披露。董事会审议担保事项时，必须经出席董事会会议的三分之二以上董事审议同意。

符合以下情形之一的，还应当提交公司股东大会审议：

（一）单笔担保额超过上市公司最近一期经审计净资产10%的担保；

（二）上市公司及其控股子公司提供担保的总额，超过上市公司最近一期经审计净资产50%以后提供的任何担保；

（三）为资产负债率超过70%的担保对象提供的担保；

（四）按照担保金额连续12个月累计计算原则，超过上市公司最近一期经审计总资产30%的担保；

（五）中国证监会、本所或者公司章程规定的其他担保。

股东大会审议前款第四项担保事项时，必须经出席会议的股东所持表决权的三分之二以上通过。

13.国有独资企业、国有独资公司为其全资子公司提供担保，商业银行应如何履行审核义务？

问　题

甲公司与某商业银行签订《借款合同》，约定该商业银行向甲公司提供贷款人民币5,000万元，贷款期限36个月，自2018年10月1日起至2021年9月30日止。为保证该商业银行该笔债权的实现，乙公司与该商业银行签订《最高额保证合同》。经查，甲公司为乙公司的全资子公司，乙公司为国有独资公司，为确保乙公司的保证合法有效，该商业银行应注意哪些事项？

法律解析

一方面，《公司法》第十六条第一款规定，“公司向其他企业投资或者为他人提供担保，依照公司章程的规定，由董事会或者股东会、股东大会决议”。《民法典担保制度司法解释》第八条规定：“有下列情形之一，公司以其未依照公司法关于公司对外担保的规定作出决议为由主张不承担担保责任的，人民法院不予支持：……（二）公司为其全资子公司开展经营活动提供担保；……”据此，笔者认为，公司为其全资子公司提供担保，原则上无须公司股东会或董事会作出决议，即公司股东会、董事会有无作出决议，不影响其对外担保的效力。

另一方面，《中华人民共和国企业国有资产法》（以下简称《企业国有资产法》）第三十条规定，国有独资企业为他人提供大额担保应当遵守法律、行政法规以及企业章程的规定，不得损害出资人和债权人的权益。第三十二条规定：“国有独资企业、国有独资公司有本法第三十条所列事项的，除依照本法第三十一条和有关法律、行政法规以及企业章程的规定，由履行出资人职责的机构决定的以外，国有独资企业由企业负责人集体讨论决定，国有独资公司由董事会决定。”

综合上述规定，笔者认为，国有独资企业、国有独资公司对外提供大额担保（包括为其全资子公司）的，除遵守《公司法》《民法典担保制度司法解释》的一般规定外，还应严格遵守《企业国有资产法》的特殊规定，履行相应的决议程序。即依据《企业国有资产法》第三十一条和有关法律、行政法规以及企业章程的规定应由履行出资人职责的机构作出决定的，应由履行出资人职责的机构作出决定；应由履行出资人职责的机构作出决定以外的事项，国有独资企业应由企业负责人集体讨论决定，国有独资公司由董事会决定。

因《企业国有资产法》并未对“大额担保”作出明确定义或进行列举，结合《民法典》及相关司法解释的精神，笔者认为，商业银行作为专业金融机构，应从严把握，在无法判断是否属于“大额担保”时，一律要求国有独资企业、国有独资公司提供有权机关决议。

审查要点

1. 审查国有独资企业、国有独资公司章程及其他文件，判断对外担保决策机构是履行出资人职责的机构，还是企业负责人集体决策或董事会决议。如为关联方提供担保，必须由履行出资人职责的机构决定。

2. 审查有权机关决议的作出程序、签章、内容等事项是否符合相关法律规定及章程规定。

裁判观点

案例：某省投资集团控股有限公司、某银行股份有限公司某支行金融借款合同纠纷案［最高人民法院（2017）最高法民申370号］①

裁判摘要：关于某集团公司应否对本案债务承担连带保证责任。《合同法》第四十四条规定：“依法成立的合同，自成立时生效。法律、行政法规规定应当办理批准、登记等手续生效的，依照其规定。”那么，某集团公司与某银行某支行之间成立的担保合同是否已经生效，取决于该合同是否属于法律、行政法规规定的应当办理批准、登记等手续才生效的合同。某集团公司主张，其系国有独资公司，按照其公司章程以及《企业国有资产法》第

① 类似案例还有最高人民法院（2020）最高法民再270号。

三十条、第三十二条等规定，对外担保事项必须经过审批程序。《公司法》第六十六条第一款规定，国有独资公司不设股东会，由国有资产监督管理机构行使股东会职权。国有资产监督管理机构可以授权董事会行使股东会的部分职权，但公司的分离、合并、解散、增加或者减少注册资本和发行公司债券，必须由国有资产监督管理机构决定。上述法律并未规定国有独资公司对外担保必须经过国有资产管理机构的审批程序，同时也未有法律明确规定国有独资公司签订对外担保合同必须经过批准方能生效，因此本案某集团公司与某银行某支行形成的担保合同不属于必须经过审批方可生效的合同。某集团公司申请再审称因合同未经批准未生效的意见缺乏法律依据，不能成立。

《公司法》第十六条第一款规定："公司向其他企业投资或者为他人提供担保，依照公司章程的规定，由董事会或者股东会、股东大会决议……"该款规定的立法本意在于限制公司主体行为，防止公司的实际控制人或者高级管理人员损害公司、小股东或其他债权人的利益，不属于效力性强制性规范，不能仅以违反该规定为由否定担保承诺的效力。虽然某银行某支行未提交证据证明某集团公司提供担保的承诺经过了董事会决议，但某集团公司并不否认其在承诺为某公司债务承担连带保证责任的股东会决议上加盖印章的真实性，也不否认法定代表人签字的真实性，因此原判决认定该承诺对某集团公司有效，某集团公司应当对案涉债务承担连带保证责任，并无不当。

法律延伸

《中华人民共和国企业国有资产法》

第三十条 国家出资企业合并、分立、改制、上市，增加或者减少注册资本，发行债券，进行重大投资，为他人提供大额担保，转让重大财产，进行大额捐赠，分配利润，以及解散、申请破产等重大事项，应当遵守法律、行政法规以及企业章程的规定，不得损害出资人和债权人的权益。

第三十二条 国有独资企业、国有独资公司有本法第三十条所列事项的，除依照本法第三十一条和有关法律、行政法规以及企业章程的规定，由履行出资人职责的机构决定的以外，国有独资企业由企业负责人集体讨论决定，国有独资公司由董事会决定。

第四十五条 未经履行出资人职责的机构同意，国有独资企业、国有独资公司不得有下列行为：

（一）与关联方订立财产转让、借款的协议；

（二）为关联方提供担保；

（三）与关联方共同出资设立企业，或者向董事、监事、高级管理人员或者其近亲属所有或者实际控制的企业投资。

最高人民法院《关于适用〈中华人民共和国民法典〉有关担保制度的解释》（法释〔2020〕28号）

第八条 有下列情形之一，公司以其未依照公司法关于公司对外担保的规定作出决议为由主张不承担担保责任的，人民法院不予支持：

（一）金融机构开立保函或者担保公司提供担保；

（二）公司为其全资子公司开展经营活动提供担保；

（三）担保合同系由单独或者共同持有公司三分之二以上对担保事项有表决权的股东签字同意。

上市公司对外提供担保，不适用前款第二项、第三项的规定。

14.商业银行审查公司分支机构为他人提供担保应注意哪些问题？

问 题

刘某向某商业银行借款，某公司某分公司提供保证担保。为此，某公司召开股东会议，并形成股东会决议，同意某公司某分公司为刘某上述借款向商业银行提供连带责任保证担保，某公司自愿承担全部法律责任。某公司某分公司与商业银行签订的保证合同是否有效？商业银行在接受公司分支机构提供担保时，应注意哪些问题？

法律解析

《公司法》第十四条规定，公司的分支机构是指公司在其住所以外设立的从事经营活动的机构，须依法领取营业执照，不具有法人资格，其民事行为的后果由公司承担。就公司分支机构对外担保的效力问题，司法实践中存在大量截然不同的判例。

针对该现实问题，《民法典担保制度司法解释》第十一条专门规定："公司的分支机构未经公司股东（大）会或者董事会决议以自己的名义对外提供担保，相对人请求公司或者其分支机构承担担保责任的，人民法院不予支持，但是相对人不知道且不应当知道分支机构对外提供担保未经公司决议程序的除外。金融机构的分支机构在其营业执照记载的经营范围内开立保函，或者经有权从事担保业务的上级机构授权开立保函，金融机构或者其分支机构以违反公司法关于公司对外担保决议程序的规定为由主张不承担担保责任的，人民法院不予支持。金融机构的分支机构未经金融机构授权提供保函之外的担保，金融机构或者其分支机构主张不承担担保责任的，人民法院应予支持，但是相对人不知道且不应当知道分支机构对外提供担保未经金融机构授权的除外。担保公司的分支机构未经担保公司授权对外提供担保，担保公司或者其分支机构主张不承担担保责任的，人民法院应予支持，但是相对人不知道且不应当知道分支机构对外提供担保未经担保公司授权的除外。公司的分支机构对外提供担保，相对人非善意，请求公司承担赔偿责任的，参照本解释第十七条的有关规定处理。"

审查要点

商业银行接受公司分支机构提供的担保，应区分不同情形：

1. 如为一般公司分支机构，应取得公司股东（大）会或者董事会以公司机关决议形式的授权。

2. 如为金融机构的分支机构，则应进一步区分两种情形：（1）开立保函的，可直接凭记载有担保或保函业务的金融机构分支机构营业执照接受保函；（2）开立保函以外的担保，无需金融机构机关决议，但需取得金融机构的个别授权。

3. 如为担保公司分支机构，无需公司机关决议，但需取得公司授权。

裁判观点

案例：某混凝土有限公司、某建设集团有限公司某分公司民间借贷纠纷案［最高人民法院（2019）最高法民终1535号］[①]

裁判摘要： 关于某分公司与某混凝土公司之间担保合同效力及相应的责任承担问题。一方面，《担保法》第十条规定："企业法人的分支机构、职能部门不得为保证人。企业法人的分支机构有法人书面授权的，可以在授权范围内提供保证。"《担保法司法解释》第十七条第一款规定："企业法人的分支机构未经法人书面授权提供保证的，保证合同无效。因此给债权人造成损失的，应当根据担保法第五条第二款的规定处理。"本案中，虽然某混凝土公司与某分公司就案涉债务的担保问题达成一致意见，但某分公司作为某集团公司的分支机构，未取得某集团公司的书面授权，而某集团公司事后亦未对该担保行为进行追认，因此，根据前述法律和司法解释的规定，某混凝土公司与某分公司之间的担保合同无效。某混凝土公司请求某集团公司、某分公司承担连带保证责任的主张不能成立。

另一方面，《担保法》第五条第二款规定："担保合同被确认无效后，债务人、担保人、债权人有过错的，应当根据其过错各自承担相应的民事责任。"第二十九条规定："企业法人的分支机构未经法人书面授权或者超出授权范围与债权人订立保证合同的，该合同无效或者超出授权范围的部分无效，债权人和企业法人有过错的，应当根据其过错各自承担相应的民事责任；债权人无过错的，由企业法人承担民事责任。"《担保法司法解释》第十七条第四款规定："企业法人的分支机构提供的保证无效后应当承担赔偿责任的，由分支机构经营管理的财产承担。企业法人有过错的，按照担保法第二十九条的规定处理。"本案中，首先，在法律和司法解释对于企业法人分支机构担保条件有明确规定的情况下，某混凝土公司未审查某分公司是否得到某集团公司书面授权便接受某分公司提供担保，未尽合理注意义务，其自身对于担保合同无效具有一定过错。其次，某分公司在明知未获得某集团

① 类似案例还有最高人民法院（2019）最高法民再236号。

公司书面授权的情况下，对外提供担保，对于担保合同的无效明显具有过错。最后，某集团公司作为法人，对其设立的分支机构某分公司及选任的负责人崔某负有管理义务。但从查明的事实来看，某集团公司因公司名称变更收回某分公司备案印章后，未及时对外公示，在崔某持与某分公司备案印章不一致的印章进行日常经营活动时未予制止。故某集团公司对于某分公司及其时任负责人崔某的行为未能尽到一般善良管理人的审慎注意义务，对于案涉担保合同的无效亦具有过错。因此，根据上述法律及司法解释以及《民法总则》第七十四条第二款"分支机构以自己的名义从事民事活动，产生的民事责任由法人承担；也可以先以该分支机构管理的财产承担，不足以承担的，由法人承担"的规定，结合各方当事人的过错程度，本院酌定由某分公司以其经营管理的财产对于某混凝土公司案涉债权不能清偿部分的50%承担赔偿责任，某分公司经营管理的财产不足以承担前述赔偿责任的，由某集团公司承担。

法律延伸

《中华人民共和国民法典》

第七十四条 法人可以依法设立分支机构。法律、行政法规规定分支机构应当登记的，依照其规定。

分支机构以自己的名义从事民事活动，产生的民事责任由法人承担；也可以先以该分支机构管理的财产承担，不足以承担的，由法人承担。

最高人民法院《关于适用〈中华人民共和国民法典〉有关担保制度的解释》（法释〔2020〕28号）

第十一条 公司的分支机构未经公司股东（大）会或者董事会决议以自己的名义对外提供担保，相对人请求公司或者其分支机构承担担保责任的，人民法院不予支持，但是相对人不知道且不应当知道分支机构对外提供担保未经公司决议程序的除外。

金融机构的分支机构在其营业执照记载的经营范围内开立保函，或者经有权从事担保业务的上级机构授权开立保函，金融机构或者其分支机构以违反公司法关于公司对外担保决议程序的规定为由主张不承担担保责任的，人民法院不予支持。金融机构的分支机构未经金融机构授权提供保函之外的担保，金融机构或者其分支机构主张不承担担保责任的，人民法院应予支持，但是相对人不知道且不应当知道分支机构对外提供担保未经金融机构授权的除外。

担保公司的分支机构未经担保公司授权对外提供担保，担保公司或者其分支机构主张不承担担保责任的，人民法院应予支持，但是相对人不知道且不应当知道分支机构对外提供担保未经担保公司授权的除外。

公司的分支机构对外提供担保，相对人非善意，请求公司承担赔偿责任的，参照本解释第十七条的有关规定处理。

15.商业银行审查境外企业为他人提供担保应注意哪些问题?

问　题

甲公司向某商业银行申请贷款1,000万元，拟由境外乙公司提供担保，该商业银行咨询，在接受境外公司为他人提供担保时，为确定担保有效设立，应注意哪些问题?

法律解析

《跨境担保外汇管理规定》第三条规定："按照担保当事各方的注册地，跨境担保分为内保外贷、外保内贷和其他形式跨境担保。内保外贷是指担保人注册地在境内、债务人和债权人注册地均在境外的跨境担保。外保内贷是指担保人注册地在境外、债务人和债权人注册地均在境内的跨境担保。其他形式跨境担保是指除前述内保外贷和外保内贷以外的其他跨境担保情形。"

商业银行咨询的题述问题，即属于跨境担保中的外保内贷。

《跨境担保外汇管理规定》第六条第一款规定："外汇局对内保外贷和外保内贷实行登记管理。"第十七条规定："境内非金融机构从境内金融机构借用贷款或获得授信额度，在同时满足以下条件的前提下，可以接受境外机构或个人提供的担保，并自行签订外保内贷合同：（一）债务人为在境内注册经营的非金融机构；（二）债权人为在境内注册经营的金融机构；（三）担保标的为金融机构提供的本外币贷款（不包括委托贷款）或有约束力的授信额度；（四）担保形式符合境内、外法律法规。未经批准，境内机构不得超出上述范围办理外保内贷业务。”据此，商业银行办理外保内贷业务除应当严格按照国家法律法规和行业主管部门的规定，还应当按照《跨境担保外汇管理规定》相关规定办理相关外汇管理手续。

审查要点

商业银行在办理跨境担保（外保内贷）业务时，应注意以下内容：

1. 审查境外企业担保资格的适格性

根据冲突法的基本原则，对于企业是否具备从事某项民事活动的资格通常适用企业成立地（注册地）的法律，而各国立法对于企业的成立、经营范围、存续等的规定往往大相径庭。要确保境外企业担保行为的有效，首先应当确保境外企业依其注册地法律是有效成立和存续，并具有担保资格，否则，即使其出具了担保文件，该文件也有可能因主体资格问题而无效，从而使商业银行通过担保防范信用资产风险的目的无法实现。同时，还需确认是否存在影响担保人资格的限制性、禁止性规定。

如境外企业提供物保，且担保物在境外的，建议聘请境外企业所在地律师或者公证机构对境外企业的资产权属进行调查，并协助办妥担保物权设立手续。当然，考虑到跨境执行的现实难度，应尽量避免接受境外资产担保。

2. 审查境外企业签署担保文件是否真实、合法、有效

境外企业并不一定设有公章，而系由有权签字人代表公司通过签字的形式作出意思表示。结合最高人民法院《关于民事诉讼证据的若干规定》第十六条第一款“当事人提供的公文书证系在中华人民共和国领域外形成的，该证据应当经所在国公证机关证明，或者履行中华人民共和国与该所在国订立的有关条约中规定的证明手续”之规定，建议聘请境外企业所在地公证机关、律师对有权签字人的代表资格、签署担保文件的过程等进行核查、见证并出具公证书、法律意见书。

3. 审查转递手续的合法有效性

在境外签署的担保文件递交给商业银行需要经过特别的途径。根据目前我国关于香港与内地有关法律文书转递手续方面的规定，香港公司处理与内地有关的法律事务时，应当由司法部委托的香港公证人进行公证，并加盖中国法律服务公司的转递章，内地司法机关方承认其效力。对于香港以外其他地区，虽无类似明文规定，但同样需要经正当合法的转递途径转递至国内。

实践中的做法主要有两种：一是委托我国驻境外企业所在地使领馆办理转递手续，这种外交、外事途径的转递是为多数国家认可和采用的，是比较通行的做法；二是由见证境外企业签署担保文件的律师、公证人员或其他人士直接递交。第二种做法并未得到我国立法的明确认可，以这种方式获得的担保文书在境内的证据效力如何具有一定的不确定性。

此外，如境外企业所属国未参加《承认及执行外国仲裁裁决公约》或者与我国没有互惠条例，不宜接受其担保。

4. 审查担保文本的具体内容

在前述手续均合法有效的前提下，境外企业担保对于商业银行保障程度的高低主要取决于担保文件的具体约定。因此，担保文件的内容至关重要。相比当事方均在境内的合同，涉外合同最重要的内容之一即法律适用条款和争议解决条款。

一般情况下，当事人总是倾向于在法律文本中约定适用自己所在国的立法，尤其是境外企业以境内资产提供物保或境外企业虽提供人保但境内有足够责任的情形，无疑应选择适用我国立法并选择境内法院或仲裁机构作为争议解决方式。担保物在境外或主要责任财产在境外等情形下，涉及境外司法协助等问题，实际操作十分复杂，需要具体情况具体分析。

5. 依法办理外债审批登记手续

在借款合同、担保合同签订之前，商业银行应当向当地外管局进行外债审批登记。

法律延伸

《跨境担保外汇管理规定》(汇发〔2014〕29号)

第五条 境内机构提供或接受跨境担保，应当遵守国家法律法规和行业主管部门的规定，并按本规定办理相关外汇管理手续。

担保当事各方从事跨境担保业务，应当恪守商业道德，诚实守信。

第六条 外汇局对内保外贷和外保内贷实行登记管理。

境内机构办理内保外贷业务，应按本规定要求办理内保外贷登记；经外汇局登记的内保外贷，发生担保履约的，担保人可自行办理；担保履约后应按本规定要求办理对外债权登记。

境内机构办理外保内贷业务，应符合本规定明确的相关条件；经外汇局登记的外保内贷，债权人可自行办理与担保履约相关的收款；担保履约后境内债务人应按本规定要求办理外债登记手续。

16.商业银行审查子公司为母公司提供担保应注意哪些问题?

问　题

甲公司向某商业银行借款，甲公司全资子公司乙公司同意为甲公司的借款提供连带责任保证担保。商业银行在接受全资子公司为其母公司提供担保时，应注意哪些问题?

法律解析

1.非全资子公司为母公司提供担保

子公司具有独立的法人资格，能够依法独立承担民事责任。《公司法》第十六条规定："公司向其他企业投资或者为他人提供担保，依照公司章程的规定，由董事会或者股东会、股东大会决议；公司章程对投资或者担保的总额及单项投资或者担保的数额有限额规定的，不得超过规定的限额。公司为公司股东或者实际控制人提供担保的，必须经股东会或者股东大会决议。前款规定的股东或者受前款规定的实际控制人支配的股东，不得参加前款规定事项的表决。该项表决由出席会议的其他股东所持表决权的过半数通过。”

依据上述规定，由于母公司是子公司的股东，子公司为母公司提供担保，必须由股东会或股东大会决议。同时，还需满足被担保的股东或者受被担保的实际控制人支配的股东回避、其他股东所持表决权过半数等程序性要求。

2. 全资子公司为母公司提供担保

全资子公司中，股东只有母公司一人。《民法典担保制度司法解释》第十条规定：“一人有限责任公司为其股东提供担保，公司以违反公司法关于公司对外担保决议程序的规定为由主张不承担担保责任的，人民法院不予支持。公司因承担担保责任导致无法清偿其他债务，提供担保时的股东不能证明公司财产独立于自己的财产，其他债权人请求该股东承担连带责任的，人民法院应予支持。”据此，全资子公司为母公司提供担保无需提供公司机关决议，但可能形成财产混同导致母公司被子公司其他债权人主张承担连带责任的情形。

审查要点

1. 子公司为母公司提供担保，其实质系为公司股东或者实际控制人提供担保，无论章程是否另有规定，均须经股东会或者股东大会决议。

2. 子公司为母公司提供担保，子公司股东会决议应由母公司以外的股东作出，母公司应回避。如子公司系一人公司，无法作出股东会决议的，则无需公司股东会决议。

裁判观点

案例：某科技有限公司与某银行股份有限公司杭州城东小微企业专营支行金融借款合同纠纷案［浙江省高级人民法院（2020）浙民终231号］

裁判摘要：某公司的公司章程中没有关于公司担保的任何规定。本案借款发生时，某集团是某公司的唯一投资人和唯一股东。某集团的公司章程中，既没有禁止和限制其子公司对母公司借款提供担保的规定，也没有关于子公司为母公司借款提供担保须经母公司股东会决议的规定。公司担保并不等于处置公司资产，某公司上诉认为担保属于处置公司资产，应经股东会决议的理由不能成立。某银行作为专业的金融机构对公司提供担保依法负有合理的审查和注意义务。某公司向某银行出具的《股东同意函》加盖了某公司的公章和某集团公章及其法定代表人相某的签字。各方当事人对该加盖的公章和签字的真实性均无异议，《股东同意函》属合法有效的证据。某公司上诉认为《股东同意函》系伪造、是无效证据，与事实不符。股东会决议属于公司内部控制管理规定，未经决议或决议程序违法，不能对抗公司外部交易的善意第三人。某银行对股东会同意担保决议的审查是形式审查，至于股东会的召开时间、召开程序、决议形成方式等不属于审查范围。本案《股东同意函》不仅加盖了某公司的公章，某集团作为某公司的唯一股东，对某公司为某集团的担保事项无法回避表决，其也加盖公章与法定代表人签字确认股东同意担保。因此，某银行就某公司提供最高额担保，要求某公司出具同意担保承诺书与《股东同意函》，说明其对担保事项已经履行必要的形式审查与合理的注意义务，是善意第三人。

法律延伸

最高人民法院《关于适用〈中华人民共和国民法典〉有关担保制度的解释》(法释〔2020〕28号)

第七条 公司的法定代表人违反公司法关于公司对外担保决议程序的规定，超越权限代表公司与相对人订立担保合同，人民法院应当依照民法典第六十一条和第五百零四条等规定处理：

（一）相对人善意的，担保合同对公司发生效力；相对人请求公司承担担保责任的，人民法院应予支持。

（二）相对人非善意的，担保合同对公司不发生效力；相对人请求公司承担赔偿责任的，参照适用本解释第十七条的有关规定。

法定代表人超越权限提供担保造成公司损失，公司请求法定代表人承担赔偿责任的，人民法院应予支持。

第一款所称善意，是指相对人在订立担保合同时不知道且不应当知道法定代表人超越权限。相对人有证据证明已对公司决议进行了合理审查，人民法院应当认定其构成善意，但是公司有证据证明相对人知道或者应当知道决议系伪造、变造的除外。

第十条　一人有限责任公司为其股东提供担保，公司以违反公司法关于公司对外担保决议程序的规定为由主张不承担担保责任的，人民法院不予支持。公司因承担担保责任导致无法清偿其他债务，提供担保时的股东不能证明公司财产独立于自己的财产，其他债权人请求该股东承担连带责任的，人民法院应予支持。

17.担保公司为他人提供担保是否需要出具有效决议?

问　题

某商业银行拟与融资担保公司合作，担保公司为双方约定的借款人提供保证担保，但该商业银行未审核担保公司机关决议。担保公司为借款人提供保证担保是否有效?

法律解析

为他人提供担保属担保公司的正常经营业务，据《民法典担保制度司法解释》第八条的规定，担保公司对外担保没有经过公司决议的，仍要承担担保责任。即便如此，商业银行在接受担保公司提供担保时，仍应谨慎审查公司章程中的相关规定，例如是否规定有授权主体、是否规定有限额等，严格根据章程规定予以处理。

裁判观点

案例：长春市某融资担保有限公司与某农村商业银行股份有限公司保证合同纠纷案［吉林省高级人民法院（2020）吉民终369号］①

裁判摘要：融资担保公司主张某农商行对融资担保公司的担保行为未尽到审查义务，在融资担保公司未出具放款通知书的情况下操作业务，某农

① 类似案例还有安徽省淮南市中级人民法院（2019）皖04民终1635号。

商行并非善意相对人，戴某是个人行为并非职务行为，融资担保公司不应承担担保责任。首先，融资担保公司系以为他人提供担保为主营业务的担保公司，其在对外担保时，不应受《公司法》第十六条的调整，某农商行、某证券无须审查对外担保是否经过融资担保公司决议机关的决议，其对外签订的《回购协议》及出具的《担保函》应当认定符合融资担保公司的真实意思表示，合法有效。其次，在某农商行与融资担保公司签订的《担保贷款合作协议》第十一条第一款约定："甲方须在保证合同附加条款上加上'债权人需要在接到保证人出具的《长春市中小企业信用担保有限公司流动资金放款通知书》后方可放款，否则保证人不承担保证责任'。"根据该约定，某农商行向债务人发放贷款时，在与融资担保公司签订的保证合同中应附加该条款。但本案中某农商行主张的案涉款项并非其向债务人发放贷款，而是基于受让了国信证券在《回购协议》项下享有的债权，在《回购协议》中并没有该项约定，故融资担保公司主张某农商行应在收到其出具的放款通知后才能放款，没有依据。最后，戴某作为融资担保公司的原法定代表人，其在办公地点为《回购协议》加盖融资担保公司的公章及其个人名章，并为某证券及某农商行出具《担保函》，足以认定戴某系代表融资担保公司的职务行为，而非个人行为，且某农商行本案主张的债权受让于某证券，在融资担保公司并未提供证据证明国信证券明知戴某超越了公司内部对其的授权的情况下，依据《合同法》第五十条"法人或者其他组织的法定代表人、负责人超越权限订立的合同，除相对人知道或者应当知道其超越权限的以外，该代表行为有效"的规定，其行为后果亦应由融资担保公司承担，故本院对融资担保公司的上述主张不予支持。另，案涉担保行为发生于2016年，原审适用《民法总则》第六十一条第二款的相关规定，认定戴某的行为后果应由融资担保公司承担确有不妥，应予纠正。

法律延伸

最高人民法院《关于适用〈中华人民共和国民法典〉有关担保制度的解释》(法释〔2020〕28号)

第八条 有下列情形之一，公司以其未依照公司法关于公司对外担保的规定作出决议为由主张不承担担保责任的，人民法院不予支持：

（一）金融机构开立保函或者担保公司提供担保；

（二）公司为其全资子公司开展经营活动提供担保；

（三）担保合同系由单独或者共同持有公司三分之二以上对担保事项有表决权的股东签字同意。

上市公司对外提供担保，不适用前款第二项、第三项的规定。

18.公司破产，主债权停止计息的效力是否及于担保人？

问 题

保证人刘某与某商业银行签订了《最高额保证合同》，保证方式为连带责任保证，并约定：债权人与债务人甲公司之间自2018年5月1日起至2019年4月30日止签署的借款、贸易融资、保函、资金业务和其他授信业务合同及其修订或补充，属于本合同项下之主合同，被担保最高额债权本金额为5,000万元。甲公司因经营不善，法院于2018年12月受理了甲公司的破产重整申请。某商业银行向管理人申报了债权，甲公司的主债务因其破产已停止计算利息，问保证人刘某的担保债务是否应当停止计息？

法律解析

《中华人民共和国企业破产法》（以下简称《企业破产法》）第四十六条规定："未到期的债权，在破产申请受理时视为到期。附利息的债权自破产申请受理时起停止计息。"但《企业破产法》及相关司法解释未明确债务人进入破产程序后，债权停止计息的效力是否及于担保人，因此实践中长期存在争议。持肯定说的观点认为，担保合同是主债权债务合同的从合同，其具有从属性，担保人承担的责任应以债务人主债权债务合同项下承担的债务总额为限，因此，主债权停止计息的效力及于担保。持否定说的观点认为，虽债务人进入破产程序，但债权并未实质消灭，担保人的责任范围仍应以当事人主合同、担保合同约定为准，以债务人进入破产程序而变更当事人之间对担保责任的约定，与当事人订立合同时的意思表示相违背，因此，主债权停止计息的效力不及于担保。

《民法典担保制度司法解释》采纳了肯定说的观点，该司法解释第二十二条规定："人民法院受理债务人破产案件后，债权人请求担保人承担担保责任，担保人主张担保债务自人民法院受理破产申请之日起停止计息的，人民法院对担保人的主张应予支持。"

审查要点

商业银行在接受企业提供的担保前，应核查企业经营状况及资产负债情况，如企业已出现《企业破产法》第二条"企业法人不能清偿到期债务，并且资产不足以清偿全部债务或者明显缺乏清偿能力的"或者"有明显丧失清偿能力可能的"情形，应谨慎接受其提供的担保。

裁判观点

案例一：某银行股份有限公司某分行、上海某能源有限公司保证合同纠纷案［最高人民法院（2019）最高法民申6453号］[①]

裁判摘要：首先，担保债务具有从属性。根据《担保法》第五条第一款规定，担保合同是主合同的从合同。担保人承担的担保责任范围不应当大于主债务是担保从属性的必然要求。《企业破产法》第四十六条第二款规定，人民法院裁定受理主债务人破产申请后，主债务停止计息。根据担保从属性的原则，担保人的担保责任应以主债务为限，故担保债务亦应停止计息。其次，从担保制度体系来看，其不仅规定了保证人的代偿义务，保障债权人的合法权益，同时也规定了保证人的追偿权，兼顾保证人的合法权益。破产案件受理后对主债权停止计息，债权人受损的仅是利息损失。如果对保证债务不停止计息，将影响保证人的追偿权，对保证人较为不公。因此，二审判决认定主债务人进入破产程序后，保证债务停止计息并不属于法律适用确有错误。

---

① 类似案例还有吉林省高级人民法院（2019）吉民终533号。

根据一、二审查明的事实，截至2016年7月1日，某某能源有限公司尚欠借款本金189,631,878.25元及利息229,138.52元。案涉债务的保证人天津某公司于2016年12月29日付款104,197,288.37元。虽然某银行某分行与天津某公司达成的《协议书》中明确天津某公司自愿支付“利息4,170,321.06元”。但因某某能源有限公司被裁定破产后，主债务已停止计息，在天津某公司付款之时，某某能源公司欠付的利息仅为229,138.52元。最高人民法院《关于适用〈中华人民共和国合同法〉若干问题的解释（二）》第二十一条规定："债务人除主债务之外还应当支付利息和费用，当其给付不足以清偿全部债务时，并且当事人没有约定的，人民法院应当按照下列顺序抵充：（一）实现债权的有关费用；（二）利息；（三）主债务。”据此，一、二审判决保证人天津某公司的还款在清偿利息后剩余款项充抵本金，并无不当。

案例二：浙商某信托股份有限公司、浙江某集团有限公司金融借款合同纠纷案［最高人民法院（2018）最高法民再19号］

裁判摘要：关于马某、楼某的保证责任范围问题。本案中某信托公司的债权范围因主债务人某集团公司进入破产重整程序而确定为254,867,898.2元。马某、楼某作为保证人，基于保证债务的从属性，其所承担的债务范围不应大于主债务人。故原审判决在确认某信托公司对某集团公司的债权利息计算截止到2015年8月17日人民法院受理破产重整申请之日止的同时，判令保证人马某、楼某在2015年8月18日之后继续按年利率24.4%向某信托公司支付利息至实际清偿之日止，明显缺乏法律依据，亦严重损害了保证人马某、楼某的合法权益，本院予以纠正。

法律延伸

《中华人民共和国企业破产法》

第二条 企业法人不能清偿到期债务，并且资产不足以清偿全部债务或者明显缺乏清偿能力的，依照本法规定清理债务。

企业法人有前款规定情形，或者有明显丧失清偿能力可能的，可以依照本法规定进行重整。

第三十一条 人民法院受理破产申请前一年内，涉及债务人财产的下列行为，管理人有权请求人民法院予以撤销：

（一）无偿转让财产的；

（二）以明显不合理的价格进行交易的；

（三）对没有财产担保的债务提供财产担保的；

（四）对未到期的债务提前清偿的；

（五）放弃债权的。

最高人民法院《关于适用〈中华人民共和国民法典〉有关担保制度的解释》（法释〔2020〕28号）

第二十二条 人民法院受理债务人破产案件后，债权人请求担保人承担担保责任，担保人主张担保债务自人民法院受理破产申请之日起停止计息的，人民法院对担保人的主张应予支持。

第三章
混合担保

19.同一债权上物保与人保并存时，商业银行作为债权人应如何实现债权？

问　题

甲公司为融资向某商业银行借款，并以自有厂房设立抵押担保，乙公司以其自有厂房为甲公司的借款设立抵押担保，丙公司为甲公司的借款向该商业银行承诺承担连带保证责任。甲公司无法按约偿还借款时，该商业银行该如何实现该债权？如何行使担保权利？

法律解析

同一债权上既有保证，又有抵押、质押担保的情况，即为人的担保与物的担保混合。在物保、人保并存时，债权人该如何实现债权？自《担保法》颁布以来，从《担保法》第二十八条、《担保法司法解释》第三十八条、《物权法》第一百七十六条到《民法典》第三百九十二条，立法从“保证人绝对优待主义”逐渐发展到“私法自治、平等主义”。

《民法典》第三百九十二条规定：“被担保的债权既有物的担保又有人的担保的，债务人不履行到期债务或者发生当事人约定的实现担保物权的情形，债权人应当按照约定实现债权；没有约定或者约定不明确，债务人自己提供物的担保的，债权人应当先就该物的担保实现债权；第三人提供物的担保的，债权人可以就物的担保实现债权，也可以请求保证人承担保证责任。提供担保的第三人承担担保责任后，有权向债务人追偿。”根据该规定，在同一债权既有物保又有人保时，若债权人与债务人、第三人约定债权实现方式、顺序的，债权人则应当依照约定实现债权；未约定或约定不明时，若物的担保由债务人自行提供，则债权人应就该物的担保实现债权；若物的担保由第三人提供，则债权人可以选择就物的担保实现债权，也可以选择直接要求保证人承担保证责任。

审查要点

1.如商业银行需要采用混合担保的方式对债权进行担保，则应尽量以信誉良好的独立第三人为保证人，并以独立于债务人和保证人的无权利瑕疵的他人财产作为抵押或质押的标的物。

2.对于各种不同担保方式所担保的金额也即担保份额应该在合同订立之时予以明确，尽量选择各自签订担保合同，形成共同连带担保而非按份担保，并通知各方保证人、抵押人或质押人。特别是一般保证和连带保证的保证性质、抵押物/质押物所担保的债权额度等约定应直接在合同中予以明示。

3.混合担保中的债权实现顺序，应在各方签订合同时作出十分具体明确的约定，并通过加粗、黑体等提示担保人予以特别注意。

4.在发生约定不明或未约定的情形，商业银行应区别担保物是由债务人提供还是第三人提供的情况，并及时主张权利。商业银行在实践中尤其要谨慎放弃债务人提供的物保。

裁判观点

案例：某集团有限公司、某农村商业银行股份有限公司金融借款合同纠纷案［最高人民法院（2019）最高法执监442号］①

裁判摘要：关于先予冻结、扣划某集团账户资金的法律依据。本案涉及的法律问题主要为债权人既有抵押物担保又有连带责任保证人的情况下，应如何确定执行顺序。按照《担保法》第二十八条第一款的规定："同一债权既有保证又有物的担保的，保证人对物的担保以外的债权承担保证责任。"《担保法司法解释》第三十八条第一款规定："同一债权既有保证又有第三人提供物的担保的，债权人可以请求保证人或者物的担保人承担担保责任……"而根据《物权法》第一百七十六条的规定："被担保的债权既有物的担保又有人的担保的，债务人不履行到期债务或者发生当事人约定的实现担保物权的情形，债权人应当按照约定实现债权；没有约定或者约定

① 类似案例还有最高人民法院（2019）最高法民再328号。

不明确，债务人自己提供物的担保的，债权人应当先就该物的担保实现债权；第三人提供物的担保的，债权人可以就物的担保实现债权，也可以要求保证人承担保证责任。提供担保的第三人承担担保责任后，有权向债务人追偿。”从上述规定可以看出，对于混合共同担保中人的担保与物的担保责任的顺序问题，《担保法》中确立了“物的担保责任优先”，《担保法司法解释》中明确第三人物的担保与保证人的担保责任顺序可由债权人选择，将“物的担保责任优先”的适用范围限定为债务人提供的物的担保与人的担保并存的情形。《物权法》则进一步规定，当事人有约定的，约定优先，即首先要看当事人之间对此有无明确约定，如果有明确约定，债权人按照约定实现债权；没有约定或者约定不明的，才区分抵押担保是债务人的物的担保还是第三人的物的担保不同情况进行责任承担。这一规定除了明确当事人可就混合担保的责任顺序进行约定外，其他内容与《担保法》及其司法解释相关规定相一致。本案事实和纠纷均发生在《物权法》实施之后，本案复议裁定适用该法第一百七十六条并无不当。申诉人某集团认为应当适用《担保法》第二十八条有失片面。另执行法院某中院依照《担保法》第十八条第二款关于“连带责任保证的债务人在主合同规定的债务履行期届满没有履行债务的，债权人可以要求债务人履行债务，也可以要求保证人在其保证范围内承担保证责任”的规定，冻结、划扣申诉人某集团的银行存款，驳回某集团的异议，系针对申诉人为连带担保责任人的基础法律关系而适用的，不属于适用法律错误。

法律延伸

《中华人民共和国民法典》

第三百九十二条　被担保的债权既有物的担保又有人的担保的，债务人不履行到期债务或者发生当事人约定的实现担保物权的情形，债权人应当按照约定实现债权；没有约定或者约定不明确，债务人自己提供物的担保的，债权人应当先就该物的担保实现债权；第三人提供物的担保的，债权人可以就物的担保实现债权，也可以请求保证人承担保证责任。提供担保的第三人承担担保责任后，有权向债务人追偿。

最高人民法院《关于适用〈中华人民共和国民法典〉有关担保制度的解释》(法释〔2020〕28号)

第十三条 同一债务有两个以上第三人提供担保，担保人之间约定相互追偿及分担份额，承担了担保责任的担保人请求其他担保人按照约定分担份额的，人民法院应予支持；担保人之间约定承担连带共同担保，或者约定相互追偿但是未约定分担份额的，各担保人按照比例分担向债务人不能追偿的部分。

同一债务有两个以上第三人提供担保，担保人之间未对相互追偿作出约定且未约定承担连带共同担保，但是各担保人在同一份合同书上签字、盖章或者按指印，承担了担保责任的担保人请求其他担保人按照比例分担向债务人不能追偿部分的，人民法院应予支持。

除前两款规定的情形外，承担了担保责任的担保人请求其他担保人分担向债务人不能追偿部分的，人民法院不予支持。

20.商业银行格式条款中约定，无论发生何种情形保证人承担的保证责任不变，该约定是否有效?

问 题

某商业银行与甲公司签订《综合授信协议》，甲公司以××项目相关国有土地使用权及其上在建工程进行抵押。张某与某商业银行签订《保证合同》(银行格式文本)，约定张某为《综合授信协议》项下债务提供连带责任保证。《保证合同》约定，无论某商业银行对《综合授信协议》项下债权是否拥有其他担保，无论其他担保何时成立、是否有效，无论某商业银行是否向其他担保人提出权利主张，无论是否有第三方同意承担《综合授信协议》全部或部分债务，无论其他担保是否由甲公司自己提供，张某在本保证合同项下相关的保证责任均不因此减免。

后因甲公司销售××项目房屋，遂与分行陆续解除了××项目部分房屋的抵押登记手续。上述信息，某商业银行未通知保证人。

借款期限届满，甲公司未能偿还借款本金、利息。该商业银行是否有权要求保证人对甲公司未偿还借款本息承担全额连带保证责任?

法律解析

《民法典》第三百九十二条规定了混合担保中的清偿规则，即“被担保的债权既有物的担保又有人的担保的，债务人不履行到期债务或者发生当事人约定的实现担保物权的情形，债权人应当按照约定实现债权；没有约定或者约定不明确，债务人自己提供物的担保的，债权人应当先就该物的担保实现债权；第三人提供物的担保的，债权人可以就物的担保实现债权，也可以请求保证人承担保证责任。提供担保的第三人承担担保责任后，有权向债务人追偿”。

就上述问题，关键在于约定保证人无论在何种情形均应承担保证责任的格式条款是否属于《民法典》第三百九十二条规定的“没有约定或者约定不明确”的情形。

首先，保证合同是为保障债权的实现，由保证人与债权人约定，当债务人不履行到期债务或者发生当事人约定的情形时，保证人履行债务或者承担责任的合同。保证合同从属于主合同。根据《民法典》第三百九十二条的规定，在混合担保情形下，实践中，法院大多先审查是否存在“当事人约定实现担保物权的情形”，有此约定的，即优先按照该类约定进行处理。在没有约定或者约定不明的情形下，则按照《民法典》第三百九十二条规定的清偿顺序清偿。

其次，在保证人签订保证合同时，债务人以及其他担保人履约情况以及责任风险，均为保证人审慎考量的因素。例如，最高人民法院在（2018）最高法民终966号民事判决书中认为，“在同一债权既有债务人以自己的财产提供抵押担保又有其他保证人提供保证的情形中，债务人是本位上的债务承担者，保证人仅是代替其承担责任，借贷关系双方在借款中是否有抵押物以及借款偿还资金来源的约定等是保证人提供担保时判断其责任风险所考虑的重要因素”。虽格式条款约定了无论何种情形，保证人均应承担保证责任，但就债权人未经保证人事先同意即解除部分抵押，或债务人存在其他违约情形等极端情形，不能理解为保证人在签订保证合同时已了解上述风险，并接受该风险。因此，该种通过格式条款进行类似兜底的约定，在实践中，多被法院认定为

“约定不明”的情形。在约定不明的情形下，债权人放弃债务人提供的物的担保的，保证人可以在债权人放弃债务人提供物的担保范围内相应免责。

审查要点

商业银行在业务中应避免简单套用格式合同或格式条款，在多份配套协议中应明确混合担保中的债权实现顺序。同时，商业银行应将主合同履行情形及时通知各担保人，合理审慎行使权利，不轻易放弃抵押等物权担保项下的权利。

裁判观点

案例一：某银行某县支行与江苏某（集团）有限公司、上海某实业有限公司保证合同纠纷案［最高人民法院（2016）最高法民终40号］[①]

裁判摘要：关于本案实现担保物权的约定是否明确的问题。本案《保证合同》第6.14条约定：“当债务人未履行债务时，无论债权人对主合同项下的债权是否拥有其他担保，债权人均有权直接要求保证人承担担保责任。”某集团公司、某实业公司称，以上保证合同条款并未对物的担保与人的担保并存时的实现顺序和方式作出明确约定，因本案0022号《流动资金借款合同》项下有债务人某公司以及第三人某某公司提供的最高额抵押担保，某支行应当先就某公司以及某某公司提供的物的担保实现其债权。某支行辩称，上述条款对物的担保和人的担保并存时债权实现的顺序、方式约定已属明确，即无论某公司以及某某公司是否提供抵押担保，某支行均有权直接要求某集团公司、某实业公司承担保证责任。究竟哪方主张成立，这需要结合《物权法》第一百七十六条规定以及本院进一步查明的事实综合判断。

本院认为，对《物权法》第一百七十六条可作以下三种情形的具体把握：第一种情形，即对实现担保物权有明确约定的情形，在此情形下，无论是对人的担保合同还是对物的担保合同，均要审查是否存在“当事人约定的

---

① 某银行某县支行针对本判决申请再审。再审法院作出（2016）最高法民申2612号民事裁定书，驳回某银行某县支行的再审申请。类似案例还有最高人民法院（2018）最高法民终966号、河南省安阳市中级人民法院（2021）豫05民终1636号。

实现担保物权的情形”，即是否对实现担保物权作出明确约定，有此约定的，即应优先按照该类约定进行处理，无论该类关于实现担保物权的约定是就债务人提供的物保所作约定，还是就第三人提供的物保所作约定，均应当按照该明确约定实现债权。很显然，此等情形下，隐含着意思自治可以排除物保优先的精神，这实际是将契约自由精神摆在更加重要的法律地位。但此等情形下，依然始终要围绕实现担保物权的约定进行审查，其实质亦同样体现着物保优先的法律原则。第二种情形，即先就债务人的物保实现债权的情形，经审查人保合同与物保合同，对实现担保物权的情形没有约定或者约定不明确时，则债权人应当先就债务人提供的物保实现其债权，不得绕过债务人的物保而径行追究人保合同项下保证人的保证责任。此等情形，更是直接体现着物保优先的原则，尽管是就债务人的物保优先而言。第三种情形，即债权人对第三人提供的物保选择实现债权的情形，此等情形适用的前提与前述第二种情形应当相同，即依然是有关实现担保物权的情形没有约定或约定不明确时，因提供物保主体上存在差异，即物保系债务人以外的第三人所提供，则债权人既可选择向第三人物保实现债权，也可依据人保合同向保证人实现债权，或者同时向第三人物保以及人保提供者主张实现债权。此等情形，尽管赋予债权人以选择权，但此等情形的前提是没有关于实现担保物权的明确约定，因此依然体现着物保优先原则与意思自治原则相结合的审查要求。

结合本院进一步查明的事实，除本案《保证合同》第6.14条外，经查，某支行与某公司以及某某公司签订的两份《最高额抵押合同》第11.7条均约定：“当债务人未履行债务时，无论抵押权人对所担保的主合同项下的债权是否拥有其他担保，抵押权人均有权直接要求抵押人在其担保范围内承担担保责任。”根据以上对《物权法》第一百七十六条规定所作理解，结合对本案《保证合同》以及两份《最高额抵押合同》相关条款的审查，在本案被担保债权既有物的担保又有人的担保，且物的担保既有债务人提供的也有第三人某某公司提供时，某支行无疑应当先依照两份《最高额抵押合同》中关于实现担保物权的明确约定，先行向债务人某公司以及第三人某某公司主张实现其债权，而不应当依照本案《保证合同》的约定实现其债权。这是因为，本案《保证合同》的前述约定，仅仅是关于实现保证债权而非实现担保物权的约定，而且本案《保证合同》的前述条款也并没有明确涉及实现担保物权的内容，不能得出已就担保物权的实现顺序与方式等作出了明确约定，故不能将本案《保证合同》中的以上约定即理解为《物权法》第一百七十六条规定的“当事人约定的实现担保物权的情形”。但两份《最高额抵押合同》第11.7条所作的相同约定，却显然是关于实现担保物权所作的约定，是关于抵押权人直接要求抵押人在其物保范围内承担物保责任的约定，无疑属于就实现担保物权所作的明确约定，这与某支行及一审判决关于《保证合同》第6.14条的理解逻辑实质上并无不同。在此情形下，按照《物权法》第一百七十六条之规定，当发生当事人约定的实现担保物权的情形时，债权人即应当按照该约定实现债权，即本案某支行应当按照其与债务人某公司以及第三人某某公司的明确约定，不仅应当先就债务人某公司的物保实现其债权，而且也应当先就第三人某某公司的物保实现其债权。一审判决对于《物权法》第一百七十六条规定的精神理解显然片面，在得出本案0022号《流动资金借款合同》同时附着两份《最高额抵押合同》以及本案《保证合同》的正确判断下，却又仅仅审查本案《保证合同》项下关于实现保证债权的约定，不去审查两份《最高额抵押合同》项下对于实现担保物权已经作出的明确约定，明显不妥。某支行能够理解本案《保证合同》第6.14条的约定明确，却偏偏置本案两份《最高额抵押合同》第11.7条的明确约定于不顾，这与其作为专业银行应当正确理解《物权法》精神以及应当全面审查《保证合同》与《最高额抵押合同》的基本要求均相违背，对由此片面理解法律精神以及片面审查合同条款所可能引发的行为后果，某支行应自行承担。故某集团公司、某实业公司关于某支行应先向债务人某公司以及第三人某某公司实现债权的主张，因两份《最高额抵押合同》已就此作出明确约定，应予支持。

关于某集团公司、某实业公司主张免除保证责任应否支持的问题。与适用本案是否免除保证人责任相关的法条主要有以下规定：一是《担保法》第二十八条之规定：“同一债权既有保证又有物的担保的，保证人对物的担保以外的债权承担保证责任。债权人放弃物的担保的，保证人在债权人放弃权利范围内免除保证责任。”二是《担保法司法解释》第三十八条第三款之规定：“债权人在主合同履行期届满后怠于行使担保物权，致使担保物的价值减少或者毁损、灭失的，视为债权人放弃部分或者全部物的担保。保证人在债权人放弃权利的范围内减轻或者免除保证责任。”三是《担保法司法解释》第一百二十三条之规定：“同一债权上数个担保物权并存时，债权人放弃债务人提供的物的担保的，其他担保人在其放弃权利的范围内减轻或者免除担保责任。”四是《物权法》第一百九十四条第二款之规定：“债务人以自己的财产设定抵押，抵押权人放弃该抵押权、抵押权顺位或者变更抵押权的，其他担保人在抵押权人丧失优先受偿权益的范围内免除担保责任，但其他担保人承诺仍然提供担保的除外。”五是《物权法》第一百七十八条之规定：“担保法与本法的规定不一致的，适用本法。”综合以上条文以及前述《物权法》第一百七十六之规定，除《担保法》第二十八条关于保证人仅对物的担保以外的债权承担保证责任与《物权法》第一百七十六条关于优先按照实现担保物权的约定实现债权以及约定不明时如何实现债权的规定存在明显冲突外，其他各条关于放弃物保而免除保证责任的法条表述虽不完全一致，但各条规定精神总体相符，并可互为补充适用。本院认为，在本案主债权不仅附着债务人某公司的担保物权并同时附着第三人某某公司担保物权的情形下，在债权人某支行应当按照其与债务人某公司以及第三人某某公司关于实现担保物权的明确约定先行实现其债权情形下，结合本案相关事实，某集团公司、某实业公司关于免除保证责任的请求，应予支持。

案例二：彭某、某农村商业银行股份有限公司某支行保证合同纠纷案［最高人民法院（2019）最高法民终1631号］[①]

裁判摘要：关于保证人可否在抵押权人放弃抵押权而丧失优先受偿权益的范围内免除担保责任的问题。《物权法》第一百九十四条第二款规定：“债务人以自己的财产设定抵押，抵押权人放弃该抵押权、抵押权顺位或者变更抵押权的，其他担保人在抵押权人丧失优先受偿权益的范围内免除担保责任，但其他担保人承诺仍然提供担保的除外。”尽管该款规定仅明确将“抵

① 彭某针对本判决申请再审。再审法院作出（2020）最高法民申6459号民事裁定书，驳回彭某的再审申请。

押权人放弃该抵押权、抵押权顺位”作为适用第三人免除担保责任的条件，但由《物权法》第一百七十六条与第一百九十四条第二款的体系解释可知，在混合共同担保情形下，该款的适用还存在一个隐含的前提条件，即在当事人明确约定债务人自己提供物的担保优先，或者当事人对实现担保权的顺序没有约定或者约定不明确的情形下，也就是债权人应当就债务人自己提供的物的担保优先实现债权时，抵押权人放弃该抵押权、抵押顺位或者变更抵押权的，保证人始得在抵押权人丧失优先受偿权益范围内免除担保责任。换言之，该款规定应当适用于混合共同担保中担保人对债务人自己提供的物的担保享有顺位利益的情形。如果保证人在承担担保责任的顺序上与债务人所应承担的物上担保责任并无先后顺序之别，则债权人放弃债务人自己提供的物的担保即与保证人的利益无涉，此时无《物权法》第一百九十四条第二款的适用空间。需要注意的是，在债权人选择以某种担保方式实现债权后，债权即告消灭，主债权消灭，作为从权利的其他担保权随之消灭。由于我国现行法律并未规定担保人的代位权，担保人在承担担保责任后，并不能够代位取得债权人对债务人提供的抵押物的抵押权，因此，从体系解释的角度看，仅在保证人对债务人提供的抵押担保享有顺位利益的情况下，债权人放弃债务人提供的抵押担保，保证人才享有在抵押权人丧失优先受偿权益范围内免除担保责任的权利，在保证人没有顺位利益或者放弃顺位利益的情况下，无该条款的适用空间。本案中，彭某等人在《保证合同》中承诺无论债权人对主合同项下的债权是否拥有其他担保，债权人均有权直接向其主张承担保证责任。可见，当事人对于在担保权实现时保证人承担保证责任的顺序约定是明确的；且彭某、陈某、周某、何某在订立《保证合同》时均系某公司的股东，其对该公司的经营状况、偿债能力有合理、充分的认知，因此，彭某对某公司提供的抵押担保并不具有在担保权实现时的顺位利益。那么，在债权人放弃债务人提供的抵押担保时，债权人主张由保证人承担保证责任，没有超出彭某签订《保证责任》时对承担保证责任风险的合理预期，也没有加重保证人承担责任的负担，彭某主张在某农商行某支行丧失抵押权益范围内免除责任，于法无据。而且，还需注意的是，本案中，《保证合同》签订时间在前，《抵押合同》签订时间在后，在《保证合同》签订时，其担保的债权上本就不存在其他担保方式，签订在后的《抵押合同》只是为债权人实现其债权提供的额外担保，与保证人无涉，即使《抵押合同》中也有债权人可以直接向抵押人主张承担抵押责任的约定，该约定也不构成对《保证合同》中债权人有权向保证人直接主张实现担保权约定的变更。故某农商行某支行放弃部分抵押权系对其权利的自行处分，并没有因此而加重保证人的保证责任。换言之，作为保证人的彭某在案涉混合共同担保中没有顺位利益，因《保证合同》签订在前，其甚至不存在顺位利益的合理预期，某农商行某支行放弃某公司提供的部分抵押担保，并不会对彭某的权利义务产生任何影响。彭某主张其应当在债务人提供的物的担保之外承担保证责任，那么其可以在《保证合同》中约定在担保权实现时物的担保优先，而不应当约定债权人有权选择保证优先；其欲通过取得对债务人的特定财产的追偿权而实现对自己承担保证责任后对债务人享有的债权的保障之目的，亦可通过要求债务人设定反担保等方式实现，但其并未实施相应的法律行为，而主张对应的法律后果，因而没有事实和法律依据。鉴于此，当事人举示的有关某农商行某支行放弃抵押权的相应证据，均与本案没有关联性；彭某申请本院调取抵押物的解除抵押情况，也与本案没有关联性，本院不予准许。

法律延伸

《中华人民共和国民法典》

第三百九十二条　被担保的债权既有物的担保又有人的担保的，债务人不履行到期债务或者发生当事人约定的实现担保物权的情形，债权人应当按照约定实现债权；没有约定或者约定不明确，债务人自己提供物的担保的，债权人应当先就该物的担保实现债权；第三人提供物的担保的，债权人可以就物的担保实现债权，也可以请求保证人承担保证责任。提供担保的第三人承担担保责任后，有权向债务人追偿。

第四百零八条　抵押人的行为足以使抵押财产价值减少的，抵押权人有权请求抵押人停止其行为；抵押财产价值减少的，抵押权人有权请求恢复抵押财产的价值，或者提供与减少的价值相应的担保。抵押人不恢复抵押财产的价值，也不提供担保的，抵押权人有权请求债务人提前清偿债务。

第四百零九条第一款 抵押权人可以放弃抵押权或者抵押权的顺位。抵押权人与抵押人可以协议变更抵押权顺位以及被担保的债权数额等内容。但是，抵押权的变更未经其他抵押权人书面同意的，不得对其他抵押权人产生不利影响。

第四百九十六条 格式条款是当事人为了重复使用而预先拟定，并在订立合同时未与对方协商的条款。

采用格式条款订立合同的，提供格式条款的一方应当遵循公平原则确定当事人之间的权利和义务，并采取合理的方式提示对方注意免除或者减轻其责任等与对方有重大利害关系的条款，按照对方的要求，对该条款予以说明。提供格式条款的一方未履行提示或者说明义务，致使对方没有注意或者理解与其有重大利害关系的条款的，对方可以主张该条款不成为合同的内容。

21. 商业银行放弃债务人提供的抵押担保，会产生哪些风险？

问 题

商业银行与某借款人办理的房地产开发贷款业务中，原由借款人甲提供抵押担保，同时由保证人乙提供连带责任保证，但未在相关协议中约定清偿顺序。业务开展过程中，贷款项目达到商品房预售标准，借款人拟办理商品房预售许可证销售房屋，但依据当地房地产管理部门的规定，存在抵押法律关系的房地产开发项目不能办理商品房预售许可证。有鉴于此，借款人与该商业银行达成一致意见，由该商业银行出具同意解除抵押登记的文件，解除借款人提供的抵押担保。对此，该商业银行可能面临哪些风险？

法律解析

《民法典》第四百零九条第二款规定："债务人以自己的财产设定抵押，抵押权人放弃该抵押权、抵押权顺位或者变更抵押权的，其他担保人在抵押权人丧失优先受偿权益的范围内免除担保责任，但是其他担保人承诺仍然提供担保的除外。”第四百三十五条规定：“质权人可以放弃质权。债务人以自己的财产出质，质权人放弃该质权的，其他担保人在质权人丧失优先受偿权益的范围内免除担保责任，但其他担保人承诺仍然提供担保的除外。”

因此，就商业银行配合借款人解除抵押事宜，商业银行应当事先征得保证人乙的同意，取得保证人乙继续提供连带责任保证担保之承诺。否则，保证人乙在债权人放弃抵押权的范围内免除责任。

审查要点

1.在被担保的债权既有债务人自己提供的物的担保，又有第三人提供的担保的情形下，商业银行作为债权人应对放弃债务人自身提供的物的担保持谨慎态度。

2.如因业务需要确需放弃债务人自己提供的物的担保的，应按照《民法典》的相关规定取得其他担保人继续就全部债权提供担保的承诺，避免部分债权担保悬空。

裁判观点

案例一：延边某连锁超市有限公司、吉林某农村商业银行股份有限公司抵押合同纠纷案［最高人民法院（2017）最高法民终964号］[①]

裁判摘要：关于某农商银行实现抵押权的顺序问题。案涉某信用社的借款债权上既有债务人提供的抵押担保，又有包括某公司在内的第三人提供的最高额抵押担保以及保证担保，属于混合担保情形。对于混合担保中债权人实现债权的顺序，《物权法》第一百七十六条规定：“被担保的债权既有物的担保又有人的担保的，债务人不履行到期债务或者发生当事人约定的实现担保物权的情形，债权人应当按照约定实现债权；没有约定或者约定不明确，债务人自己提供物的担保的，债权人应当先就该物的担保实现债权；第三人提供物的担保的，债权人可以就物的担保实现债权，也可以要求保证人承担保证责任。提供担保的第三人承担担保责任后，有权向债务人追偿。”依

① 类似案例还有安徽省高级人民法院（2017）皖民终552号。

据该条规定，混合担保中债权人实现债权的顺序应为有约定按约定，没有约定时债权人应首先就债务人提供的物的担保实现债权，其他担保义务人对先以债务人提供的物的担保实现债权存在顺位信赖利益。依据《物权法》第一百九十四条第二款关于“债务人以自己的财产设定抵押，抵押权人放弃该抵押权、抵押权顺位或者变更抵押权的，其他担保人在抵押权人丧失优先受偿权益的范围内免除担保责任，但其他担保人承诺仍然提供担保的除外”的规定，亦可以认定立法保护其他担保义务人的此种顺位信赖利益，这体现了债务人承担最终责任的原则以及民法的公平原则，也避免了日后追索的烦琐，有利于节约诉讼成本。据此，因本案当事人之间未约定债权实现的顺序，某农商银行应在吉林高院（2014）吉民二初字第13号民事调解书确定的债务本息及为实现债权和担保权发生的费用范围内，先以债务人延边某大厦公司提供的抵押物实现债权，所得价款不足以清偿债务的情况下，可以继续对某公司提供的抵押物拍卖、变卖所得价款优先受偿。本案原审判决确认某信用社可以就某公司提供的抵押物行使抵押权，但未确定该抵押权实现的顺序，存在不当，本院依法予以纠正。

案例二：黑龙江某投资担保股份有限公司与黑龙江省建三江农垦某粮油工贸有限责任公司、黑龙江省建三江农垦某某粮油工贸有限公司等担保合同纠纷案［最高人民法院（2017）最高法民申925号］

裁判摘要：本案中，借款债务人某某某公司与四保证人均系稻米经营企业，互相之间存在五户联保关系，联保形式相同，即任何一户的银行贷款均由某担保公司提供担保，再由借款债务人以各自所有的机器设备、房产和水稻向某担保公司提供抵押和质押担保，其他四户向某担保公司提供保证担保。案涉质押合同与保证合同系同一天签订。以上事实表明，案涉各方当事人均知晓某担保公司的反担保债权上应同时设立了债务人提供的物的担保和第三人提供的人的担保。

《物权法》第一百七十六条规定：“被担保的债权既有物的担保又有人的担保的，债务人不履行到期债务或者发生当事人约定的实现担保物权的情形，债权人应当按照约定实现债权；没有约定或者约定不明确，债务人自己提供物的担保的，债权人应当先就该物的担保实现债权；第三人提供物的担保的，债权人可以就物的担保实现债权，也可以要求保证人承担保证责任。提供担保的第三人承担担保责任后，有权向债务人追偿。”依据上述规定，因本案当事人没有约定债权实现顺序，若债务人提供的担保物权正常设立，保证人只对物的担保以外的债权承担保证责任，故四保证人对自己享有法定的顺位利益存在一种合理信赖，从保证人某粮油公司法定代表人刘某、保证人某某粮油公司法定代表人刘某某在得知某某某公司处分质物后立即向公安部门报案的情况来看，也能证明保证人存在此种信赖，由此产生的信赖利益受法律保护。若令保证人在债务人提供的担保物权未设立时继续承担保证责任，则恶意违约的债务人与怠于行使权利的债权人利益不受损，保证人的信赖利益却遭受侵害，这无疑违反民法的公平原则和诚实信用原则。

法律延伸

《中华人民共和国民法典》

第三百九十二条 被担保的债权既有物的担保又有人的担保的，债务人不履行到期债务或者发生当事人约定的实现担保物权的情形，债权人应当按照约定实现债权；没有约定或者约定不明确，债务人自己提供物的担保的，债权人应当先就该物的担保实现债权；第三人提供物的担保的，债权人可以就物的担保实现债权，也可以请求保证人承担保证责任。提供担保的第三人承担担保责任后，有权向债务人追偿。

第四章

保证担保

22.合同约定不明时，如何确定保证方式？

问　题

甲公司与某商业银行签订《借款协议》，乙公司在“保证人”栏下盖章，但该《借款协议》未约定保证人的保证责任范围、责任方式、保证期间等。此种情形下，乙公司承担何种保证责任？

法律解析

实践中保证人保证方式约定不明时，《民法典》第六百八十六条第二款改变了《担保法》第十九条的规定，即“当事人在保证合同中对保证方式没有约定或者约定不明确的，按照一般保证承担保证责任”。

《民法典》第六百八十八条规定：“当事人在保证合同中约定保证人和债务人对债务承担连带责任的，为连带责任保证。连带责任保证的债务人不履行到期债务或者发生当事人约定的情形时，债权人可以请求债务人履行债务，也可以请求保证人在其保证范围内承担保证责任。”据此可知，连带责任保证必须是保证人通过书面形式作出的真实意思表示，表示其对债务承担连带责任。在保证人未作出或者未明确作出对债务承担连带责任保证的意思表示时，应当按照《民法典》第六百八十六条的规定，认定为一般保证。

例如，保证合同如约定，在主债务人“到期无法偿还”或“到期不能履行债务”的情况下，保证人承担保证责任，即保证人在主债务人客观不能履行主债务的情况下方承担保证责任，而非主债务到期、主债务人未履行主债务时，保证人即无条件承担保证责任，保证人提供的系一般保证。①

---

① 参见高圣平著：《民法典担保制度及其配套司法解释理解与适用（上）》，中国法制出版社2021年版，第101页。

再如，保证合同如约定，保证人于“主债务人不履行债务时”或“主债务人不履行到期债务时”承担保证责任，强调的是只要“主债务人不履行债务”这种事实状态，而非“不能履行债务”这种能力，保证人并无先诉抗辩权，与连带责任保证的特征相合，可认定为连带责任保证。[①]

裁判观点

案例：周某、鹤壁市某投资管理有限公司民间借贷纠纷案［最高人民法院（2017）最高法民申2406号］

裁判摘要：二审判决认定周某承担连带保证责任正确。《担保法》第十七条第一款规定“当事人在保证合同中约定，债务人不能履行债务时，由保证人承担保证责任的，为一般保证”，指的应是当事人明确约定在债务人客观上无力偿还借款时保证人方承担保证责任的情况下，保证人承担一般保证责任，故区分一般保证与连带保证的关键在于当事人是否明确约定了保证人享有先诉抗辩权。本案中，《保证借款合同》第五条约定：陈某不能按期向某公司履行偿还义务的，由周某代陈某履行偿还本息的义务。表明双方当事人就案涉保证责任达成的合意是只要陈某未按期偿还借款，周某即应向某公司承担保证责任，没有陈某无力偿还才由周某承担保证责任的意思表示，周某并不享有先诉抗辩权。因此，二审法院认定周某对《保证借款合同》项下债务承担连带保证责任，法律适用正确。

法律延伸

《中华人民共和国民法典》

第六百八十六条　保证的方式包括一般保证和连带责任保证。

当事人在保证合同中对保证方式没有约定或者约定不明确的，按照一般保证承担保证责任。

第六百八十八条　当事人在保证合同中约定保证人和债务人对债务承担

---

① 参见高圣平著：《民法典担保制度及其配套司法解释理解与适用（上）》，中国法制出版社2021年版，第101页。

连带责任的，为连带责任保证。

连带责任保证的债务人不履行到期债务或者发生当事人约定的情形时，债权人可以请求债务人履行债务，也可以请求保证人在其保证范围内承担保证责任。

第六百九十一条 保证的范围包括主债权及其利息、违约金、损害赔偿金和实现债权的费用。当事人另有约定的，按照其约定。

最高人民法院《关于适用〈中华人民共和国民法典〉有关担保制度的解释》（法释〔2020〕28号）

第二十五条 当事人在保证合同中约定了保证人在债务人不能履行债务或者无力偿还债务时才承担保证责任等类似内容，具有债务人应当先承担责任的意思表示的，人民法院应当将其认定为一般保证。

当事人在保证合同中约定了保证人在债务人不履行债务或者未偿还债务时即承担保证责任、无条件承担保证责任等类似内容，不具有债务人应当先承担责任的意思表示的，人民法院应当将其认定为连带责任保证。

23. 保证期间届满前，债权人未向保证人主张权利，保证期间届满后，保证人在催款通知书上签字或盖章的，保证人是否仍应承担保证责任？

问　题

2016年8月8日，甲公司与某商业银行签订《借款合同》，约定借款500万元，借款年利率为7.92%，借款期限自2016年8月8日起至2017年8月7日止。该商业银行与乙公司签订《保证合同》，约定乙公司对甲公司上述借款向该商业银行提供本金以及相应利息、罚息、违约金等全部应付款项的保证，保证方式为连带责任保证，保证期间为本合同生效之日起至借款合同履行期限届满之日后两年。同日，该商业银行向A公司发放贷款500万元。2019年8月9日，该商业银行向甲公司、乙公司发出《逾期贷款催收通知书》，告知甲公司的借款本息均已逾期，请早日还款。甲、乙公司均加盖了公司公章。某商业银行是否有权要求乙公司承担保证责任？

法律解析

《民法典》第六百九十二条、第六百九十三条、第六百九十四条规定了保证期间、保证债务的诉讼时效以及对应的法律效果。根据前述法律规定，保证期间是确定保证人承担保证责任的期间。在一般保证中，债权人未在保证期间内对主债务人提起诉讼或者申请仲裁，在连带责任保证中，债权人未在保证期间内对保证人主张承担保证责任，则发生“保证人不再承担保证责任”的法律效果。而诉讼时效届满的法律效果是债务人产生抗辩权，债权人丧失的仅仅是请求法院以强制方式要求债务人履行债务的权利，债权本身并没有消灭。据此，债权人在保证期间内按照法律规定的方式请求保证人承担责任后，从保证人拒绝承担保证责任的权利消灭之日起，开始计算保证债务的诉讼时效。若债权人未在保证期间内实施特定行为请求保证人承担责任，保证人不再承担保证责任，此时，保证债务诉讼时效已无适用可能。

《民法典担保制度司法解释》第三十四条第二款进一步规定：“债权人在保证期间内未依法行使权利的，保证责任消灭。保证责任消灭后，债权人书面通知保证人要求承担保证责任，保证人在通知书上签字、盖章或者按指印，债权人请求保证人继续承担保证责任的，人民法院不予支持，但是债权人有证据证明成立了新的保证合同的除外。”据此可知，除非有证据证明债权人与保证人成立新的保证合同外，保证人并不因其在催款通知书上签字或者盖章而承担保证责任。根据《民法典》合同编的相关规定，《催款通知书》如视为新的保证合同的要约，则《催款通知书》应载明保证金额、保证方式、保证范围、保证期间等内容。保证人在明知上述内容的情况下签字或盖章才视为对新的要约的承诺，一经承诺，视为成立新的保证合同，保证人应当按照《催款通知书》约定内容承担保证责任。

审查要点

1. 借款到期后，在主债权诉讼时效期间、保证期间内分别及时向借款人、保证人主张权利，避免因诉讼时效期间届满、保证期间届满而丧失相应权益。

2. 一旦已经发生保证期间内未向担保人主张权利的情形，商业银行应尽早向保证人发出《逾期催款通知书》或类似文件，并在相应文件上明确载明保证金额、保证方式、保证范围、保证期间等内容，并经保证人在该等文件上盖章或签字。

裁判观点

案例一：青海某信用担保有限公司、中国某资产管理股份有限公司甘肃省分公司借款合同纠纷案［最高人民法院（2018）最高法民终1220号］

裁判摘要：最高人民法院《关于人民法院应当如何认定保证人在保证期间届满后又在催款通知书上签字问题的批复》规定："保证责任消灭后，债权人书面通知保证人要求承担保证责任或者清偿债务，保证人在催款通知书上签字的……该催款通知书内容符合合同法和担保法有关担保合同成立的规定，并经保证人签字认可，能够认定成立新的保证合同的，人民法院应当认定保证人按照新保证合同承担责任。"最高人民法院《关于适用〈中华人民共和国合同法〉若干问题的解释（二）》第一条规定："当事人对合同是否成立存在争议，人民法院能够确定当事人名称或者姓名、标的和数量的，一般应当认定合同成立……"《担保法》第十五条规定："保证合同应当包括以下内容：（一）被保证的主债权种类、数额；（二）债务人履行债务的期限；（三）保证的方式；（四）保证担保的范围；（五）保证的期间；（六）双方认为需要约定的其他事项。保证合同不完全具备前款规定内容的，可以补正。"第十九条规定："当事人对保证方式没有约定或者约定不明确的，按照连带责任保证承担保证责任。"本案中，某公司上诉主张双方不构成新的保证合同，主要理由是"新保证合同能够明确认定不是要求保证人履行原保证责任"，但某公司对该理解未提出直接依据。从法律、司法解释文义看，只要双方对于新的保证合同意思表示一致，达成合意，符合法律、司法解释的规定，就应当根据法律、司法解释的规定予以认定。某支行于2018年1月16日向某公司发出《逾期贷款（垫款）催收通知书》，该通知载明，2013年11月21日某支行与某公司签订的2013123005号《保证合同》项下债务，已于2015年11月20日到期。至2018年1月15日止，未偿还本金贰仟万元，利息肆佰玖拾贰万零陆拾叁元柒角贰分。某公司立即履行还款义务，否则某支行要求其承担违约责任。该通知书回执载明“同意将按上述合同/协议约定及该通知书的要求履行还款义务”。某公司在保证人公章处加盖公章。根据上述事实，《逾期贷款（垫款）催收通知书》及回执载明内容意思表示清楚，且某公司在回执处加盖公章，可认定双方对于新的保证合同内容形成合意，因此原审判决认定双方经要约承诺形成保证合同并无不当。

案例二：北京某国际文化传播有限公司、义煤集团某煤业有限公司等与某控股集团有限公司、吕某金融不良债权转让合同纠纷案［最高人民法院（2014）民申字第1436号］

裁判摘要：本院认为：1.关于某控股公司在某支行发出的催款通知书及回执上签字盖章是否构成新的保证合同。最高人民法院《关于人民法院应当如何认定保证人在保证期间届满后又在催款通知书上签字问题的批复》规定：“根据《中华人民共和国担保法》的规定，保证期间届满债权人未依法向保证人主张保证责任的，保证责任消灭。保证责任消灭后，债权人书面通知保证人要求承担保证责任或者清偿债务，保证人在催款通知书上签字的，人民法院不得认定保证人继续承担保证责任。但是，该催款通知书内容符合合同法和担保法有关担保合同成立的规定，并经保证人签字认可，能够认定成立新的保证合同的，人民法院应当认定保证人按照新保证合同承担责任。”某控股公司在保证期间届满暨保证责任消灭后，又签收了某支行发出的催款通知书及回执。根据某控股公司与某支行签订的《关于贷款与担保问题的协议》的特别约定，某控股公司在与某支行签订《关于贷款与担保问题的协议》的前提下才签收催款通知。因此，某控股公司和某支行之间是否达成新的保证合同的合意，不能仅依据催款通知书确定，而应当结合《关于贷款与担保问题的协议》的具体约定予以认定。《关于贷款与担保问题的协议》约定，案涉贷款因超过担保时效而成为某支行的沉淀资金，为双方友好合作，某支行承诺对某控股公司的贷款利率下浮10%，利率下浮产生的节余资金用以偿还某控股公司担保的某煤矿债务本息；某控股公司承诺一旦某煤矿恢复生产，用某煤矿供应某控股公司的煤款偿还某支行的贷款本息。根据上述约定，某控股公司承担的仅是附条件的代为偿还某煤矿债务本息的责任，其性质并不是《担保法》规定的连带保证或一般保证责任。二审判决据此认定双方之间未成立新的保证合同，适用法律并无不当。某文化公司该项申请再审理由不能成立，本院不予支持。2.关于某煤业公司的申请再审理由。一审传票系合法送达某煤业公司的法定地址，没有违反法定程序的情形。本案中，某煤业公司和某煤矿的资产混同，而某煤业公司并未提供充分证据证明其系支付合理对价而取得某煤矿的资产。某煤矿现已丧失对外清偿债务的能力，一、二审判决根据企业法人财产的流向认定某煤业公司对某煤矿债务本息承担连带责任，适用法律并无不当。某煤业公司的申请再审理由不能成立，本院不予支持。

法律延伸

《中华人民共和国民法典》

第六百九十二条 保证期间是确定保证人承担保证责任的期间，不发生中止、中断和延长。

债权人与保证人可以约定保证期间，但是约定的保证期间早于主债务履行期限或者与主债务履行期限同时届满的，视为没有约定；没有约定或者约定不明确的，保证期间为主债务履行期限届满之日起六个月。

债权人与债务人对主债务履行期限没有约定或者约定不明确的，保证期间自债权人请求债务人履行债务的宽限期届满之日起计算。

第六百九十三条 一般保证的债权人未在保证期间对债务人提起诉讼或者申请仲裁的，保证人不再承担保证责任。

连带责任保证的债权人未在保证期间请求保证人承担保证责任的，保证人不再承担保证责任。

第六百九十四条 一般保证的债权人在保证期间届满前对债务人提起诉讼或者申请仲裁的，从保证人拒绝承担保证责任的权利消灭之日起，开始计算保证债务的诉讼时效。

连带责任保证的债权人在保证期间届满前请求保证人承担保证责任的，从债权人请求保证人承担保证责任之日起，开始计算保证债务的诉讼时效。

最高人民法院《关于适用〈中华人民共和国民法典〉有关担保制度的解释》(法释〔2020〕28号)

第三十四条　人民法院在审理保证合同纠纷案件时，应当将保证期间是否届满、债权人是否在保证期间内依法行使权利等事实作为案件基本事实予以查明。

债权人在保证期间内未依法行使权利的，保证责任消灭。保证责任消灭后，债权人书面通知保证人要求承担保证责任，保证人在通知书上签字、盖章或者按指印，债权人请求保证人继续承担保证责任的，人民法院不予支持，但是债权人有证据证明成立了新的保证合同的除外。

24.商业银行在放贷过程中存在不符合监管规定的情形，保证人是否可以免除担保责任?

问　题

商业银行贷款，应对借款人主体资格、资信、贷款用途等情况进行审核，如商业银行未尽到审查义务，借款人逾期不偿还借款时，保证人是否可以拒绝承担保证责任?

法律解析

1.商业银行未尽审查义务是否会导致贷款合同无效

《中华人民共和国商业银行法》(以下简称《商业银行法》)第三十五条规定:“商业银行贷款，应当对借款人的借款用途、偿还能力、还款方式等情况进行严格审查。商业银行贷款，应当实行审贷分离、分级审批的制度。”《贷款通则》第二十二条规定:“贷款人的权利:根据贷款条件和贷款程序自主审查和决定贷款，除国务院批准的特定贷款外，有权拒绝任何单位和个人强令其发放贷款或者提供担保。一、要求借款人提供与借款有关的资料;二、根据借款人的条件，决定贷与不贷、贷款金额、期限和利率等；三、了解借款人的生产经营活动和财务活动；四、依合同约定从借款人帐户上划收贷款本金和利息；五、借款人未能履行借款合同规定义务的，贷款人有权依合同约定要求借款人提前归还贷款或停止支付借款人尚未使用的贷款；六、在贷款将受或已受损失的，可依据合同规定，采取使贷款免受损失的措施。"《中华人民共和国银行业监督管理法》（以下简称《银行业监督管理法》）第二十一条规定："银行业金融机构的审慎经营规则，由法律、行政法规规定，也可以由国务院银行业监督管理机构依照法律、行政法规制定。前款规定的审慎经营规则，包括风险管理、内部控制、资本充足率、资产质量、损失准备金、风险集中、关联交易、资产流动性等内容。银行业金融机构应当严格遵守审慎经营规则。"

《民法典》第一百五十三条第一款规定："违反法律、行政法规的强制性规定的民事法律行为无效。但是，该强制性规定不导致该民事法律行为无效的除外。"从司法实践来看，商业银行违反《商业银行法》《银行业监督管理法》《贷款通则》规定的审查义务与审慎经营义务，并不必然导致贷款合同无效。例如，最高人民法院在（2007）民二终字第36号民事判决书中认为，《商业银行法》《贷款通则》等相关法律法规并未规定商业银行违反贷款中严格审查义务的法律责任，上述规定与商业银行的内部规定，均是从商业银行风险控制角度加以规范，属管理性规定，商业银行即使违反相关规定，也不影响商业银行与借款人之间的信贷行为的效力和担保合同的效力。①

2.商业银行未尽到审查义务是否导致保证合同无效

保证人以商业银行未尽到审查义务为由主张保证合同无效进而拒绝承担保证责任的，根据目前的司法实践，关键在于商业银行未尽到审查义务是否对保证人构成欺诈。如果商业银行仅是未尽到审慎性审查义务，保证人无证据证明商业银行明知借款人违规借贷而发放贷款时，保证合同有效，保证人仍应承担保证责任。如果保证人有证据证明商业银行明知借款人违规借贷，如根本无还款能力，再如改变了贷款用途仍发放贷款，对保证人构成了欺诈，违背了保证人提供保证时的真实意思的，则可能被人民法院确认保证担保无效。

---

① 参见郑云瑞著：《合同法学（第三版）》，北京大学出版社2018年版，第139页。

审查要点

商业银行应当科学强化贷款全流程管理，提高贷款发放的质量，加强贷后管理与监测，防范借款人虚构贷款用途、挪用信贷资金等情形。

裁判观点

案例：福建某集团有限公司、中国某银行股份有限公司某分行金融借款合同纠纷案［最高人民法院（2018）最高法民终907号］

裁判摘要：本院认为，关于某集团应否承担本案保证责任的问题。某集团主张其不应当承担本案保证责任的主要理由有三项，一是主张某分行与某某集团恶意串通，骗取某集团提供保证，因此依据《担保法》规定其不应当承担保证责任；二是主张即便本案不存在恶意串通情形，但因某某集团采取欺诈手段使某集团违背真实意思提供担保，而某分行对此明知或应当明知，因此依法某集团亦不应当承担责任；三是主张某集团签订的《保证合同》，未经某集团股东会决议，违反了公司法强制性规定，《保证合同》无效，某集团不应承担保证责任。1.关于某分行与某某集团是否恶意串通骗取某集团提供担保的问题。首先，某集团对于其与某分行、某某集团三方签订的《保证合同》的真实性不持异议。该《保证合同》第十一条约定，保证人应主动了解债务人的经营状况及本合同项下各类业务发生、履行情况，本合同项下发生各类业务的主合同、相关法律文书或者凭证不再送达保证人。上述约定表明，某集团对于某某集团的经营状况及《保证合同》项下发生的各类业务负有了解及审查义务；同时，某集团对于《保证合同》项下各类业务的发生持完全信赖态度或者更进一步说是放任态度。其次，《借款合同》履行中，即便某某集团未依照《借款合同》的约定用途使用借款，但该事实仅能证明某某集团构成违约，并不能证明某分行与某某集团恶意串通，骗取某集团提供担保。也因此，对于某集团调取某某集团在某分行银行账户中相关资金流向的申请，本院不予准许。而基于票据关系中的无因性原则，某分行对于《承兑汇票》项下的基础交易只要尽到审慎审查义务即可，基础交易中的交易对手是否具备真实的贸易能力，属于基础合同能否完全履行的问题，与某分行是否与某某集团恶意串通骗取某集团提供担保无关联性。在某集团对某某集团的经营状况及上述《保证合同》项下各类业务的发生及履行亦负有了解及审查义务的情形下，以及在某集团完全信赖并放任该合同项下各类业务发生的情形下，某集团以某分行未尽到审查义务或监管义务为由，主张某分行与某某集团恶意串通骗取其提供担保，理由不能成立。某集团向本院提交的某某集团银行流水信息、宜昌某农和宜昌某丰等的工商登记信息、某某集团内部《费用申请说明》，均不足以证明某某集团与某分行恶意串通，本院对上述证据的证明效力不予认定。据此，某集团主张某分行与某某集团恶意串通骗取其提供担保，缺乏证据证明。2.关于某某集团是否采取欺诈手段使某集团违背真实意思提供担保，以及某分行是否对此明知或应当明知的问题。由于某集团负有了解、审查某某集团的经营状况以及《保证合同》的履行情况的义务，因而某某集团是否按《借款合同》约定使用款项以及《承兑合同》项下基础交易是否真实等，均不属于构成某某集团欺诈某集团为本案债务提供担保的事实。某集团主张某某集团采取欺诈手段使其违背真实意思提供担保，亦缺乏证据证明。3.某集团提供本案担保，是否未经其股东会决议，以及是否违反公司法规定的问题。《公司法》第十六条第一款规定："公司向其他企业投资或者为他人提供担保，依照公司章程的规定，由董事会或者股东会、股东大会决议；公司章程对投资或者担保的总额及单项投资或者担保的数额有限额规定的，不得超过规定的限额。"该条规定，就公司为他人担保设置了决议前置程序，其规范目的在于避免公司法定代表人滥用代表人的地位，以公司资产为他人提供担保损害公司股东的利益。本案二审中，某分行提交了由某集团股东签名并加盖了某集团公章的《股东会决议》，该决议明确表述同意某集团为某某集团的案涉债务提供连带责任保证担保。对该份《股东会决议》的真实性与证明效力，某集团质证后表示无异议。故某集团与某分行、某某集团签订的《保证合同》不违反法律规定。据此，某集团关于上述《保证合同》非其真实意思表示以及该合同违反了法律的禁止性规定应属无效，其不应当承担本案保证责任的上诉理由不能成立，本院不予支持。原审判决认定案涉《借款合同》《承兑合同》《保证合同》《抵押合同》均属各方当事人的真实意思表示，合同内容不违反法律规定，应属有效合同正确，本院予以维持。

法律延伸

《中华人民共和国商业银行法》

第三十五条 商业银行贷款，应当对借款人的借款用途、偿还能力、还款方式等情况进行严格审查。

商业银行贷款，应当实行审贷分离、分级审批的制度。

《中华人民共和国银行业监督管理法》

第二十一条 银行业金融机构的审慎经营规则，由法律、行政法规规定，也可以由国务院银行业监督管理机构依照法律、行政法规制定。

前款规定的审慎经营规则，包括风险管理、内部控制、资本充足率、资产质量、损失准备金、风险集中、关联交易、资产流动性等内容。

银行业金融机构应当严格遵守审慎经营规则。

25.借款人涉及刑事犯罪，保证人是否可以免除保证责任？

问 题

甲公司负责人隐瞒真实情况，并以虚假、伪造的公章、公司决议文件等与某商业银行签订《借款协议》，同时由刘某对《借款协议》项下债务提供连带责任保证。甲公司负责人因此涉及刑事犯罪，在此情形下，刘某是否可以免除保证责任？

法律解析

保证合同是主合同的从合同，主合同无效，保证合同自然无效。但借款合同主体一方被人民法院判定有罪，并不必然导致借款无效。借款合同的效力应当根据《民法典》相关规定以及最高人民法院《关于审理民间借贷案件适用法律若干问题的规定》（以下简称《民间借贷司法解释》）第十三条“具有下列情形之一的，人民法院应当认定民间借贷合同无效：（一）套取金融机构贷款转贷的；（二）以向其他营利法人借贷、向本单位职工集资，或者以向公众非法吸收存款等方式取得的资金转贷的；（三）未依法取得放贷资格的出借人，以营利为目的向社会不特定对象提供借款的；（四）出借人事先知道或者应当知道借款人借款用于违法犯罪活动仍然提供借款的；（五）违反法律、行政法规强制性规定的；（六）违背公序良俗的”之规定认定。

在借款合同有效的情形下，保证人是否承担保证责任需基于保证合同是否有效而定。例如，最高人民法院在（2018）最高法民申6141号中认为，担保人主张民间借贷合同因涉及刑事犯罪而无效、从合同也无效的，法院不予支持。借贷行为涉嫌刑事犯罪的并不必然导致合同无效，应根据合同法和相关司法解释判断合同效力。

当然，在司法实践中，因某一方或多方当事人涉及刑事犯罪，债权人主张民事权利的，各地各级法院历来有不同的裁判思路，部分法院认为刑民并非同一法律关系，正常审理民事纠纷，也有法院基于“先刑后民”的原则裁定驳回起诉或中止审理。对此，《全国法院民商事审判工作会议纪要》专章规定了民刑交叉的程序处理问题。具体包括：（1）民刑分别审理，如借款人涉嫌刑事犯罪或者已经刑事裁判认定构成犯罪，债权人请求担保人承担民事责任；（2）涉众型经济犯罪（如非法集资）与民商事案件交叉的，应当坚持“先刑后民”的原则，裁定中止审理或驳回起诉；（3）必须以刑事案件审理结果为依据的，裁定中止诉讼。

裁判观点

案例一：延安市某公司、赵某保证合同纠纷案［最高人民法院（2018）最高法民申6141号］[①]

裁判摘要：本案系基于借款而产生的担保合同纠纷，延安某公司、赵某认为案涉民间借贷行为涉嫌非法集资犯罪，故应依据《民间借贷司法解释》第五条第一款规定认定借贷行为无效，从合同担保合同亦应无效。根据《民

① 类似案例还有最高人民法院（2017）最高法民申1234号、（2018）最高法民再212号。

间借贷司法解释》第十三条第一款规定："借款人或者出借人的借贷行为涉嫌犯罪，或者已经生效的判决认定构成犯罪，当事人提起民事诉讼的，民间借贷合同并不当然无效。人民法院应当根据合同法第五十二条、本规定第十四条之规定，认定民间借贷合同的效力。"第十四条规定："具有下列情形之一，人民法院应当认定民间借贷合同无效：（一）套取金融机构信贷资金又高利转贷给借款人，且借款人事先知道或者应当知道的；（二）以向其他企业借贷或者向本单位职工集资取得的资金又转贷给借款人牟利，且借款人事先知道或者应当知道的；（三）出借人事先知道或者应当知道借款人借款用于违法犯罪活动仍然提供借款的；（四）违背社会公序良俗的；（五）其他违反法律、行政法规效力性强制性规定的。"由于案涉借款合同并不存在违反《合同法》第五十二条及《民间借贷司法解释》第十四条规定的情形，应为有效合同，延安某公司、赵某关于主合同无效，担保合同亦属无效的诉讼主张不能成立，本院不予支持。另，延安某公司、赵某认为杨某与梁某相互串通，以客观上无法实现的公墓抵押为由，诱骗其提供保证，杨某亦存在过错，但其并未提交任何证据证明其观点，故其该再审申请理由缺乏事实依据，本院亦不予采信。

案例二：某某钢铁有限公司、某银行股份有限公司某分行金融借款合同纠纷案［最高人民法院（2018）最高法民申320号］

裁判摘要：关于某银行某分行是否因隐瞒某公司偿还部分款项而构成欺诈的问题。根据长治中院74号刑事判决认定的事实，某银行某分行开具给某公司的案涉24张承兑汇票中，部分贴现款回流至某银行某分行。针对上述款项，某某钢铁公司主张某银行某分行刻意隐瞒某公司还款的事实，构成对某某钢铁公司的欺诈。某银行某分行则称上述款项系某公司归还其他借款，与本案所涉款项无关。本院认为，首先，某某钢铁公司对案涉最高额保证金额承担保证责任，系与某银行某分行、某公司进行核账后的准确数额，某公司亦未明确上述还款系针对案涉承兑汇票，故某某钢铁公司无证据证明长治中院74号刑事判决中认定回流的款项系某公司偿还案涉承兑汇票欠款。其次，案涉24张承兑汇票均由某某钢铁公司背书给其他案外人，再由案外人转至某公司，某银行某分行不可能知晓某公司的还款来自案涉汇票贴现款。根据票据无因性原则，某银行某分行无法知道案涉汇票贴现款流转至某公司，故某某钢铁公司主张某银行某分行明知案涉汇票款项已返还构成欺诈，并无事实依据。最后，某公司、某某钢铁公司与某银行某分行长期存在授信融资行为，某银行某分行主张上述款项系偿还某公司其他债务，并提交了相应证据予以证明，可见其并未恶意隐瞒还款，亦不构成欺诈。因此，本案中某某钢铁公司主张某银行某分行隐瞒某公司还款从而构成欺诈，理由不能成立。

另，最高人民法院《关于适用〈中华人民共和国民事诉讼法〉的解释》第四百零五条第一款规定："人民法院审理再审案件应当围绕再审请求进行。当事人的再审请求超出原审诉讼请求的，不予审理；符合另案诉讼条件的，告知当事人可以另行起诉。"从某某钢铁公司的原审及再审请求来看，其均主张某银行某分行隐瞒某公司还款而构成欺诈，并未主张担保金额应当扣除长治中院74号刑事判决中认定已经偿还的数额，故某某钢铁公司如有新的证据证明某银行某分行应当扣除部分金额，可以依法另行主张。因此，某某钢铁公司主张某银行某分行知道或者应当知道某公司存在欺诈行为以及某银行某分行隐瞒某公司还款构成欺诈，无事实和法律依据，某某钢铁公司关于原审判决认定欠款数额及最高额抵押权错误的再审主张，理由亦不能成立，原审判决认定某某钢铁公司承担案涉保证合同之还款责任并无不当。

法律延伸

《中华人民共和国民法典》

第一百四十六条 行为人与相对人以虚假的意思表示实施的民事法律行为无效。

以虚假的意思表示隐藏的民事法律行为的效力，依照有关法律规定处理。

第一百五十三条 违反法律、行政法规的强制性规定的民事法律行为无效。但是，该强制性规定不导致该民事法律行为无效的除外。

违背公序良俗的民事法律行为无效。

第一百五十四条 行为人与相对人恶意串通，损害他人合法权益的民事法律行为无效。

最高人民法院《关于审理民间借贷案件适用法律若干问题的规定》（法释〔2020〕17号）

第八条　借款人涉嫌犯罪或者生效判决认定其有罪，出借人起诉请求担保人承担民事责任的，人民法院应予受理。

第十二条　借款人或者出借人的借贷行为涉嫌犯罪，或者已经生效的裁判认定构成犯罪，当事人提起民事诉讼的，民间借贷合同并不当然无效。人民法院应当依据民法典第一百四十四条、第一百四十六条、第一百五十三条、第一百五十四条以及本规定第十三条之规定，认定民间借贷合同的效力。

担保人以借款人或者出借人的借贷行为涉嫌犯罪或者已经生效的裁判认定构成犯罪为由，主张不承担民事责任的，人民法院应当依据民间借贷合同与担保合同的效力、当事人的过错程度，依法确定担保人的民事责任。

第十三条　具有下列情形之一的，人民法院应当认定民间借贷合同无效：

（一）套取金融机构贷款转贷的；

（二）以向其他营利法人借贷、向本单位职工集资，或者以向公众非法吸收存款等方式取得的资金转贷的；

（三）未依法取得放贷资格的出借人，以营利为目的向社会不特定对象提供借款的；

（四）出借人事先知道或者应当知道借款人借款用于违法犯罪活动仍然提供借款的；

（五）违反法律、行政法规强制性规定的；

（六）违背公序良俗的。

《全国法院民商事审判工作会议纪要》（法〔2019〕254号）

130.【民刑交叉案件中民商事案件中止审理的条件】人民法院在审理民商事案件时，如果民商事案件必须以相关刑事案件的审理结果为依据，而刑事案件尚未审结的，应当根据《民事诉讼法》第150条[①]第5项的规定裁定中

① 现为2021年《民事诉讼法》第153条。

止诉讼。待刑事案件审结后，再恢复民商事案件的审理。如果民商事案件不是必须以相关的刑事案件的审理结果为依据，则民商事案件应当继续审理。

26. 债权人在保证期间内仅向部分保证人主张权利，其他保证人是否免责？

问　题

某公司向某商业银行贷款，甲、乙、丙三家公司向该商业银行承担连带保证担保责任。后贷款到期，某公司未及时归还贷款，保证人亦未履行保证责任。在保证期间届满前，某商业银行向甲公司寄送了要求履行担保责任的通知。保证期间届满后，该商业银行发现未向乙、丙两家公司寄送相应通知。乙、丙两家公司是否免责？

法律解析

债权人向部分保证人主张权利，其效力是否及于其他保证人，在司法实务及理论研究中多有争议。相对效力说认为，债权人向部分保证人主张权利，无论保证人之间是否存在连带债务关系，其效力均不及于其他保证人。而绝对效力说则认为，债权人向部分保证人主张权利，其效力当然地及于其他保证人，其他保证人不得以债权人未在保证期间内向其主张权利而免责。在2020年以前的司法实践中，因最高人民法院在多个案例中持绝对效力说，各地法院也多持该观点。如最高人民法院于2020年5月和2020年6月先后作出的（2020）最高法民申322号、（2020）最高法民申2545号民事裁定书均持绝对效力说的观点，主要法律依据为《担保法》第十二条及最高人民法院《关于已承担保证责任的保证人向其他保证人行使追偿权问题的批复》（已失效）的规定。但在2020年12月31日发布的《民法典担保制度司法解释》中，最高院却采纳了相对效力说。笔者认为，这是与立法上的价值平衡一脉相承的。在《民法典》之前，《合同法》《担保法》等法律均倾斜保护债权人，而《民法典》则在部分制度上向债务人、保证人倾斜。正因为如此，最高人民法院在倾斜保护债权人的诉讼时效保护制度上，仍然持绝对效力说，但在倾斜保护保证人的制度上则明确了相对效力说的观点。自此，笔者判断，就题述问题，今后的司法实践可能随之发生变化：在新旧法交替之际，因《民法典》时间效力问题，法院可能根据具体案情适用法不溯及既往原则，继续沿用《担保法》体系下的绝对效力说，但如若具体个案根据最高人民法院《关于适用〈中华人民共和国民法典〉时间效力的若干规定》应当适用《民法典》的，则司法实践将改变以往的裁判思路，以相对效力说进行裁判。

审查要点

无论保证人之间是否构成连带债务关系，商业银行都应在保证期间内向全体保证人主张权利，如仅向部分保证人主张权利，其效果等同于商业银行免除了其他保证人的保证责任，其他保证人不再承担保证责任。在保证人构成连带债务的情况下，商业银行已经在保证期间内主张了权利的保证人，也将在其不能追偿的范围内免除保证责任。

裁判观点

案例：姜某妮、某银行乐山支行金融借款合同纠纷案［（2020）最高法民申2545号］

某矿业公司、某投资公司、姜某强、姜某妮分别与某银行乐山支行签订了《最高额保证合同》，为某某丝业公司等债务人在约定期间与某某银行乐山支行发生的最高限额内的债务提供连带保证担保。各保证人未与某某银行乐山支行约定保证份额，根据《担保法司法解释》第十九条第一款关于“两个以上保证人对同一债务同时或者分别提供保证时，各保证人与债权人没有约定保证份额的，应当认定为连带共同保证”之规定，某矿业公司、某投资公司、姜某强、姜某妮构成连带共同保证。最高人民法院《关于已承担保证责任的保证人向其他保证人行使追偿权问题的批复》规定，承担连带责任保证的保证人一人或者数人承担保证责任后，有权要求其他保证人清偿应当承担的份额，不受债权人是否在保证期间内向未承担保证责任的保证人主张过保证责任的影响。根据上述司法解释的精神，连带共同保证人是作为一个整体共同对债权人承担保证责任，债权人向任何一个连带共同保证人主张权利，其效力均及于所有连带共同保证人。本案中，虽然《履行担保责任函》并非由姜某妮本人签收，但某银行乐山支行在保证期间内向某矿业公司、某投资公司、姜某强主张保证责任的效力应及于姜某妮，姜某妮应当承担保证责任。

法律延伸

最高人民法院《关于适用〈中华人民共和国民法典〉有关担保制度的解释》（法释〔2020〕28号）

第二十九条 同一债务有两个以上保证人，债权人以其已经在保证期间内依法向部分保证人行使权利为由，主张已经在保证期间内向其他保证人行使权利的，人民法院不予支持。

同一债务有两个以上保证人，保证人之间相互有追偿权，债权人未在保证期间内依法向部分保证人行使权利，导致其他保证人在承担保证责任后丧失追偿权，其他保证人主张在其不能追偿的范围内免除保证责任的，人民法院应予支持。

最高人民法院《关于审理民事案件适用诉讼时效制度若干问题的规定》（法释〔2020〕17号）

第十五条 对于连带债权人中的一人发生诉讼时效中断效力的事由，应当认定对其他连带债权人也发生诉讼时效中断的效力。

对于连带债务人中的一人发生诉讼时效中断效力的事由，应当认定对其他连带债务人也发生诉讼时效中断的效力。

第五章

抵押担保

第一节 抵押物

27.集体建设用地使用权及其地上建筑物能否设立抵押?

问 题

甲公司拟向某商业银行提供某村集体建设用地使用权作抵押担保，以集体建设用地使用权进行抵押是否合法有效?

法律解析

集体建设用地使用权，包括乡镇、村企业建设用地使用权与乡镇、村公益建设用地使用权。《民法典》第三百九十八条明确规定:“乡镇、村企业的建设用地使用权不得单独抵押。以乡镇、村企业的厂房等建筑物抵押的，其占用范围内的建设用地使用权一并抵押。”该条延续了《物权法》第一百八十三条有关乡镇、村企业的建设用地使用权与房屋一并抵押，建设用地使用权不得单独抵押的规则。但是,《中华人民共和国土地管理法》(以下简称《土地管理法》)第六十三条第三款规定:“通过出让等方式取得的集体经营性建设用地使用权可以转让、互换、出资、赠与或者抵押，但法律、行政法规另有规定或者土地所有权人、土地使用权人签订的书面合同另有约定的除外。”在《民法典》第三百九十八条与《土地管理法》第六十三条规定不完全一致的情况下，应当如何适用法律?

根据笔者的理解，结合司法实践中的裁判规则，可能面临法律适用及裁判规则上的不确定性:

一种观点认为，应当优先适用《土地管理法》第六十三条的规定，允许通过出让等方式取得的集体经营性建设用地使用权单独抵押;

另一种观点则认为，应当优先适用《民法典》的规定，将《民法典》第三百九十八条的规定作为《土地管理法》第六十三条“法律、行政法规另有规定”的情形，从而在集体建设用地使用权单独抵押的情况下，认定相应抵押无效。

审查要点

1. 以集体经营性建设用地使用权抵押的，地上建筑物应一并抵押。

2. 商业银行应当综合考虑借款人的资信状况、偿债能力、贷款期限以及抵押土地的使用年限、地理位置、规划和用途等因素，确定农村集体经营性建设用地使用权的抵押率。

3. 商业银行应当在合同中明确，在抵押权存续期间，如国家依法征收该宗土地，抵押人应当以所得补偿费用优先偿还借款人债务，及/或另行提供其他足值有效担保。

4. 商业银行应当建立风险预警制度和重大风险报告制度。发生以下情形时，应当按规定及时预警、采取相应的风险控制和化解措施，并向土地所在地区银行保险监督管理机构和自然资源行政主管部门报告：（1）国家法律法规、城乡建设规划及土地市场供求等因素发生重大变化，对抵押财产价值稳定性产生不利影响或导致其流转权能受限的；（2）抵押财产对应的农村集体经营性建设用地使用权被列入土地征收、征用或拆迁范围的；（3）抵押人未经有关部门批准，擅自改变土地用途的；（4）抵押财产被司法接管查封的；（5）其他重大风险变化的情形。

裁判观点

案例：北京某印务有限公司、四平市某农村信用合作联社金融借款合同纠纷案［最高人民法院（2017）最高法执监145号］[①]

裁判摘要：关于本案中集体建设用地使用权抵押的问题。本案所涉集体土地使用权，是某镇政府入股印务公司的，自2004年即已经登记在印务公司名下，属于印务公司的责任财产范围。参照《土地管理法》第六十三条规定

① 类似案例还有最高人民法院（2016）最高法民再331号。

的精神，企业在不能清偿生效法律文书确定的债务时，其依法取得的集体建设用地使用权也应当作为可执行财产。且印务公司以案涉集体土地使用权及房屋作为从信用联社借款1,070万元的抵押担保，其中房屋为信用联社办理了他项权证。就土地使用权抵押问题，某镇政府和某村委会向北京市某区建设委员会房屋权属科出具《证明》，同意案涉土地使用权为信用联社贷款提供抵押担保。案涉集体土地使用权证记事一栏标注该宗土地于2006年10月24日起至2007年10月24日止在信用联社设定抵押，该标注盖有北京市国土资源局土地登记专用章。综合以上情况，应当认定案涉集体建设用地使用权已经随同土地上的房屋一并设定了抵押，由此将不可避免地在实现抵押权时被依法转让处置。

法律延伸

《中华人民共和国土地管理法》

第六十三条 土地利用总体规划、城乡规划确定为工业、商业等经营性用途，并经依法登记的集体经营性建设用地，土地所有权人可以通过出让、出租等方式交由单位或者个人使用，并应当签订书面合同，载明土地界址、面积、动工期限、使用期限、土地用途、规划条件和双方其他权利义务。

前款规定的集体经营性建设用地出让、出租等，应当经本集体经济组织成员的村民会议三分之二以上成员或者三分之二以上村民代表的同意。

通过出让等方式取得的集体经营性建设用地使用权可以转让、互换、出资、赠与或者抵押，但法律、行政法规另有规定或者土地所有权人、土地使用权人签订的书面合同另有约定的除外。

集体经营性建设用地的出租，集体建设用地使用权的出让及其最高年限、转让、互换、出资、赠与、抵押等，参照同类用途的国有建设用地执行。具体办法由国务院制定。

《中华人民共和国民法典》

第三百九十八条 乡镇、村企业的建设用地使用权不得单独抵押。以乡镇、村企业的厂房等建筑物抵押的，其占用范围内的建设用地使用权一并抵押。

28. 土地收益权是否可以设立抵押？

问　题

某公司拟以某块土地的收益权设立抵押。以土地收益权设立抵押担保是否合法有效？

法律解析

现行法律规定并未明确“土地收益权”的概念。《民法典》第三百二十三条规定：“用益物权人对他人所有的不动产或者动产，依法享有占有、使用和收益的权利。”土地收益权应属于不动产用益物权的一种权能。基于物权法定原则，土地收益权原则上不能设立抵押，其例外仅限于法律有明确规定的对象，如土地经营权。

《民法典》第三百三十一条规定：“土地承包经营权人依法对其承包经营的耕地、林地、草地等享有占有、使用和收益的权利，有权从事种植业、林业、畜牧业等农业生产。”第三百三十九条规定：“土地承包经营权人可以自主决定依法采取出租、入股或者其他方式向他人流转土地经营权。”第三百四十二条规定：“通过招标、拍卖、公开协商等方式承包农村土地，经依法登记取得权属证书的，可以依法采取出租、入股、抵押或者其他方式流转土地经营权。”

《中华人民共和国农村土地承包法》（以下简称《农村土地承包法》）第四十七条规定：“承包方可以用承包地的土地经营权向金融机构融资担保，并向发包方备案。受让方通过流转取得的土地经营权，经承包方书面同意并向发包方备案，可以向金融机构融资担保。担保物权自融资担保合同生效时设立。当事人可以向登记机构申请登记；未经登记，不得对抗善意第三人。实现担保物权时，担保物权人有权就土地经营权优先受偿。土地经营权融资担保办法由国务院有关部门规定。”此外，《农村土地承包法》《农村土地经营权流转管理办法》均作出了与《民法典》一致的规定。

审查要点

商业银行在处理涉及海域使用权、土地经营权等抵押财产时，应当予以格外关注。尤其是在设立抵押担保的主体资格、程序性要求上，应严格按照相关法律法规的规定及政府主管部门相关政策要求、地方政府具体操作、登记等规范性文件，综合判断并决策相关财产是否可以设立抵押担保、如何办理担保手续以及担保登记的效力等事项。

裁判观点

案例：某市农村信用合作联社某分社、某市农村信用合作联社确认合同无效纠纷案［四川省高级人民法院（2018）川民再63号］

裁判摘要：1.关于案涉土地是否属抵押财产范围的问题。某信用社某分社、某信用社认为，案涉土地系集体所有的荒山，某药业公司通过租赁（承包）取得该荒山的土地使用权，依法可以进行抵押。周某则认为案涉土地属园地而非荒山，依法不属可抵押的财产范围。本院认为，案涉土地使用权不属可抵押的财产范围。第一，某药业公司与案外人两次签订的《荒山、废置果园租赁合同》均约定租赁范围为：原废置果园及周边区域内所有的土地和荒山及地面上的一切植物（详见区域地界说明书和勘测图纸）。以上两份合同证明，某药业公司租赁的土地范围除荒山外，还包括原废置果园及周边区域内所有的土地及地面上的一切植物，且某药业公司系通过租赁获得土地经营权而非通过承包获得土地承包经营权。第二，某药业公司基于上述两份《荒山、废置果园租赁合同》分别取得的某市国土资源局大康集建（97）字第000003号《集体土地建设用地使用证》及江集建（98）字第00023号《集体土地建设用地使用证》均载明土地用途为园地而非荒地。第三，1991年9月24日国家税务局《关于"集体土地建设用地使用权登记证"贴花问题的批复》系针对集体土地建设用地使用权登记证是否贴花的批复，即使该批复中对集体土地建设用地使用权登记证的性质作出"属于地方政府制定并发放的过渡性的土地使用权证，具有地方性和临时性"的认定，但国土资源部作为土地管理的职能部门于2001年8月21日颁发的《国土资源部关于印发试行〈土地分类〉的通知》规定："原土地利用现状分类8个一级类中的耕地、园地、林地、牧草地及新设的'其他农用地'等5个地类共同构成农用地""根据国土资发〔1999〕511号文精神，将生态退耕以外，在产业结构调整中改耕地为园、林、牧草地及其他农用地，但耕作层未被破坏，可不作为衡量耕地减少的指标，也不要求占补平衡的那部分土地，均作为可调整土地进行调查统计。为保持土地分类体系的统一性、科学性和实用性，也为减少年报统计、汇总的难度，这些可调整土地不作为独立地类，而是作为'其中'出现，如果园，其中包括可调整果园。但在时间上进行了限制，即自上述511号文件发布之日起执行该可调整地类""可调整其他园地指由耕地改为其他园地，但耕作层未被破坏的土地"。据此，按照上述土地分类，园地与耕地、林地、牧草地及新设的其他农用地共同构成农用地而非荒地。第四，某信用社某分社对案涉土地进行抵押权登记时所办理的两份《土地他项权利证明书》也载明土地使用权类型均属租赁而非承包，证明某药业公司对该片土地享有的权利仅是租赁经营权而非承包经营权。1998年12月9日某市国土勘测规划所向地籍科发出《关于某市某药业经济发展有限（集团）公司土地面积的通知》，证明系某药业公司租用集体废置果园土地用于经济林木开发。第五，虽然某市某镇人民政府出具的《荒山租赁证明》内容系将该村集体所属荒山承包给某药业公司经营，但上述证明内容与《荒山、废置果园租赁合同》约定的租赁范围及《集体土地建设用地使用证》载明的用途属"园地"内容不符。此外，村民委员会出具的《荒山租赁证明》虽载明系将该村集体所属荒山承包给某药业公司进行经济开发，但该证明内容除与《土地他项权利证明书》《集体土地建设用地使用证》载明的土地使用权类型属"租赁"、用途属"园地"不符外，也与《荒山、废置果园租赁合同》约定的"租赁"性质相矛盾，况且土地行政主管部门系对土地用途认定的唯一机构，其他任何单位和个人均不能超越职权认定土地用途，也不能以土地已经进行抵押而改变土地用途。第六，虽然某药业公司于2005年6月14日取得《林权证》，但系2003年5月26日《抵押担保借款合同》设立之后取得，且2005年5月10日佛爷包地块、硝厂沟地块两份《林权登记申请表》均载明造林年度：

1996年；主要树种：银杏。证明案涉土地在某药业公司租赁前即开始种植银杏，并非荒地。第七，某药业公司为借款抵押而作的《土地估价报告》证明，登记用途为园地，评估时也将案涉土地作为园地进行估价。综合以上证据，本院认为二审判决认定案涉土地属园地并无不当。

2.关于抵押条款的效力认定问题。本院认为，某药业公司对案涉土地使用权进行抵押虽经某市某镇人民政府同意，但根据前述《担保法》《农村土地承包法》的相关规定，可抵押的财产范围限定在通过承包取得的“四荒”土地使用权，但行使抵押权，也必须符合三个条件：其一，用来抵押的使用权必须明确为荒地使用权；其二，对该片荒地抵押人应享有承包经营权；其三，须取得发包方的同意。此外，如通过招标、拍卖、公开协商等方式承包的农村土地，只要经依法登记并取得土地承包经营权证或者林权证等证书的，其土地承包经营权也可以抵押。本案中因某信用社某分社与某药业公司签订的《抵押担保借款合同》中所涉土地不属荒地，某药业公司也非通过承包获得土地承包经营权，且至本案再审期间，某信用社某分社、某信用社均未提供某药业公司对案涉土地已取得《土地承包经营权证》的相关证据，因此，案涉土地性质应为租赁的园地。鉴于某药业公司并未获取《土地承包经营权证》，设立抵押条款时其尚未获得《林权证》，也并非以林权作为抵押。因此，某药业公司将其租赁的土地的土地使用权作为抵押担保，违反了《担保法》第三十七条第二项“下列财产不得抵押：……（二）耕地、宅基地、自留地、自留山等集体所有的土地使用权，但本法第三十四条第（五）项、第三十六条第三款规定的除外”的规定，故某信用社某分社、某信用社认为《抵押担保借款合同》中抵押条款有效的理由不能成立，本院对其主张不予支持。

法律延伸

《中华人民共和国民法典》

第三百三十九条　土地承包经营权人可以自主决定依法采取出租、入股或者其他方式向他人流转土地经营权。

第三百四十条　土地经营权人有权在合同约定的期限内占有农村土地，

自主开展农业生产经营并取得收益。

第三百四十二条　通过招标、拍卖、公开协商等方式承包农村土地，经依法登记取得权属证书的，可以依法采取出租、入股、抵押或者其他方式流转土地经营权。

《中华人民共和国农村土地承包法》

第四十七条　承包方可以用承包地的土地经营权向金融机构融资担保，并向发包方备案。受让方通过流转取得的土地经营权，经承包方书面同意并向发包方备案，可以向金融机构融资担保。

担保物权自融资担保合同生效时设立。当事人可以向登记机构申请登记；未经登记，不得对抗善意第三人。

实现担保物权时，担保物权人有权就土地经营权优先受偿。

土地经营权融资担保办法由国务院有关部门规定。

《农村土地经营权流转管理办法》（农业农村部令2021年第1号）

第十二条　受让方将流转取得的土地经营权再流转以及向金融机构融资担保的，应当事先取得承包方书面同意，并向发包方备案。

29.国有划拨土地及其地上建筑物能否设立抵押？

问　题

甲公司拟向某商业银行提供两宗国有土地进行抵押，其性质为划拨用地，用途为公共设施用地，权利类型为国有建设用地使用权。以国有划拨用地进行抵押是否合法有效？

法律解析

建设用地使用权按照取得方式分为出让用地使用权和划拨用地使用权。

在《担保法》《物权法》时代，相关法律并未明文规定划拨用地使用权能否抵押，相应的规定散见于其他土地相关的管理规定中。如《中华人民共和国城镇国有土地使用权出让和转让暂行条例》(以下简称《城镇国有土地使用权出让和转让暂行条例》)第四十五条第一款规定:“符合下列条件的,经市、县人民政府土地管理部门和房产管理部门批准,其划拨土地使用权和地上建筑物、其他附着物所有权可以转让、出租、抵押:(一)土地使用者为公司、企业、其他经济组织和个人;(二)领有国有土地使用证;(三)具有地上建筑物、其他附着物合法的产权证明;(四)依照本条例第二章的规定签订土地使用权出让合同,向当地市、县人民政府补交土地使用权出让金或者以转让、出租、抵押所获收益抵交土地使用权出让金。”《中华人民共和国城市房地产管理法》(以下简称《城市房地产管理法》)第五十一条规定:“设定房地产抵押权的土地使用权是以划拨方式取得的,依法拍卖该房地产后,应当从拍卖所得的价款中缴纳相当于应缴纳的土地使用权出让金的款额后,抵押权人方可优先受偿。”国务院办公厅《关于完善建设用地使用权转让、出租、抵押二级市场的指导意见》同样规定:“以划拨方式取得的建设用地使用权可以依法依规设定抵押权,划拨土地抵押权实现时应优先缴纳土地出让收入。”

《民法典》颁布后,最高人民法院发布了《民法典担保制度司法解释》,该司法解释第五十条明确规定:“抵押人以划拨建设用地上的建筑物抵押,当事人以该建设用地使用权不能抵押或者未办理批准手续为由主张抵押合同无效或者不生效的,人民法院不予支持。抵押权依法实现时,拍卖、变卖建筑物所得的价款,应当优先用于补缴建设用地使用权出让金。当事人以划拨方式取得的建设用地使用权抵押,抵押人以未办理批准手续为由主张抵押合同无效或者不生效的,人民法院不予支持。已经依法办理抵押登记,抵押权人主张行使抵押权的,人民法院应予支持。抵押权依法实现时所得的价款,参照前款有关规定处理。”

审查要点

根据《民法典担保制度司法解释》第五十条规定,划拨用地使用权可以单独抵押,也可以随地上建筑物一并抵押。

需要注意的是,划拨用地使用权与土地经营权等特殊的土地资产一样,虽可以设立抵押担保，但设立抵押担保的主体资格、程序性要求较为特殊。商业银行在接受此类资产作为担保物的情况下，应严格按照相关法律、行政法规甚至是部门、地方政府规范性文件的规定履行相关审批手续。

就该等事项，《城镇国有土地使用权出让和转让暂行条例》第四十四条专门规定："划拨土地使用权，除本条例第四十五条规定的情况外，不得转让、出租、抵押。"而第四十五条则对设立划拨用地使用权抵押担保的主体资格及程序性要求作出了明确规定，如土地使用者需为公司、企业、其他经济组织和个人，程序上应经市、县人民政府土地管理部门和房产管理部门批准，且应补交土地使用权出让金或以抵押所获收益抵交土地使用权出让金。对此，《城市房地产管理法》《民法典担保制度司法解释》及国务院办公厅《关于完善建设用地使用权转让、出租、抵押二级市场的指导意见》均仅规定在抵押权实现时以拍卖、变卖所得价款优先用于补交土地出让金。

如违反《城镇国有土地使用权出让和转让暂行条例》的相关规定或其他部门规章、规范性文件、地方政策等规定，是否影响抵押效力，法律或相关司法解释并无明确规定。对此，最高人民法院有判例认为，《城镇国有土地使用权出让和转让暂行条例》的规定并非效力性强制性规定，违反该规定不影响抵押合同效力，抵押经登记后有效设立。在《民法典担保制度司法解释》发布施行后，笔者认为，以划拨用地使用权设立抵押，只要依法办理了相关抵押登记，即使违反《城镇国有土地使用权出让和转让暂行条例》或其他类似规定，亦不影响抵押效力。但商业银行作为专业金融机构，从审慎经营的角度，在接受划拨土地使用权抵押前，仍应当尽量严格按照相关规定向土地所在地相关行政部门进行核实、确认，行政部门认为需要事先审批的，应当尽量完成审批程序，确保抵押权设立无瑕疵、商业银行接受该等抵押担保无过错。

裁判观点

案例一：西安市某育种中心、西安某汽车有限公司金融借款合同纠纷案［最高人民法院（2020）最高法民申160号］

裁判摘要：本院经审查认为，本案为申请再审案件，应当围绕某育种中心、某汽车公司的申请再审理由，对本案二审判决是否存在其主张的《民事诉讼法》第二百条第六项规定的情形进行审查。

最高人民法院《关于适用〈中华人民共和国合同法〉若干问题的解释（一）》第一条规定："合同法实施以后成立的合同发生纠纷起诉到人民法院的，适用合同法的规定；合同法实施以前成立的合同发生纠纷起诉到人民法院的，除本解释另有规定的以外，适用当时的法律规定，当时没有法律规定的，可以适用合同法的有关规定。"第三条规定："人民法院确认合同效力时，对合同法实施以前成立的合同，适用当时的法律合同无效而适用合同法合同有效的，则适用合同法。"最高人民法院《关于适用〈中华人民共和国合同法〉若干问题的解释（二）》第十四条规定："合同法第五十二条第（五）项规定的'强制性规定'，是指效力性强制性规定。"《城镇国有土地使用权出让和转让暂行条例》虽对土地使用权抵押登记等事项作出规定，但该规定并非效力性强制性规定。根据上述司法解释的规定，案涉抵押协议即使违反《城镇国有土地使用权出让和转让暂行条例》的有关规定，亦不构成协议无效的法定情形。原审判决认定案涉《财产抵押协议》有效，适用法律正确。

案例二：陕西省某良种场、宝鸡市某工贸有限公司金融借款合同纠纷案［最高人民法院（2019）最高法民申5925号］

裁判摘要：本院经审查认为，对某公司抵押权是否有效及是否享有优先受偿权问题。本案当事人签订合同约定仅以自有房产设定抵押并办理房屋抵押登记，并未涉及土地使用权一并抵押的情形。划拨土地使用权之上的房产抵押，法律并无禁止性规定，国有土地使用权未抵押，不影响房屋抵押的效力。涉案抵押人良种场与某支行签订《抵押合同》，并在抵押登记部门办理了抵押权登记手续，符合《担保法》《物权法》的相关规定，抵押权合法有效。《物权法》第一百九十二条规定，债权转让的，担保该债权的抵押权一并转让，但法律另有规定或者当事人另有约定的除外。《抵押合同》约定，某支行将主债权和抵押权转让后，良种场仍继续按照合同约定履行担保责任。良种场主张债权转让后，某公司未进行抵押登记，对涉案抵押物不享有优先受偿权的理由不成立。

法律延伸

《中华人民共和国城镇国有土地使用权出让和转让暂行条例》

第四十四条　划拨土地使用权，除本条例第四十五条规定的情况外，不得转让、出租、抵押。

第四十五条　符合下列条件的，经市、县人民政府土地管理部门和房产管理部门批准，其划拨土地使用权和地上建筑物、其他附着物所有权可以转让、出租、抵押：

（一）土地使用者为公司、企业、其他经济组织和个人；

（二）领有国有土地使用证；

（三）具有地上建筑物、其他附着物合法的产权证明；

（四）依照本条例第二章的规定签订土地使用权出让合同，向当地市、县人民政府补交土地使用权出让金或者以转让、出租、抵押所获收益抵交土地使用权出让金。

转让、出租、抵押前款划拨土地使用权的，分别依照本条例第三章、第四章和第五章的规定办理。

最高人民法院《关于适用〈中华人民共和国民法典〉有关担保制度的解释》（法释〔2020〕28号）

第五十条　抵押人以划拨建设用地上的建筑物抵押，当事人以该建设用地使用权不能抵押或者未办理批准手续为由主张抵押合同无效或者不生效的，人民法院不予支持。抵押权依法实现时，拍卖、变卖建筑物所得的价款，应当优先用于补缴建设用地使用权出让金。

当事人以划拨方式取得的建设用地使用权抵押，抵押人以未办理批准手续为由主张抵押合同无效或者不生效的，人民法院不予支持。已经依法办理抵押登记，抵押权人主张行使抵押权的，人民法院应予支持。抵押权依法实现时所得的价款，参照前款有关规定处理。

30. 科研用地及其地上建筑物是否可以设立抵押?

问　题

甲公司向某商业银行申请房地产开发贷，用于某项目开发建设，以项目用地作为本次授信抵押物之一，该地块权证面积89,506.83平方米，土地使用面积76,595.9平方米，其中科研用地13,000平方米。科研用地能否用于抵押?是否存在相关风险?

法律解析

根据原国家质检总局、国家标准化管理委员会批准发布并实施的《土地利用现状分类》(GB/T 21010–2017)，科研用地属于公共管理与公共服务用地类别之下，属于建设用地。

1. 以科研用地使用权设定抵押的合法性

《民法典》第三百九十五条规定，建设用地使用权可以设立抵押。第三百九十九条规定，“学校、幼儿园、医疗机构等为公益目的成立的非营利法人的教育设施、医疗卫生设施和其他公益设施”不得抵押，但科研用地未在其列。另《民法典担保制度司法解释》第六条规定，以公益为目的的非营利性学校、幼儿园、医疗机构、养老机构等以教育设施、医疗卫生设施、养老服务设施和其他公益设施以外的不动产、动产或者财产权利设立担保物权的，人民法院可以认定该担保行为有效。可见，判断某项财产可否设定抵押的核心是该项财产是否属于公益设施。因此，笔者认为，判断科研用地使用权是否可以设立抵押的关键在于该用地使用权是否属于公益设施。

至于何谓“公益设施”，现行法律、行政法规并未给出明确标准。结合《民法典》及相关司法解释的规定，笔者认为，在判断某一财产是否属于“公益设施”时，应从目的、主体等多个方面进行判断。目的方面，公益设施一定是以公益为目的，如为追求私利、所获利润用于向出资主体分红则不属于公益设施；主体方面，一般限于非营利法人，如以公益为目的的事业单位、社会团体，通常不包括以营利为目的的公司。当然，这些标准并不能作为判断某一财产是否属于公益设施的唯一标准，如最高人民法院在诸多判例中即认为，尽管土地使用权的主体是公司、其规划用途为商业，但地上建有教育、医疗设施等以公益为目的的设施时，相应地上建筑物及土地使用权均属于公益设施。因此，在面对题述问题时，不能一概而论，需要具体情况具体分析。

2. 以科研用地上建筑物设定抵押的合法性

根据原国土资源部《划拨用地目录》规定，公益性科研机构用地包括科学研究、调查、观测、实验、试验（站、场、基地）设施和科研机构办公设施。根据国务院《关于促进节约集约用地的通知》第十三条规定，科研用地亦可是经营性、营利性用地。故，科研用地既可用于建设公益设施，亦可用于建设非公益设施。

据此，笔者认为，如项目科研用地用于非公益性用途，其建筑物不属于《民法典》第三百九十九条规定的为公益目的成立的非营利法人的教育设施、医疗卫生设施和其他公益设施，其上在建工程和建筑物可随土地使用权一并抵押。司法实践中，亦存在法院认定科研用地抵押有效并拍卖、变卖科研用地的先例。

审查要点

商业银行拟接受公司以科研用地使用权及地上建筑物提供担保时，应谨慎核实利用该科研用地使用权所建项目是否为公益项目。此外，机关科研用地及地上建设物合法有效设立了抵押权，但因科研用地在处置时通常存在一定难度，处置周期长，商业银行通过处置抵押物较快实现债权的目的可能落空。因此，商业银行在接受科研用地作为抵押物时，不仅应当考虑抵押权是否有效设立的问题，还应考虑科研用地及地上建筑物处置变现的难度问题。

裁判观点

案例：十堰市某医院、十堰市某置业有限公司抵押权纠纷案［湖北省高级人民法院（2019）鄂民终646号］

裁判摘要：关于《委托贷款抵押合同》效力的问题。本院认为，某置业公司与合作某公司、某银行某支行签订的《委托贷款抵押合同》系各方当事人的真实意思表示，合同内容未违反我国法律、行政法规的强制性规定，亦未有其他导致合同无效的情形，该合同合法有效。理由如下：其一，根据行政部门就案涉项目规划所绘制的红线图来看，某医院在其取得公益性事业划拨用地上所建造的科技综合大楼西楼部分，并不属于本案抵押范围之列。其二，某医院为公益事业需要而进行的购买行为，仅是其实现商品房买卖合同的目的，该目的能否最终实现，并不能成为判定抵押权成立及生效的法定条件或依据。在某医院所购买的房产未登记至其名下之前，不能认定案涉房产的性质为公益事业用房，不属于《物权法》第一百八十四条第三项、《担保法》第三十七条第三项“不得抵押”的情形。且基于商品房买卖合同的物权期待权不能对抗在买卖标的物上已经设立的担保物权，更不必然导致抵押合同无效。其三，虽然某医院已支付了部分购房款，但其仅对相关买卖标的物享有法律规定的权利。我国法律并不禁止多个权利人对同一物享有不同的权利。一个权利人享有的物权并不因其他权利人对同一物享有权利而必然消灭。至于买卖标的物上设立的抵押权能否实现、是否受到其他权利的阻却，应当在执行程序中根据相关权利人主张权利的情况按法律规定的程序处理。其四，某医院认为某置业公司与合作某公司、某银行某支行存在恶意串通之行为，因某医院并未提交充分的证据予以证实，且出借方出借自有资金，受托方受托放贷，借款人为借款抵押自有财产，并不存在恶意串通之行为产生的可能性。其五，尽管生效的行政判决撤销了案涉房地产的抵押登记，但不动产抵押登记行为的合法与否，与不动产抵押合同的效力无必然的因果关系。不动产抵押登记违法被撤销，并不意味着作为权利来源的基础民事法律关系也违法或无效。因此，某医院主张《委托贷款抵押合同》无效的上诉理由不能成立，本院不予支持。

法律延伸

国务院《关于加强地方政府融资平台公司管理有关问题的通知》（国发〔2010〕19号）

二、对融资平台公司进行清理规范

……

今后地方政府确需设立融资平台公司的，必须严格依照有关法律法规办理，足额注入资本金，学校、医院、公园等公益性资产不得作为资本注入融资平台公司。

国务院《关于促进节约集约用地的通知》（国发〔2008〕3号）

（十三）严格落实工业和经营性用地招标拍卖挂牌出让制度。工业用地和商业、旅游、娱乐、商品住宅等经营性用地（包括配套的办公、科研、培训等用地），以及同一宗土地有两个以上意向用地者的，都必须实行招标拍卖挂牌等方式公开出让。国土资源部门要会同发展改革、城市规划、建设、水利、环保等部门制订工业用地招标拍卖挂牌出让计划，拟定出让地块的产业类型、项目建议、规划条件、环保要求等内容，作为工业用地出让的前置条件。工业和经营性用地出让必须以招标拍卖挂牌方式确定土地使用者和土地价格。严禁用地者与农村集体经济组织或个人签订协议圈占土地，通过补办用地手续规避招标拍卖挂牌出让。

31.以房屋设立抵押，其占有范围内的土地使用权是否一并抵押？

问 题

若房产抵押给商业银行，其占有范围内的土地是否默认一并抵押给商业银行？需不需要办理抵押登记、备案手续？若房地产他项权证备注栏上注明了土地证编号，是否可以认为土地已抵押给商业银行？

法律解析

土地和建筑物在我国民法上属不同性质的两种标的物，但基于自然状态的要求，房屋不能离开土地而存在，因此我国历来坚持“房地一体”的立法原则。房地产抵押应遵循“地随房走”“房随地走”的原则，即房屋的所有权和该房屋占用范围内的土地使用权须同时抵押。对此，《民法典》第三百九十七条规定：“以建筑物抵押的，该建筑物占用范围内的建设用地使用权一并抵押。以建设用地使用权抵押的，该土地上的建筑物一并抵押。抵押人未依照前款规定一并抵押的，未抵押的财产视为一并抵押。”

根据上述规定以及“房随地走、地随房走、房地合一”的原则，笔者认为，只要抵押人办理了房屋所有权抵押登记，即便没有办理建设用地使用权抵押登记，实现房屋抵押权时，建设用地使用权也一并作为抵押财产可由抵押权人对其价款享有优先受偿权。

审查要点

商业银行在办理相关业务时，应审查以下事项：

1. 抵押人应当合法持有《不动产权证》，且与不动产登记簿一致，不存在预告登记、异议登记等情形；房屋等建筑物、构筑物应当与其所依附的土地使用权一并登记，保持权利主体一致。

2. 房屋的所有权人与土地使用权人不一致时，应分别签订抵押合同，并办理抵押登记手续。

3. 房地产抵押合同签订后，土地上新增的房屋不属于抵押财产，抵押权人无优先受偿权，必要时，商业银行应实时关注地上建筑物的变化情况，及时办理新增房产的抵押登记手续。

裁判观点

案例一：某农村商业银行股份有限公司与黄某等执行分配方案异议案［最高人民法院（2020）最高法民申4903号］[①]

裁判摘要：某公司因案涉借款将其所有的位于某市某公司厂区内3号、4号厂房和1号宿舍楼作为抵押物抵押给某农商行，并办理了房屋抵押登记。依照《物权法》第一百八十二条规定，“以建筑物抵押的，该建筑物占用范围内的建设用地使用权一并抵押。以建设用地使用权抵押的，该土地上的建筑物一并抵押。抵押人未依照前款规定一并抵押的，未抵押的财产视为一并抵押”。因此，某农商行对于3号、4号厂房和1号宿舍楼及其占用范围内的

① 类似案例还有最高人民法院（2017）最高法民终436号。

建设用地使用权享有抵押权。按照日常生活经验，地块一般具有可分割性，3号、4号厂房和1号宿舍楼及其占用范围内的建设用地地块与其他尚未实际建成建筑的地块并非不可分割。某公司提供抵押物的建筑面积为24,859.15平方米，规划建设面积为55,260.05平方米，仅占规划建设面积的44.99%。原判决据此认定某农商行就涉案全部土地使用权权益的44.99%享有优先受偿权并无不当。即使在3号、4号厂房和1号宿舍楼之外，规划建设土地上实际暂未建成其他建筑，也不影响该地块本身作为规划建设用地的性质。即，其余未建建筑地块本应用于建设其他建筑，而不应作为《物权法》第一百八十二条规定的建筑物占用范围内的建设用地。

某农商行还主张案涉土地只有一份《国有土地使用证》。因此，建设用地使用权及于整块宗地。根据我国地籍管理规定，土地登记以宗地为基本单元，建设用地使用权人所持有的《国有土地使用证》以宗地为单元进行核发，宗地可以进行分割、合并。因此，某农商行仅以此为由认为案涉土地不可分割，不予支持。另外，从目前抵押登记的情况来看，案涉抵押登记担保范围也未包含利息、罚息。某农商行以某市房地产交易管理处的登记系统并未设置“担保范围”栏目为由主张其应对利息及罚息享有优先受偿权，不予支持。

案例二：某银行股份有限公司某支行与海南某科技有限公司、海南某房地产开发有限公司等金融借款合同纠纷案［最高人民法院（2015）民二终字第269号］

裁判摘要：1.关于案涉地上建筑物抵押权是否依法设立的问题。

案涉《人民币借款合同（中期）》《人民币借款合同补充协议》《抵押合同》以及《抵押合同补充协议》均系某支行与某科技公司的真实意思表示，未违反法律、行政法规的强制性规定，应认定合法有效。上述协议签订后，某支行与某科技公司到某市国土部门办理了土地他项权利证明书，并在该证明书内“他项权利种类及范围”中注明抵押物为土地使用权及地上建筑物。某支行与某科技公司均确认，办理案涉土地及地上建筑物抵押登记时，地上建筑物为在建工程。某支行主张案涉地上建筑物设立抵押时，当地房地产管理部门不受理在建工程抵押登记业务，故其在国土部门办理在建工程抵押登记符合法律规定。根据物权公示原则的要求，不动产抵押经依法登记始产生法律效力。上述地上建筑物的登记行为是否符合法律规定，有赖于下述两个问题的进一步明确：一是案涉地上建筑物抵押登记的办理部门如何确定；二是上述抵押登记行为能否产生法律效力。

关于案涉地上建筑物抵押登记办理部门的确定问题。《物权法》第十条对不动产统一登记作了规定，但对不动产抵押登记机构未作明确规定，即具体由哪个机构来负责在建工程抵押登记还有待于其他法律和行政法规规定。《担保法》第四十二条规定，“办理抵押物登记的部门如下：……（二）以城市房地产或者乡（镇）、村企业的厂房等建筑物抵押的，为县级以上地方人民政府规定的部门……”《城市房地产管理法》第六十二条第一款也规定：“房地产抵押时，应当向县级以上地方人民政府规定的部门办理抵押登记。”依据上述两部法律的规定，办理在建工程抵押登记的机构应为县级以上地方人民政府规定的部门。原建设部于2001年修改发布的《城市房地产抵押管理办法》第七条第三款规定：“直辖市、市、县人民政府房地产行政主管部门（以下简称房地产管理部门）负责管理本行政区域内的房地产抵押管理工作。”原建设部于2008年7月1日施行的《房屋登记办法》第四条第二款亦规定：“本办法所称房屋登记机构，是指直辖市、市、县人民政府建设（房地产）主管部门或者其设置的负责房屋登记工作的机构。”依据上述两个部门规章的规定，办理在建工程抵押登记的机构为相关房地产行政主管部门。从立法文义看，上述两部法律规定的“县级以上地方人民政府规定的部门”应解释为由县级以上地方人民政府确定具体办理该抵押登记业务的部门，与上述两个部门规章规定的“房地产行政主管部门”并不自然等同。即如果当地政府规定办理在建工程抵押登记的部门为房地产行政主管部门，则该部门属于符合法律规定的登记办理部门；如果当地政府规定由其他部门办理在建工程抵押登记或对在建工程抵押登记办理部门未作明确规定，则不能必然得出该房地产行政主管部门为法定的办理机构。《城市房地产抵押管理办法》及《房屋登记办法》属于部门规章，《担保法》及《城市房地产管理法》作为法律的位阶高于上述两个部门规章，应当优先适用。原审法院在未查明当地县级以上人民政府是否明确规定在建工程抵押登记的办理部门为房地产行政主管部门的情况下，直接依据《城市房地产抵押管理办法》的规定认定案涉地上建筑物未办理抵押登记，违背了《担保法》及《城市房地产管理法》的规定，本院予以纠正。本案二审庭审中，某支行与某科技公司均确认案涉地上建筑物办理抵押登记时，当地县级以上人民政府未明确规定在建工程抵押登记的办理部门，某市房地产行政主管部门未开展在建工程抵押登记业务。某支行在二审过程中提交的数份土地他项权利证明书对上述事实也能予以佐证。故本院可以认定案涉地上建筑物办理抵押登记时，当地县级以上人民政府对在建工程抵押登记部门未作明确规定。

关于抵押登记部门不明情况下的登记效力的认定问题。依据《担保法司法解释》第六十条"以担保法第四十二条第（二）项规定的不动产抵押的，县级以上地方人民政府对登记部门未作规定，当事人在土地管理部门或者房产管理部门办理了抵押物登记手续，人民法院可以确认其登记的效力"的规定，在当地县级以上人民政府未明确在建工程抵押登记部门的情况下，某市国土部门颁发的土地他项权利证明书对案涉土地及地上建筑物抵押登记予以了明确记载，可依据上述司法解释的规定认定相关登记部门对土地使用权及地上建筑物办理抵押登记的行为已经完成。即案涉地上建筑物上已设定了他项权利，具有公信力，并足以产生公示的法律效果。故本院依法确认其登记效力，即某支行可对该地上建筑物享有优先受偿权。

2.关于某支行能否依据《物权法》第一百八十二条之规定对案涉地上建筑物享有优先受偿权的问题。

某支行还主张即使其未办理地上建筑物抵押登记，但基于其已依法办理了土地抵押登记手续，可依据《物权法》第一百八十二条的规定，将该土地的抵押效力及于地上建筑物。本院认为，在房地产抵押权设立的实践中，如何协调土地使用权抵押和地上建筑物之间的关系，我国《物权法》施行前的相关法律规定并不明确。为此，《物权法》第一百八十二条第一款规定："以建筑物抵押的，该建筑物占用范围内的建设用地使用权一并抵押。以建设用地使用权抵押的，该土地上的建筑物一并抵押。"该条第二款进一步明确规定："抵押人未依照前款规定一并抵押的，未抵押的财产视为一并抵押。"该规定遵循了房地产交易中"房随地走"和"地随房走"的双向统一原则，其立法旨意在于重申房地一体的原则，防止引发抵押权实现时的困境，使债权人的利益受到损害。依据该规定，当事人应对土地使用权及其地上建筑物一并抵押，如果当事人未按照该条第一款规定一并抵押时，则法律直接规定“视为一并抵押”。即只要土地使用权或地上建筑物之一项办理抵押登记，即使另一项没有办理抵押登记，亦依法推定为两者一并抵押。另外，从市场交易的风险防范角度来看，《物权法》已经确立了房地应一并抵押的原则，并明确规定土地或者地上建筑物未一并抵押的也视为一并抵押，参与或从事房地产抵押实践的市场主体应当知悉该规定。其在设立土地抵押权时，对该土地上的建筑物是否已设定抵押权负有注意义务，并应积极向登记机关进行查询，以避免出现风险，反之亦然。市场主体如果因未尽到上述注意义务而遭受风险，则该损失应由其自行负担。

本案中，某支行与某科技公司已就土地使用权办理了抵押登记，依法设立了抵押权，即便在土地他项权利证明书中未注明抵押物包括地上建筑物，依据《物权法》第一百八十二条第二款之规定，案涉地上建筑物也应视为一并抵押，该土地使用权之抵押权效力及于地上建筑物，某支行亦应就本案享有的债权依法对案涉地上建筑物享有优先受偿权。且某支行与某科技公司在诉讼中均确认该地上建筑物未为其他债权设立抵押担保，案涉地上建筑物抵押权在未来实现时也不存在权利冲突。某支行主张案涉地上建筑物随土地使用权一并抵押，其对案涉地上建筑物亦享有优先受偿权，于法有据，本院予以支持。

法律延伸

《中华人民共和国民法典》

第四百一十七条 建设用地使用权抵押后，该土地上新增的建筑物不属于抵押财产。该建设用地使用权实现抵押权时，应当将该土地上新增的建筑物与建设用地使用权一并处分。但是，新增建筑物所得的价款，抵押权人无权优先受偿。

《中华人民共和国城市房地产管理法》

第三十二条 房地产转让、抵押时，房屋的所有权和该房屋占用范围内的土地使用权同时转让、抵押。

32.以建设用地使用权设立抵押是否需要在登记时注明土地范围?

问 题

甲公司以其名下房产及所占用土地进行抵押，面积为28,125平方米，该宗地对应的不动产权证有10个，不动产权证分摊土地使用权面积合计5,017平方米，公共用地部分23,108平方米，且公共用地部分无产权证。经某商业银行、抵押人、不动产登记中心三方协商一致同意将该宗地块整体抵押给某商业银行，同意在办理抵押时将土地宗地号以及对应的面积等要素在不动产他项权证上注明，并在抵押合同中将抵押情况予以详细说明。经上述程序，该笔抵押所对应的抵押物应当如何确定?

法律解析

《民法典》第三百九十七条规定：“以建筑物抵押的，该建筑物占用范围内的建设用地使用权一并抵押。以建设用地使用权抵押的，该土地上的建筑物一并抵押。抵押人未依据前款规定一并抵押的，未抵押的财产视为一并抵押。”应如何理解“建筑物占用范围内”?

最高人民法院在（2020）最高法民申2308号民事裁定书中认为，根据我国地籍管理规定，建设用地使用权的登记以宗地为单位。建设用地使用权的客体为宗地，一块宗地即为一个物权客体。在没有证据证明案涉建设用地使用权存在其他共有人的情况下，抵押权人有权就案涉抵押房产所占用的整块宗地的全部拍卖款或拆迁补偿款优先受偿。换言之，如一块宗地上有多个建筑物，在各个建筑物分别抵押的情况下，其中一个建筑物的抵押权人无权对整块宗地的处置权主张优先受偿。司法实践中，主流观点认为应当根据建筑物占规划建设总面积的比例分配土地使用权处置款。如（2015）宁商终字第00847号等民事判决均认为，在案涉用地规划条件未作变更，也未进行宗地分割处理的情况下，基于公平合理的原则并兼顾抵押人和抵押权人的利益，应当以抵押建筑物面积占规划建设总面积的比例作为分摊案涉土地权益的基本依据。

结合上述理解，在办理不动产抵押登记时，如建设用地使用权并不存在其他共有人，且并无其他抵押物以外的建筑物时，通过在抵押登记时注明抵押范围为“宗地面积为28,125平方米的土地使用权及地上建筑物”，可以避免司法处置过程中产生争议，该等抵押合法有效，可全面保障商业银行权益。

审查要点

1. 贷前调查环节，应实地考察房地产情况。包括但不限于了解宗地上建筑物的建设情况、产权情况。在准确调查的基础上，合理确定抵押范围。

2. 抵押登记环节，应确保房地一体抵押，且在地上建筑物较少的情况下，应着重通过抵押登记注明抵押范围内的建设用地使用权面积为一整块宗地。否则，可能随着新增地上建筑物、新增抵押权人，导致出现“建筑物占用范围内的”建设用地使用权不断缩小的情况，进而影响商业银行抵押权的优先受偿范围。

裁判观点

案例一：沈阳某小额贷款有限责任公司、杨某执行异议纠纷案［最高人民法院（2020）最高法民申2308号］[①]

裁判摘要：本院经审查认为，某公司关于杨某对案涉建设用地使用权不享有抵押权的申请再审理由，不能成立。《物权法》第一百八十二条规定：“以建筑物抵押的，该建筑物占用范围内的建设用地使用权一并抵押。以建设用地使用权抵押的，该土地上的建筑物一并抵押。抵押人未依照前款规定一并抵押的，未抵押的财产视为一并抵押。”杨某系沈阳市沈河区某房产的抵押权人，根据前述法律规定，其抵押权效力及于该房产占用范围内的建设用地使用权，且双方当事人在原审中对此均不持异议。现某公司主张杨某对案涉建设用地使用权不享有抵押权，缺乏事实和法律依据。

---

① 类似案例还有江苏省南京市中级人民法院（2015）宁商终字第00847号。

关于杨某就案涉建设用地使用权拍卖款优先受偿的比例问题，涉及对《物权法》第一百八十二条中“占用范围内”的理解。根据我国地籍管理规定，建设用地使用权的登记以宗地为单位。换言之，建设用地使用权的客体为宗地，一块宗地即为一个物权客体。原审已查明抵押房产系案涉宗地面积范围内唯一合法建筑物，且该抵押房产原由被执行人刘某单独所有，在没有证据证明案涉建设用地使用权存在其他共有人的情况下，杨某有权就案涉全部土地拍卖款优先受偿。某公司提交的证据不能证明案涉宗地上存在其他合法建筑，其关于杨某仅能就547.88平方米土地面积对应土地款主张分配的申请再审理由，不能成立。

案例二：某农村商业银行股份有限公司与黄某等执行分配方案异议案［最高人民法院（2020）最高法民申4903号］

裁判摘要：某公司因案涉借款将其所有的位于某市某公司厂区内3号、4号厂房和1号宿舍楼作为抵押物抵押给某农商行，并办理了房屋抵押登记。依照《物权法》第一百八十二条规定，“以建筑物抵押的，该建筑物占用范围内的建设用地使用权一并抵押。以建设用地使用权抵押的，该土地上的建筑物一并抵押。抵押人未依照前款规定一并抵押的，未抵押的财产视为一并抵押”。因此，某农商行对于3号、4号厂房和1号宿舍楼及其占用范围内的建设用地使用权享有抵押权。按照日常生活经验，地块一般具有可分割性，3号、4号厂房和1号宿舍楼及其占用范围内的建设用地地块与其他尚未实际建成建筑的地块并非不可分割。某公司提供抵押物的建筑面积为24,859.15平方米，规划建设面积为55,260.05平方米，仅占规划建设面积的44.99%。原判决据此认定某农商行就涉案全部土地使用权权益的44.99%享有优先受偿权并无不当。

法律延伸

《中华人民共和国民法典》

第三百九十七条 以建筑物抵押的，该建筑物占用范围内的建设用地使用权一并抵押。以建设用地使用权抵押的，该土地上的建筑物一并抵押。

抵押人未依据前款规定一并抵押的，未抵押的财产视为一并抵押。

33. 土地使用权抵押后，地上在建工程是否属于抵押财产？土地使用权的抵押权人是否有权一并处分在建工程？

问　题

甲公司向某商业银行申请贷款1,200万元，乙公司提供名下丙地块土地使用权进行抵押担保。丙地块上有两栋房屋，其中一栋已建设完成，另一栋为在建房屋。该土地上在建房屋是否属于抵押财产？抵押权人是否有权一并处分并优先受偿？

法律解析

《民法典》第三百九十七条规定："以建筑物抵押的，该建筑物占用范围内的建设用地使用权一并抵押。以建设用地使用权抵押的，该土地上的建筑物一并抵押。抵押人未依据前款规定一并抵押的，未抵押的财产视为一并抵押。"《民法典担保制度司法解释》第五十一条第一款规定："当事人仅以建设用地使用权抵押，债权人主张抵押权的效力及于土地上已有的建筑物以及正在建造的建筑物已完成部分的，人民法院应予支持。债权人主张抵押权的效力及于正在建造的建筑物的续建部分以及新增建筑物的，人民法院不予支持。"据此，仅以建设用地使用权抵押，抵押权的效力及于土地上已有的建筑物以及正在建造的建筑物已完成部分，不及于正在建造的建筑物的续建部分以及新增建筑物。

判断新增建筑物是否属于抵押财产的时间之界，根据《民法典》以及《民法典担保制度司法解释》的规定，应以建设用地使用权抵押登记时间为界。

审查要点

商业银行在办理在建工程抵押时应注意核查：

1. 抵押人已取得"四证"，即《国有土地使用证》《建设用地规划许可证》《建设工程规划许可证》《建设工程施工许可证》；

2.抵押人已交清土地出让金；

3.抵押人已投入工程款项的书面证明；

4.在建工程的施工进度、工程竣工日期、已完工程量；

5.以在建工程已完工部分抵押的，其土地使用权随之抵押，若抵押的在建工程在抵押期间竣工的，办理建筑物所有权首次登记时，商业银行应当申请将在建建筑物抵押权登记转为建筑物抵押权登记。

裁判观点

案例一：常某、某银行股份有限公司某支行等案外人执行异议之诉纠纷案［最高人民法院（2021）最高法民申3602号］[①]

裁判摘要：本院认为，本案系当事人申请再审案件，应当围绕常某申请再审的理由是否成立进行审查。最高人民法院《关于适用〈中华人民共和国民事诉讼法〉的解释》第三百一十一条规定："案外人或者申请执行人提起执行异议之诉的，案外人应当就其对执行标的享有足以排除强制执行的民事权益承担举证证明责任。"因此，常某提起本案案外人执行异议之诉，其应当就其对执行标的享有足以排除强制执行的民事权益承担举证证明责任。

行为时有效的《物权法》第九条第一款规定："不动产物权的设立、变更、转让和消灭，经依法登记，发生效力；未经登记，不发生效力，但法律另有规定的除外。"常某称其通过与某公司签订《协议书》并支付相应对价取得了案涉土地上已有的地上建筑物等全部地上设施的所有权，但其没有提供证据证明办理了相应的变更登记，因而该部分不动产不发生物权变更的效力。《物权法》第一百八十二条第一款规定："以建筑物抵押的，该建筑物占用范围内的建设用地使用权一并抵押。以建设用地使用权抵押的，该土地上的建筑物一并抵押。"第二款规定："抵押人未依照前款规定一并抵押的，未抵押的财产视为一并抵押。"因此，某支行对本案所涉某公司设定抵押的土地使用权及地上建筑物一并享有抵押权。最高人民法院《关于人民法院办理

---

① 类似案例还有山东省聊城市中级人民法院（2021）鲁15民终990号。

执行异议和复议案件若干问题的规定》第二十七条规定："申请执行人对执行标的依法享有对抗案外人的担保物权等优先受偿权，人民法院对案外人提出的排除执行异议不予支持，但法律、司法解释另有规定的除外。"常某并没有提供证据证明存在"法律、司法解释另有规定的除外"之情形，因此其提出对本案所涉土地使用权设定抵押前的地上建筑物享有所有权的主张不能阻却强制执行。

常某还称其在抵押合同签订以后又修建了厂房等设施，该部分厂房等设施不在抵押财产范围内。根据《物权法》第九条第一款的规定，常某没有提供证据证明依法登记，即常某没有提供证据证明其对该部分不动产享有物权。即使如常某所言，其在本案所涉土地使用权设定抵押权后续建了厂房等设施，对该部分不动产享有物权，根据《物权法》第二百条的规定，"建设用地使用权抵押后，该土地上新增的建筑物不属于抵押财产。该建设用地使用权实现抵押权时，应当将该土地上新增的建筑物与建设用地使用权一并处分，但新增建筑物所得的价款，抵押权人无权优先受偿"，常某亦不能以此为由阻却强制执行。

可见，本案中常某没有提供充分证据证明其对执行标的享有足以排除强制执行的民事权益。一、二审判决未支持其诉讼请求并无不当。常某认缴某公司出资的时间、是否知晓案涉土地及地上建筑物设置抵押的状况、常某与某公司之间签署《协议书》是否真实等情节均不影响本案的最终处理结果。

案例二：某信托股份有限公司、浙江某集团有限公司金融借款合同纠纷案［最高人民法院（2018）最高法民再19号］

裁判摘要：《物权法》第五条规定，"物权的种类和内容，由法律规定"。在建工程抵押权作为《物权法》所规定的民事权利，属于《立法法》第八条第八项所规定的法律保留事项，其民事权利的内容不因任何他人的不当限制或错误理解而减损。从立法沿革的角度，在《物权法》第一百八十条第一款第五项、第一百八十七条对"正在建造的建筑物"没有作出相反定义的情况下，应当遵从此前规范性文件中对"在建工程抵押"的理解。在《物权法》

颁行之前，《担保法司法解释》第四十七条规定：“以依法获准尚未建造的或者正在建造中的房屋或者其他建筑物抵押的，当事人办理了抵押物登记，人民法院可以认定抵押有效。”《城市房地产抵押管理办法》第三条第五款亦规定：“本办法所称在建工程抵押，是指抵押人为取得在建工程继续建造资金的贷款，以其合法方式取得的土地使用权连同在建工程的投入资产，以不转移占有的方式抵押给贷款银行作为偿还贷款履行担保的行为。”据此，在建工程抵押权作为一种单独的抵押权类型，除当事人在抵押合同中另有约定外，其抵押物范围不仅包括国有建设用地使用权，还包括规划许可范围内已经建造的和尚未建造的建筑物。

法律延伸

《中华人民共和国民法典》

第三百九十七条 以建筑物抵押的，该建筑物占用范围内的建设用地使用权一并抵押。以建设用地使用权抵押的，该土地上的建筑物一并抵押。

抵押人未依据前款规定一并抵押的，未抵押的财产视为一并抵押。

最高人民法院《关于适用〈中华人民共和国民法典〉有关担保制度的解释》(法释〔2020〕28号)

第五十一条 当事人仅以建设用地使用权抵押，债权人主张抵押权的效力及于土地上已有的建筑物以及正在建造的建筑物已完成部分的，人民法院应予支持。债权人主张抵押权的效力及于正在建造的建筑物的续建部分以及新增建筑物的，人民法院不予支持。

当事人以正在建造的建筑物抵押，抵押权的效力范围限于已办理抵押登记的部分。当事人按照担保合同的约定，主张抵押权的效力及于续建部分、新增建筑物以及规划中尚未建造的建筑物的，人民法院不予支持。

抵押人将建设用地使用权、土地上的建筑物或者正在建造的建筑物分别抵押给不同债权人的，人民法院应当根据抵押登记的时间先后确定清偿顺序。

34.建设用地使用权与房屋权属不一致是否影响抵押权的设立?

问　题

某商业银行拟向甲公司提供授信8,000万元，甲公司以其实际控制子公司乙公司的土地作为抵押，但该土地地上房屋与土地权属不一致，能否就该地块单独进行抵押?

法律解析

《民法典》第三百五十二条规定:“建设用地使用权人建造的建筑物、构筑物及其附属设施的所有权属于建设用地使用权人，但是有相反证据证明的除外。”据此，建筑物所有权人与建设用地使用权人原则上是一致的，仅在例外的情形下才可能不一致。最高人民法院民法典贯彻实施工作领导小组主编的《中华人民共和国民法典物权编理解与适用（上、下）》[①]一书中认为，当下存在“房地权属分离”的几种情形主要有:（1）历史遗留问题。房地分散登记时期造成的房地登记分离问题，应根据“地随房走”“房随地走”的规则处理，即房屋所有权已完成转让的，应由土地使用权人履行转移登记义务。（2）非由建设用地使用权人建造或建设用地使用权人与他人合作建造的建筑物，原则上仍应遵循建筑物所有权属于土地使用权人的一般规则，当事人之间关于建筑物所有权的另外约定仅具有债权效力。（3）对于预售商品房，因尚未办理转移登记，购房人享有的仍为债权而非物权，在转移登记前享有商品房所有权的仍为建设用地使用权人即开发商。（4）市政公共设施建设及公房改制过程中存在的房地产权分离情形。确属于《民法典》第三百五十二条“但是有相反证据证明的除外”之情形，土地使用权人单独以其享有的土

---

① 最高人民法院民法典贯彻实施工作领导小组主编:《中华人民共和国民法典物权编理解与适用（上、下）》，人民法院出版社2020年版。

地使用权设定抵押的，即使经审查该抵押权合法有效，抵押权人在行使抵押权时，也不得影响建筑物所有权的行使。

审查要点

在房屋所有权人与土地使用权人不一致时，应要求产权人办妥产权一致的不动产权利证书，并办理房地一并抵押登记。如确实无法办妥产权一致的不动产权利证书，则应当与不同的产权人分别签订房/地抵押合同，并办理抵押登记手续。

裁判观点

案例：天津市某资产管理有限公司、中国建筑第六工程局某建筑工程公司建设工程施工合同纠纷案［最高人民法院（2019）最高法执监253号］

裁判摘要：本院认为，本案重点审查的问题是某中院对案涉土地使用权单独拍卖是否违反法律规定。按照《物权法》第一百四十六条的规定："建设用地使用权转让、互换、出资或者赠与的，附着于该土地上的建筑物、构筑物及其附属设施一并处分。"原则上人民法院拍卖土地使用权时应当遵循"房地一体"原则，一并处分，但在此执行过程中认定拍卖是否应予撤销还应结合案件具体情况进行判断。

首先，执行中适用该条规定的主要目的是防止土地使用权与土地上房屋权属分离。一般情况下，拍卖前土地使用权与地上房屋等附着物属于同一主体的不得分开处置，如果拍卖前土地使用权与地上房屋等附着物已经分属不同主体，为分离状态，那么执行实践中可以允许根据具体情况确定如何处置。本案中，根据执行异议、复议裁定查明的事实，《土地估价报告》所附《天津市不动产登记簿查询证明》载明，所拍卖土地使用权上有2,512平方米的4层建筑一幢，权利人为王某；还有未取得产权登记的建筑物，其性质以及权属不明。也就是说拍卖前房地不属于同一主体，拍卖公告备注中也具有本次拍卖仅限于土地使用权，建筑物不在拍卖范围内的内容，故不能仅因房地分离而撤销拍卖。

其次，判断土地使用权与土地上房屋分别处理是否实际造成权属分离，有赖于具体事实的认定。申诉人所提拍卖公告备注中注明："2.地面存在属于他人的建筑地上自建有2,512平方米房屋，原无证，后几经转移，由他人办理了产权证，但无土地证。现该房屋又由天津市某区人民法院拍卖给他人，但不包含土地价值，买受人未能办理过户手续。"也就是说对于仍登记在权利人王某名下的上述房屋，已经拍卖给他人尚未过户，现申诉人主张其已经在本案拍卖土地使用权前经其他法院拍卖获得2,512平方米房屋。但执行异议、复议裁定并未对此事实进行审查认定，属事实不清。

至于申诉人所提中国六建某公司的其他异议理由均不能成立的申诉理由，由于执行异议、复议裁定未予具体回应，未明确予以支持，现不予审查。

法律延伸

《中华人民共和国民法典》

第三百五十二条 建设用地使用权人建造的建筑物、构筑物及其附属设施的所有权属于建设用地使用权人，但是有相反证据证明的除外。

最高人民法院《关于人民法院民事执行中查封、扣押、冻结财产的规定》（法释〔2020〕21号）

第二十一条第一款 查封地上建筑物的效力及于该地上建筑物使用范围内的土地使用权，查封土地使用权的效力及于地上建筑物，但土地使用权与地上建筑物的所有权分属被执行人与他人的除外。

35.矿业权是否可以设立抵押？

问　题

甲公司向某商业银行申请借款9,000万元，借款期限为2年，并以其公司名下所有的房地产以及《采矿许可证》上载明的矿业权设立抵押。以采矿权设立抵押担保是否有效？

法律解析

1.矿业权可否作为抵押物提供担保

探矿权与采矿权统称矿业权。矿业权抵押是指矿业权人以其拥有的矿业权在不转移占有的前提下，向债权人提供担保的行为。

《民法典》第三百九十九条未将“矿业权（探矿权或是采矿权）”规定为禁止抵押的财产。最高人民法院《关于审理矿业权纠纷案件适用法律若干问题的解释》第十四条第一款规定：“矿业权人为担保自己或者他人债务的履行，将矿业权抵押给债权人的，抵押合同自依法成立之日起生效，但法律、行政法规规定不得抵押的除外。”第十五条规定：“当事人请求确认矿业权之抵押权自依法登记时设立的，人民法院应予支持。颁发矿产资源勘查许可证或者采矿许可证的自然资源主管部门根据相关规定办理的矿业权抵押备案手续，视为前款规定的登记。”据此，笔者理解，矿业权人可为自己或他人债务以矿业权设立抵押，抵押权自颁发矿产资源勘查许可证或者采矿许可证的自然资源主管部门办理矿业权抵押备案手续时成立。

2.商业银行以采矿权作为抵押物存在的潜在风险

（1）采矿权权证自身瑕疵造成的风险。由于矿业管理体制尚不完善及矿业登记制度尚不健全，部分企业采矿权许可证的取得存在重大法律瑕疵，可能面临被发证机关吊销的风险。

（2）法定优先权引起的风险。如矿业权人未及时足额缴纳矿产资源补偿费、资源税等法定税费，将导致其无法进行矿产开采，采矿许可证可能沦为一纸“空文”，并无财产价值。

（3）采矿企业的生产安全问题引发的风险。矿产开采，特别是小矿山的开采属于高危行业，一旦发生生产安全事故被吊销采矿权证，将直接影响商业银行抵押权的实现。

（4）采矿权抵押价值不易确定导致抵押物不足值的风险。采矿权本身价值难以准确计量，同时随着开采的深入矿产资源储量减少，采矿权价值可能随之递减。

（5）权利流转难，导致抵押权实现难。目前，我国矿业流转市场仍不够健全，部分地方还存在地方保护主义，矿业权流转受到诸多限制，不可避免地制约了商业银行抵押权的实现。

审查要点

商业银行在办理相关业务时，应注意：

1.矿业权人既可以矿业权为自身债务设立抵押，也可以矿业权为他人债务设立抵押。

2.国家出资勘查并已探明可供进一步勘查的矿产地的矿业权，在设立抵押前，应由矿业权人委托具有国务院地质矿产主管部门认定的有矿业权评估资格的评估机构进行矿业权评估。

3.抵押期限不得超出采矿许可证有效期。

4.抵押合同中应约定矿业权许可证被吊销后的救济措施。

5.矿业权设立抵押时，矿业权人应持抵押合同和矿业权许可证到原发证机关办理抵押备案手续。

裁判观点

案例：某金融租赁有限公司与山西某焦煤集团有限公司融资租赁合同纠纷案［最高人民法院（2016）最高法民终605号］

裁判摘要：参照国家相关部委的相关规定以及社会对矿产资源的一般理解，矿产资源可视为土地附着物，矿业权适用不动产法律法规予以调整。因此，在法律、行政法规没有另外规定的情况下，部委的规章、规范性文件可以作为认定矿产资源及矿业权属性的重要参考。……矿产资源作为土地附着物，探矿权、采矿权抵押应遵循登记生效主义原则，抵押权应自登记时设立。目前，矿业权抵押尚无法律明确规定的登记部门。国土资源主管部门作为矿产资源勘查许可证、采矿许可证的审批登记机关，基于国土资源部《矿业权出让转让管理暂行规定》和《关于进一步完善采矿权登记管理有关问题的通知》等规范性文件的规定，为矿业权抵押办理备案手续。同时，也有省、自治区在本行政区域内制定的涉矿地方性法规中包含了矿业权抵押须办理登记或者备案的规定。鉴于不动产物权登记的主要功能和作用在于借此获得对世的公示效力，就目前矿业权抵押备案的主要功能以及法律效果而言，备案与登记并无实质区别，抵押权人可借此取得对抗他人的公示效力和优先受偿权。在法律、行政法规尚无明确矿业权抵押登记部门的情况下，国土资源主管部门依据部门规章或者地方性法规办理的矿业权抵押备案，可视为矿业权抵押登记，矿业权抵押权自登记或者备案时设立。

法律延伸

原国土资源部《关于完善矿产资源开采审批登记管理有关事项的通知》（国土资规〔2017〕16号）

三、完善采矿权变更、注销登记管理

（十四）申请采矿权转让变更的，受让人应具备本通知第（七）条规定的采矿权申请人条件，并承继该采矿权的权利、义务。涉及本通知第（九）条重叠情况的，受让人应按本通知第（九）条规定，提交互不影响和权益保护协议或不影响已设矿业权人权益承诺。

（十五）国有矿山企业申请办理采矿权转让变更登记的，应当持矿山企业主管部门同意转让变更采矿权的批准文件。

（十六）实行开采总量控制矿种的采矿权申请办理延续、变更的，下一级国土资源主管部门应当对开采总量控制指标分配、使用等情况提出书面意见。

（十七）有下列情形之一的采矿权不得办理转让变更登记：

1.采矿权部分转让变更的；

2.同一矿业权人存在重叠的矿业权单独转让变更的；

3.采矿权处于抵押备案状态且未经抵押权人同意的；

4.未按要求缴纳出让收益（价款）等费用，未完成矿山地质环境恢复治理义务的；

5.采矿权被国土资源主管部门立案查处，或法院、公安、监察等机关通知不得转让变更的。

除母公司与全资子公司之间的采矿权转让变更外，以协议出让方式取得的采矿权未满10年不得转让变更，确需转让变更的，按协议出让采矿权要件要求及程序办理。

（十八）采矿权原则上不得分立，因开采条件变化等特殊原因确需分立的，应符合矿产资源规划等有关要求。第三类矿产的采矿权不得分立。

（十九）人民法院将采矿权拍卖或裁定给他人，受让人应当依法向登记管理机关申请变更登记。申请变更登记的受让人应当具备本通知第（七）条规定的条件，登记管理机关凭申请人提交的采矿权变更申请文件和人民法院协助执行通知书，予以办理采矿权变更登记。

（二十）申请变更主要开采矿种的，应当依据经评审备案的储量评审意见书提出申请。第三类矿产的采矿权不允许变更开采矿种。变更为国家实行开采总量控制矿种的，还应当符合国家有关宏观调控规定和开采总量控制要求，并需经专家论证通过、公示无异议。

（二十一）采矿许可证剩余有效期不足六个月，申请转让变更登记的，可以同时向登记管理机关申请办理延续登记。

（二十二）登记管理机关应及时清理过期采矿权，对采矿许可证有效期届满前未按要求申请延续登记的，由登记管理机关纳入已自行废止矿业权名单向社会公告。

采矿权在有效期内因生态保护、安全生产、公共利益、产业政策等被县级及以上人民政府决定关闭并公告的，由同级国土资源主管部门函告原登记管理机关。采矿权人应当自决定关闭矿山之日起30日内，向原登记管理机关申请办理采矿许可证注销登记手续。采矿权人不办理采矿许可证注销登记手续的，由登记管理机关责令限期改正；逾期不改正的，由原登记管理机关吊销采矿许可证，并根据《中华人民共和国行政许可法》第七十条规定办理采矿许可证注销手续。

36. 人防工程是否可以设立抵押？

问　题

甲公司拟在某商业银行申请经营性物业贷款2.2亿元，提供的抵押物总

面积20,775.68平方米，其中有8,860.15平方米为甲公司名下的地下车库，甲公司拥有产权证，产权产别为商品房，房屋用途为人防车库。该地下车库能否作为抵押物？

法律解析

根据《中华人民共和国人民防空法》第二十六条“国家鼓励平时利用人民防空工程为经济建设和人民生活服务。平时利用人民防空工程，不得影响其防空效能”的规定，笔者认为，只要权利人合理使用人防车库，不影响其防空效能，不违反法律、行政法规的禁止性规定，在所有权权属明确的情形下，人防车库可依法设立抵押。

《湖南省人民防空工程产权管理办法》第三条第二款规定：“本办法所称人防工程产权，是指人防工程的所有权，即人防工程所有权人依法对人防工程享有占有、使用、收益和处分的权利，包括抵押、租赁等他项权利。”第四条规定：“人防工程实行谁投资、谁所有的原则。战时服从人民政府统一调用。”此外，《湖南省人民防空工程建设与维护管理规定》第二十六条第一款也明确规定：“人防工程的建设和开发利用，按照国家规定减免有关税费。人防工程投资者可以将其投资建设的人防工程依法开发利用或者转让、拍卖、租赁、抵押。”可见，湖南省明确肯定了人防工程的所有权归投资者所有，并肯定了人防工程的可抵押性。此外，北京、上海、浙江、山东、黑龙江等地均认可作为人防工程的地下车库可以设立抵押。司法实践中，也存在大量司法处置人防车库的案例。

但与之相反的是，《江苏省不动产登记条例》第四十一条第三款规定：“下列经依法批准建设的地下建筑物、构筑物，按照批准的范围办理登记：（一）非人防设施的地下车库（位）；……”《江苏省人民政府办公厅关于加强城市地下空间开发利用的指导意见》规定：“非人防设施的地下车库（位）和地下商业、仓储、交通、综合管廊等经依法批准建设的地下建（构）筑物，按照批准的范围可申请办理登记，登记后可依法转让、出租和抵押。”江苏省对地下车库的性质作了限制性的区分，只肯定了非人防设施地下车库的可流通性，以人防车库用作抵押可能存在登记、变现方面的障碍。

审查要点

在所有权权属明确的情形下，以人防车库作为抵押物一般不存在登记上的障碍。但从实务中看，各地对人防工程的所有权归属、投资者的所有权权能有不同规定。在以人防车库设置抵押时，应事先查明各地地方性法规以及相应政策是否作出了限制性规定，避免因人防工程的特殊性质面临登记、变现方面的障碍。

裁判观点

案例：栾某、吉林某建筑安装有限责任公司商品房销售合同纠纷案［最高人民法院（2020）最高法民申4493号］[①]

裁判摘要：关于《商品房买卖合同》中约定的转让地下车库及社区用房的权利性质问题。对合同转让标的物的认定，应结合合同文本及双方当事人的真实意思综合考虑。《商品房买卖合同》并未明确约定转让的标的物为地下车库和社区用房的所有权，不能仅以合同名称为《商品房买卖合同》，认定合同中约定转让的对象为地下车库和社区用房的所有权。由于地下车库和社区用房均无法办理产权，不属于商品房，双方当事人对此均应明知，双方当事人的真实意思应为转让地下车库和社区用房的使用权。原审法院认定双方在《商品房买卖合同》中约定转让的对象为地下车库和社区用房的使用权，并无不当。栾某关于双方在《商品房买卖合同》中约定转让的权利性质为地下车库和社区用房的所有权的申请再审理由，没有事实和法律依据，本院不予采信。

关于《商品房买卖合同》的效力问题，因地下车库兼具人防工程性质，其所有权属于国家，依法不得转让，但地下车库的使用权可以转让流通。吉林市人民防空办公室已对案涉地下车库（人防工程）出具《结建人防工程防护质量竣工验收确认书》，载明防护质量合格，并已按规定办理竣工档案移交，准许使用。某公司对案涉地下车库（人防工程）依法享有使用权，其与

① 类似案例还有广东省惠州市中级人民法院（2017）粤13民终3654号。

栾某签订《商品房买卖合同》，将地下车库和社区用房使用权转让给栾某，并不违反法律强制性规定。

栾某应当知晓法律法规中关于地下车库（人防工程）所有权不得转让的规定。某公司未在《商品房买卖合同》中专门对此作出提示及表述，并不构成刻意隐瞒和欺诈。《中华人民共和国人民防空法》第五条规定国家鼓励企业事业单位投资建设人防工程，人防工程平时由投资者使用管理，收益归投资者所有。法律并未禁止人防工程使用权的转让。人防工程平时由使用权人管理使用，战时人防工程的使用权人有义务确保人防工程用于人民防空的需要。某公司将地下车库使用权对外转让，并未损害国家利益。原审法院认定《商品房买卖合同》合法有效，并无不当。栾某提出的某公司构成欺诈，其行为损害国家利益的申请再审理由，没有事实和法律依据，本院不予采信。

法律延伸

《中华人民共和国人民防空法》

第二条 人民防空是国防的组成部分。国家根据国防需要，动员和组织群众采取防护措施，防范和减轻空袭危害。

人民防空实行长期准备、重点建设、平战结合的方针，贯彻与经济建设协调发展、与城市建设相结合的原则。

第五条 国家对人民防空设施建设按照有关规定给予优惠。

国家鼓励、支持企业事业组织、社会团体和个人，通过多种途径，投资进行人民防空工程建设；人民防空工程平时由投资者使用管理，收益归投资者所有。

第二十二条 城市新建民用建筑，按照国家有关规定修建战时可用于防空的地下室。

第二十六条 国家鼓励平时利用人民防空工程为经济建设和人民生活服务。平时利用人民防空工程，不得影响其防空效能。

37.设立动产浮动抵押需要注意哪些问题?

问　题

甲公司与某商业银行签订《授信协议》，约定该商业银行在2020年1月8日至2021年1月7日向甲公司提供授信额度800万元。同日，双方签订《最高额抵押合同》，约定甲公司以其所有的机械设备（附抵押物清单）为该商业银行按照《授信协议》在授信期间向甲公司发放的贷款形成的债权在最高额2,000万元内提供抵押担保。同日，双方办理抵押登记。该商业银行在接受动产浮动抵押担保时应注意哪些问题?

法律解析

《民法典》第三百九十六条规定："企业、个体工商户、农业生产经营者可以将现有的以及将有的生产设备、原材料、半成品、产品抵押，债务人不履行到期债务或者发生当事人约定的实现抵押权的情形，债权人有权就抵押财产确定时的动产优先受偿。"其主要法律特征如下：

1.浮动抵押设定后，抵押的财产不断变化，直到约定或法定的事由发生，抵押财产才确定。

2.浮动抵押期间，抵押人处分抵押财产不必经抵押权人同意。浮动抵押权不得对抗正常经营活动中已支付合理价款并取得抵押财产的买受人，对于上述已完成交易的特定动产，抵押权人不再享有优先受偿权。

3.浮动抵押的登记机构为抵押人住所地的市场监督管理部门，浮动抵押的登记并非抵押权设立的生效条件，但未经登记，不得对抗善意第三人。

4.浮动抵押的主体只能是企业、个体工商户或者农业生产经营者等商事主体，不包括普通自然人、事业单位和国家机关。

5.浮动抵押的财产仅限于生产设备、原材料、半成品、产品等动产，同时不适用于预告登记。

审查要点

1.因浮动抵押财产价值具有不确定性，实践中无法对抵押物的价值作出客观准确的评估，导致存在无法确定抵押率以及抵押权实现时抵押财产的价值，商业银行应谨慎办理。

2.商业银行应严格按照相关规定做好贷后检查，及时行使抵押权。

3.商业银行应当充分关注借款人的资信状况，选择较为优质的客户，并尽量采取浮动抵押和其他担保相结合的方式，尽可能全面覆盖债权，有效控制风险。

裁判观点

案例一：汝州市某牧业有限公司、河南某置业有限公司企业借贷纠纷案［最高人民法院（2017）最高法民申1500号］[①]

裁判摘要：关于本案借款是否设定了抵押以及某公司应否免除保证责任的问题。某公司主张，依据《借款合同》第三条、第五条的约定，各方设定了某某公司现有或将有资产的动产浮动抵押，某置业公司应优先受偿；抵押财产包含了不动产，某置业公司未办理抵押登记，其应在该不动产对应的价值范围内免责。第一，根据《物权法》第一百八十一条的规定，构成动产浮动抵押的其中两个要件是以不特定的动产作为担保标的物；设立于抵押人当时所有的财产之上，但抵押人仍有权对设押财产在日常经营范围内行使所有权的占有、使用、收益、处分权能。经查，《借款合同》第三条约定：某某公司自愿将其全部资产作为抵押，不包含债务；若抵押期间某某公司将抵押物再抵押、转让给第三方，视为欺诈。该约定所涉及的全部资产包括动产及不动产，且限制了某某公司在抵押期间将抵押物再抵押、转让的权利，与动产浮动抵押的构成要件不符，无法判定双方形成了设定动产浮动抵押担保的合意。第二，即使某置业公司申请诉前保全时以某某公司的资产作为担保，因该行为与设定动产浮动抵押无直接关联，亦无证

① 类似案例还有最高人民法院（2016）最高法民再275号。

据显示系双方履行动产浮动抵押约定的行为，某公司主张某置业公司已与某某公司清点了抵押物，某某公司当时的企业财产得以明确成为抵押物，缺乏事实依据。第三，《借款合同》第五条约定：如超过2013年10月25日某某公司仍未归还借款，需按约将其一切财产、一切经营管理权、一切人员移交给某置业公司，并把一切手续变更给某置业公司，否则计收违约金直至交付完毕。根据《物权法》第一百八十六条“抵押权人在债务履行期届满前，不得与抵押人约定债务人不履行到期债务时抵押财产归债权人所有”的规定，该约定属流押条款，亦属无效约定。故某公司的该主张不能得到支持。

案例二：某银行股份有限公司某分行、中央储备粮某直属库金融借款合同纠纷案［最高人民法院（2017）最高法民终891号］

裁判摘要：关于某分行能否对诉争48,571吨粳稻行使优先受偿权。依据《物权法》第一百八十九条第一款关于“企业、个体工商户、农业生产经营者以本法第一百八十一条规定的动产抵押的，应当向抵押人住所地的工商行政管理部门办理登记，抵押权自抵押合同生效时设立；未经登记，不得对抗善意第三人”的规定，浮动抵押权的设立不以登记为要件，抵押合同生效即设立抵押权。案涉《最高额质押合同》兼具担保物浮动性的特征，依照《物权法》第二百零七条、第二百二十二条的规定，本案应参照该法第一百八十九条第一款的规定，认定案涉质押合同成立生效即发生质权设立的效力。

但是，某分行的质权能否实现，须依赖于两个条件：一是担保债权的数额确定，此为最高额质权的实现条件；二是担保债权未获清偿时某科技公司当时所有的库存粳稻数量，此为不特定担保物的固定。某分行的主债权2.2亿元已在先行审结的辽宁高院（2015）辽民二初字第00069号民事判决中予以确定，债权数额在担保的最高债权限额内，故第一个条件满足。某分行提起本案诉讼后，一审法院于2017年2月23日组织本案当事人及案外人某某支行、某物流园发展有限公司对某科技公司1–21号仓库进行现场勘验，其中第1、3、7、10、11、13、16、18号等八个仓库为空仓；在其余有粮的13个仓库中，第12、14、15、17、19、20、21号等七个仓库内的48,571吨粳稻系已通过粮权确认书特定化的某直属库管理的政策性粮，所有权归国务院，此节事实已在前述第一个争议焦点中予以论证；则只有第2、4、5、6、8、9号仓库中的粳稻属于实现质权时某科技公司所有的动产，某分行应针对第2、4、5、6、8、9号仓库中某科技公司所有的粳稻，以实际库存量为准、8万吨为限享有质权，并在辽宁高院（2015）辽民二初字第00069号民事判决主文第一项债权额度范围内就质物享有优先受偿权。对于某科技公司第12、14、15、17、19、20、21号等七个仓库内的48,571吨粳稻，因产权归属国务院，不属于实现质权时某科技公司所有的动产，从而不属于质押担保物的范围，故某分行对诉争48,571吨粳稻不享有质权。

法律延伸

《中华人民共和国民法典》

第三百九十六条 企业、个体工商户、农业生产经营者可以将现有的以及将有的生产设备、原材料、半成品、产品抵押，债务人不履行到期债务或者发生当事人约定的实现抵押权的情形，债权人有权就抵押财产确定时的动产优先受偿。

最高人民法院《关于适用〈中华人民共和国民法典〉有关担保制度的解释》(法释〔2020〕28号)

第五十四条 动产抵押合同订立后未办理抵押登记，动产抵押权的效力按照下列情形分别处理：

（一）抵押人转让抵押财产，受让人占有抵押财产后，抵押权人向受让人请求行使抵押权的，人民法院不予支持，但是抵押权人能够举证证明受让人知道或者应当知道已经订立抵押合同的除外；

（二）抵押人将抵押财产出租给他人并移转占有，抵押权人行使抵押权的，租赁关系不受影响，但是抵押权人能够举证证明承租人知道或者应当知道已经订立抵押合同的除外；

（三）抵押人的其他债权人向人民法院申请保全或者执行抵押财产，人民法院已经作出财产保全裁定或者采取执行措施，抵押权人主张对抵押财产优先受偿的，人民法院不予支持；

（四）抵押人破产，抵押权人主张对抵押财产优先受偿的，人民法院不予支持。

第二节　抵押登记

38.强制抵押登记与选择抵押登记有何区别？

问　题

商业银行在办理抵押担保业务时，强制登记与选择登记对商业银行设立及实现抵押权有何不同的影响？

法律解析

抵押登记可分为强制登记与选择登记两种。《民法典》对抵押登记采取混合主义的立法模式，即登记成立要件主义和登记对抗要件主义两种方式，依抵押物类别不同，分别作出强制登记和选择登记两种规定。

1.抵押的强制登记（登记生效），是指以法律规定应当办理抵押登记的财产设定抵押的，当事人办理登记时抵押权设立，未办理抵押登记的，抵押权未设立。

2.抵押的选择登记（登记对抗），是指是否登记由当事人选择，不登记不影响抵押权的有效设立，抵押权自抵押合同生效时设立。但是，基于保护第三人交易安全的需要，该抵押权虽可以基于当事人之间的合意即设立，但未经公示（登记），不具有对抗善意第三人的效力。可见，对于“选择登记”方式而言，抵押登记之行为并不是抵押权有效设立的要件，但却是对抗善意第三人的要件。另需注意，若当事人特别约定将登记作为抵押合同生效的条件，但又未依约定办理登记的，该抵押合同成立但未生效，抵押权自然也未有效设立。

审查要点

以房屋等不动产设立抵押但未办理抵押登记的，抵押权未有效设立，商业银行并不享有抵押物优先受偿的担保权利。

故商业银行应高度重视并跟踪落实抵押物登记手续，确保抵押权有效设立。对于以生产设备、原材料、半成品、成品，正在建造的船舶、航空器，交通运输工具等财产设立抵押的，为了防止债务人擅自处分抵押财产，即使未经抵押登记也能有效设立抵押权，也仍然建议即时办理抵押登记手续，从而产生对抗第三人的效力，防止善意第三人主张权利从而影响商业银行抵押权的实现。

裁判观点

案例一：青海省某担保集团有限责任公司与刚察县某选煤有限公司、青海某矿业有限公司等追偿权纠纷案［最高人民法院（2016）最高法民终17号］

裁判摘要：关于某担保公司是否对某选煤公司提供抵押反担保的土地使用权、在建工程以及生产设备拍卖、变卖所得价款享有优先受偿权的问题。

2014年3月6日，某担保公司与某选煤公司分别签订了《土地抵押反担保合同》《设备抵押反担保合同》和《在建工程抵押反担保合同》。之后某选煤公司并未依照合同约定办理上述财产的抵押物登记手续。某担保公司对此提起诉讼后，虽该院以（2014）青民二初字第53号民事判决，判决某选煤公司履行办理抵押物登记手续的合同义务。但直至本案庭审时，某选煤公司未履行办理上述抵押物登记手续的义务。《物权法》第一百八十条规定："债务人或者第三人有权处分的下列财产可以抵押：（一）建筑物和其他土地附着物；（二）建设用地使用权；（三）以招标、拍卖、公开协商等方式取得的荒地等土地承包经营权；（四）生产设备、原材料、半成品、产品；（五）正在建造的建筑物、船舶、航空器；（六）交通运输工具；（七）法律、行政法规未禁止抵押的其他财产。抵押人可以将前款所列财产一并抵押。"第一百八十七条规定："以本法第一百八十条第一款第一项至第三项规定的财产或者第五项规定的正在建造的建筑物抵押的，应当办理抵押登记。抵押权自登记时设立。”第一百八十八条规定：“以本法第一百八十条第一款第四项、第六项规定的财产或者第五项规定的正在建造的船舶、航空器抵押的，抵押权自抵押合同生效时设立；未经登记，不得对抗善意第三人。”在本案中某担保公司与某选煤公司虽然分别签订了《土地抵押反担保合同》《在建工程抵押反担保合同》，但该两份合同所约定的抵押土地及在建工程并未办理抵押登记手续，现某担保公司诉请实现担保物权，根据上述法律规定土地及在建工程抵押权自登记时设立，本案所涉财产并未登记，抵押权并未设立。某担保公司的该项请求没有事实及法律依据，该院不予支持。关于某担保公司与某选煤公司签订的《设备抵押反担保合同》，因该担保属生产设备的抵押，无须进行登记，其抵押权设立。某担保公司的该项诉请符合法律规定，该院予以支持。

案例二：谢某、孙某企业借贷纠纷案［最高人民法院（2018）最高法民申5965号］

裁判摘要：关于谢某应否对案涉借款在59套房屋和车库范围内承担连带清偿责任的问题。关于谢某是否是《借款合同书》中担保人的问题。本案中，2014年2月24日，孙某作为出借人、某公司作为借款人、某房地产综合公司作为担保人，三方签订《借款合同书》，约定孙某借给某公司1,000万元，借款期限为六个月，如某公司到期不偿还借款本息或不能全部偿还，担保方愿意承担担保责任。孙某、某公司法定代表人赵某及某房地产综合公司的委托代理人谢某在该合同上签字按手印。某房地产综合公司曾于2014年2月23日与谢某签订《授权委托书》，写明：某房地产综合公司是委托方，谢某为受托方，谢某欲以其挂靠在某房地产综合公司处开发建设的某小区房屋抵押为第三方担保借款，某房地产综合公司明确授权，用于抵押的房屋全部归谢某所有，某房地产综合公司同意谢某以此为第三方抵押担保借款，委托谢某全权办理该抵押担保的相关手续问题。谢某的妻子朱某亦于2014年2月24日作出声明，同意谢某以上述财产为某公司的借款提供抵押担保。某房地产综合公司与孙某于2014年2月20日就某小区的59套房屋及车库签订了买卖合同。

根据以上事实，二审法院认定谢某虽以某房地产综合公司委托代理人的身份在孙某与某公司之间的借款合同中提供担保，但实际上谢某以其具有处分权的59套房产和车库为孙某的债权提供抵押担保，谢某是《借款合同书》中的担保人，该认定并无不当，本院予以维持。《物权法》第十五条规定："当事人之间订立有关设立、变更、转让和消灭不动产物权的合同，除法律另有规定或者合同另有约定外，自合同成立时生效；未办理物权登记的，不影响合同效力。"本案中，案涉抵押物59套房屋和车库虽未办理抵押登记，但抵押合同的效力不因未办理抵押登记而受影响。本案当事人对抵押物59套房屋和车库的担保方式以买卖合同的形式进行了约定，借款合同、担保条款等合同约定均具有法律效力，因此谢某应该按照合同约定履行抵押担保的合同义务。根据以上事实和法律规定，二审法院认定谢某应在59套房屋、车库范围内对债务承担连带清偿责任并无不当，本院予以维持。关于谢某主张孙某没有履行本案借款合同的出借义务的问题。本案中，《借款合同书》签订当日及次日孙某分别将500万元和380万元存入赵某名下的银行卡内。赵某于2014年2月24日向孙某出具了收条，写明收到孙某给付的借款合同约定的借款。且某公司作为本案借款人，对孙某出借行为及借款合同已经实际履行的情况并未提出异议。根据以上事实，二审法院认定孙某履行了借款义务并无不当，本院予以维持。

法律延伸

《中华人民共和国民法典》

第四百零二条　以本法第三百九十五条第一款第一项至第三项规定的财产或者第五项规定的正在建造的建筑物抵押的，应当办理抵押登记。抵押权自登记时设立。

第四百零三条　以动产抵押的，抵押权自抵押合同生效时设立；未经登记，不得对抗善意第三人。

最高人民法院《关于适用〈中华人民共和国民法典〉有关担保制度的解释》(法释〔2020〕28号)

第五十四条　动产抵押合同订立后未办理抵押登记，动产抵押权的效力按照下列情形分别处理：

（一）抵押人转让抵押财产，受让人占有抵押财产后，抵押权人向受让人请求行使抵押权的，人民法院不予支持，但是抵押权人能够举证证明受让人知道或者应当知道已经订立抵押合同的除外；

（二）抵押人将抵押财产出租给他人并移转占有，抵押权人行使抵押权的，租赁关系不受影响，但是抵押权人能够举证证明承租人知道或者应当知道已经订立抵押合同的除外；

（三）抵押人的其他债权人向人民法院申请保全或者执行抵押财产，人民法院已经作出财产保全裁定或者采取执行措施，抵押权人主张对抵押财产优先受偿的，人民法院不予支持；

（四）抵押人破产，抵押权人主张对抵押财产优先受偿的，人民法院不予支持。

39. 主债权金额大于抵押物评估价值，怎么办？

问　题

甲公司向某商业银行申请贷款4,000万元，乙公司以其名下厂房提供抵押担保，该厂房评估净值为2,642万元。办理抵押登记时，不动产登记中心要求登记的主债权金额不得超过抵押物评估价值，即登记的主债权金额最高为人民币2,642万元。

这样的登记方式显然不利于最大限度担保某商业银行金融债权的实现，对此情况，应如何应对？

法律解析

《担保法》第三十五条确立了禁止超额抵押的规则，该条第一款规定："抵押人所担保的债权不得超出其抵押物的价值。"《担保法司法解释》第五十一条进一步明确："抵押人所担保的债权超出其抵押物价值的，超出的部分不具有优先受偿的效力。”部分地区不动产登记中心要求抵押担保的主债权金额不得超过抵押物价值，即根源于此。

对此，《物权法》及《民法典》均未作出禁止超额抵押的规定。2008年生效的《土地登记办法》《房屋登记办法》也未要求抵押权设立登记时必须提交证明不动产价值的评估报告。

审查要点

尽管《物权法》及《民法典》不再禁止超额担保，但实务中部分地区的不动产登记机构仍然沿用过去的做法，对超额抵押不予登记。有鉴于此，笔者建议，在进行抵押登记之前应充分了解抵押物登记地区的登记规则，针对不同登记规则，通过拆分债权、拆分抵押以及设立最高额抵押等方式设计合理的交易结构，最大限度地维护自身合法权益。

法律延伸

原建设部、中国人民银行、原中国银行业监督管理委员会《关于规范与银行信贷业务相关的房地产抵押估价管理有关问题的通知》（住建房〔2006〕8号）

（二）商业银行在发放房地产抵押贷款前，应当确定房地产抵押价值。房地产抵押价值由抵押当事人协商议定，或者由房地产估价机构进行评估。

房地产抵押价值由抵押当事人协商议定的，应当向房地产管理部门提供确定房地产抵押价值的书面协议；由房地产估价机构评估的，应当向房地产管理部门提供房地产抵押估价报告。

房地产管理部门不得要求抵押当事人委托评估房地产抵押价值，不得指定房地产估价机构评估房地产抵押价值。

40.登记抵押权人与债权人不一致时，是否影响商业银行实现债权？

问　题

商业银行在开展业务时，需将抵押财产登记在第三方名下，导致主债权人与登记抵押权人主体的不一致。此情形下，商业银行能否有效设立抵押权？

法律解析

《民法典》第三百九十四条规定："为担保债务的履行，债务人或者第三人不转移财产的占有，将该财产抵押给债权人的，债务人不履行到期债务或者发生当事人约定的实现抵押权的情形，债权人有权就该财产优先受偿。前款规定的债务人或者第三人为抵押人，债权人为抵押权人，提供担保的财产为抵押财产。"第四百零七条规定："抵押权不得与债权分离而单独转让或者作为其他债权的担保。债权转让的，担保该债权的抵押权一并转让，但是法律另有规定或者当事人另有约定的除外。"基于债权与抵押权不可分离的原则，债权人与抵押权人应保持一致。

但在商业银行开展的相关业务中，经常会出现商业银行为债权人，但他项权证（不动产登记簿）所载的抵押权人并非商业银行的情形，具体包括：（1）因各地登记机关的原因，对相关抵押业务有特殊要求，不得以由其他适格主体办理抵押登记；（2）在委托贷款等商业银行表外"通道类"业务中，作为受托人的商业银行基于监管政策和自身内控制度的考量，要求以自身名义办理抵押登记，导致商业银行成为形式上的抵押权人；（3）在网络借贷抵押等情形下，由于投资人数量众多且分散，难以实际行使抵押权，通常把抵押权登记在网络借贷平台或其指定的第三人名下。

在司法实践中，法院在认定实质"抵押权人"时往往从多个角度进行判断，如因"债权人和抵押权人仅系形式上不一致"或是"抵押权与债权实质分离”“有无信赖登记的善意第三人主张权利”等，作出不同的裁判。如最高人民法院在（2015）民一终字第107号民事判决书中认为：“实质是某公司与王某为了履行双方之间的《借款合同》而作的一种交易安排。这样的交易安排体现了某公司与王某以案涉土地使用权为双方之间的借款提供抵押担保的真实意思表示。因登记制度不健全导致本案债权人与登记上的抵押权人不一致，只是债权人和抵押权人形式上不一致，实质上债权人和抵押权人仍为同一，并不产生抵押权与债权实质上的分离。”再如最高人民法院在（2015）民申字第593号民事裁定书中认为：“虽然不动产物权的设立、变更、转让和消灭，应当依照法律规定登记，不动产登记簿是物权归属和内容的根据，但在登记名义人、真实权利人等就物权归属及内容发生争议时，则应当根据相关证据，确认真实权利归属和内容。二审判决在查明案件事实的基础上，作出确认某投资公司为真实抵押权人的认定，并未违反《物权法》关于物权公示公信原则的规定。”

审查要点

商业银行应当尽量避免债权人与抵押权人不一致的交易安排。若必须以这种模式进行操作，建议采取一定的措施避免被司法机关认为抵押权与债权实质分离从而使得担保落空：一是建议在抵押合同中将债权与抵押权分离的原因进行详细阐述，并保留相关证据材料，一旦产生争议可提供充分的证据证明抵押权与债权仅形式上不一致，并不存在实质分离的情况；二是采取适当措施防止出现善意第三人对抵押物主张权利的情形。

裁判观点

案例一：王某、安徽某投资集团有限公司民间借贷纠纷案［最高人民法院（2015）民一终字第107号］

裁判摘要：关于王某对案涉土地使用权是否享有优先受偿权问题。本院认为，首先，根据本案查明的事实，某公司与王某签订《借款合同》后，因为当地抵押登记部门不准许将土地使用权抵押登记在自然人名下，双方为了履行《借款合同》关于“由借款人提供其名下不低于500亩土地使用权作为还款的担保并进行抵押登记，另行签订《土地抵押合同》”的约定，同意由某公司与某投资集团签订《土地抵押合同》，将案涉土地使用权抵押登记在某投资集团名下，并明确载明为《借款合同》的债权人王某的债权提供抵押担保。在抵押登记制度不健全，抵押登记部门不准予将土地使用权抵押登记在自然人名下的情形下，某公司和王某同意由某投资集团与某公司签订《土地抵押合同》，以某投资集团名义办理抵押登记，为某公司与王某之间的《借款合同》提供抵押担保，实质是某公司与王某为了履行双方之间的《借款合同》而作的一种交易安排。这样的交易安排体现了某公司与王某以案涉土地使用权为双方之间的借款提供抵押担保的真实意思表示，且不违反法律、行政法规的强制性规定。故案涉《借款合同》《土地抵押合同》均属合法有效。其次，某公司与某投资集团之间的《土地抵押合同》明确载明：为担保主合同即某公司与王某之间《借款合同》项下债务的履行，某公司自愿将登记在其名下的土地使用权为主合同即《借款合同》出借人王某的债权设立抵押担保。某公司与某投资集团签订《土地抵押合同》的目的并非将案涉土地使用权抵押给某投资集团，而是以案涉土地使用权为某公司向王某的借款提供抵押担保。即某公司是将案涉土地使用权抵押给《借款合同》的债权人王某，以履行其与王某之间的《借款合同》，实现向王某借款的合同目的。由此可见，某公司与某投资集团之间的《土地抵押合同》并非独立存在的合同，而是附属于某公司与王某之间的《借款合同》存在的从合同，亦即没有某公司与王某之间的《借款合同》，就没有某公司与某投资集团之间的《土地抵押合同》。故本案抵押权设立没有突破抵押权的从属性，也不存在脱离债权的独立抵押。案涉土地使用权的抵押符合《物权法》第一百七十二条关于担保物权从属性的规定。最后，某公司与王某安排某投资集团签订《土地抵押合同》，并以某投资集团名义办理抵押登记，符合《物权法》第一百八十七条关于以建设用地使用权等财产进行抵押，应当办理抵押登记，抵押权自登记时设立的规定。案涉土地使用权经抵押登记，表明在案涉土地使用权上面存在担保物权的权利负担，对外具有公示公信作用。而某公司与某投资集团之间的《土地抵押合同》关于案涉土地使用权为王某债权提供抵押担保的约定，对于某公司、某投资集团和王某内部之间具有约束力。在没有信赖登记的善意第三人主张权利的情形下，应依据当事人约定来确定权利归属。根据某公司与某投资集团签订的《土地抵押合同》的约定，王某对案涉土地使用权享有实际抵押权，为案涉土地使用权的实际抵押权人；某投资集团只是《土地抵押合同》约定的名义上抵押权人，对案涉土地使用权不享有抵押权，且某投资集团在诉讼中也未主张任何权利。因登记制度不健全、登记部门不准予将土地使用权抵押登记在自然人名下的原因，导致本案债权人与登记上的抵押权人不一致，只是债权人和抵押权人形式上不一致，实质上债权人和抵押权人仍为同一，并不产生抵押权与债权实质上分离。王某既是《借款合同》的债权人，也是《土地抵押合同》约定的案涉土地使用权的实际抵押权人，王某对某公司享有的债权实质上就是抵押担保的主债权。故王某作为本案债权人享有案涉土地使用权的抵押权，符合《物权法》第一百七十九条关于抵押权的一般规定。

案例二：青岛某投资担保有限公司与某国际酒业集团有限公司、文某、王某伟与王某惠抵押权纠纷案［最高人民法院（2015）民申字第593号］

裁判摘要：本案中，虽然经登记备案的《借款抵押合同》载明的出借人为文某，但在一审、二审过程中，文某及某酒业公司均认可，上述备案合同系为办理抵押登记手续而签订，本案所涉借款关系的实际出借人为某投资公司，某投资公司亦提交证据证明其实际向王某惠、王某伟交付了借款。二审判决在综合全案证据的情况下，认定某投资公司系案涉借款的实际出借人和相应抵押权的真实权利人，并无不当。

关于二审判决是否违反物权法定和公示公信原则的问题。本院认为，根据《物权法》第五条的规定，物权的种类和内容，由法律规定。二审判决确认某投资公司为实际抵押权人，并未违反法律关于抵押权种类和内容的规定。根据《物权法》第三十三条的规定，因物权的归属、内容发生争议的，利害关系人可以请求确认权利。即虽然不动产物权的设立、变更、转让和消灭，应当依照法律规定登记，不动产登记簿是物权归属和内容的根据，但在登记名义人、真实权利人等就物权归属及内容发生争议时，则应当根据相关证据，确认真实权利归属和内容。本案为抵押权确权纠纷，二审判决在查明案件事实的基础上，作出确认某投资公司为真实抵押权人的认定，并未违反《物权法》关于物权公示公信原则的规定。

法律延伸

《中华人民共和国民法典》

第三百八十六条 担保物权人在债务人不履行到期债务或者发生当事人约定的实现担保物权的情形，依法享有就担保财产优先受偿的权利，但是法律另有规定的除外。

第三百九十四条 为担保债务的履行，债务人或者第三人不转移财产的占有，将该财产抵押给债权人的，债务人不履行到期债务或者发生当事人约定的实现抵押权的情形，债权人有权就该财产优先受偿。

前款规定的债务人或者第三人为抵押人，债权人为抵押权人，提供担保的财产为抵押财产。

第四百零七条 抵押权不得与债权分离而单独转让或者作为其他债权的担保。债权转让的，担保该债权的抵押权一并转让，但是法律另有规定或者当事人另有约定的除外。

最高人民法院《关于适用〈中华人民共和国民法典〉有关担保制度的解释》(法释〔2020〕28号)

第四条 有下列情形之一，当事人将担保物权登记在他人名下，债务人不履行到期债务或者发生当事人约定的实现担保物权的情形，债权人或者其受托人主张就该财产优先受偿的，人民法院依法予以支持：

（一）为债券持有人提供的担保物权登记在债券受托管理人名下；

（二）为委托贷款人提供的担保物权登记在受托人名下；

（三）担保人知道债权人与他人之间存在委托关系的其他情形。

第四十七条 不动产登记簿就抵押财产、被担保的债权范围等所作的记载与抵押合同约定不一致的，人民法院应当根据登记簿的记载确定抵押财产、被担保的债权范围等事项。

41.房屋实际权属与登记不一致时，商业银行接受房屋抵押担保应注意哪些问题？

问　题

借款人张某以登记在其名下的房产作为抵押向某商业银行申请个人助业贷款，房产证上仅登记有张某本人姓名。经查，张某在与其前夫姜某的离婚协议书上约定该房产归子女所有。其子女均已成年，并向该商业银行出具了签字捺印的《放弃房屋所有权声明书》，其前夫姜某也签署了相关声明。在此情况下，该商业银行接受该房屋作为抵押是否存在法律风险？

法律解析

离婚协议中约定夫妻共有财产归子女所有，一般认为是以子女为受益人的赠与。根据《民法典》第六百五十七条、第六百五十八条的规定，被赠与人可以表示不接受赠与，赠与人在赠与财产的权利转移之前也可以撤销赠与。因此，在尚未办理房屋权属转移登记之前，成年子女以书面形式明确表示放弃赠与的，赠与合同未成立，该房屋仍属张某夫妻共同财产。同时，因张某前夫亦书面承诺放弃对房屋的所有权，且房屋仅登记在张某一人名下，具有物权公示效力，商业银行接受该房屋作为抵押，合法有效，经抵押登记可依法设立抵押权。

审查要点

商业银行在接受共有财产抵押担保时，应当注意以下问题：

1.按份共有人以其共有财产中享有的份额设定抵押的，抵押有效。

2.共同共有人以其共有财产设定抵押，必须经全体共同共有人同意，未经其他共有人的同意，抵押无效。但是，其他共有人知道或者应当知道而未提出异议的视为同意，抵押有效。

3.贷前审查环节，应当尽到善意相对人的合理审核义务。如自然人以登记在其名下的房产或其他财产提供抵押的，商业银行除核查不动产权证外，还应当进一步核查该自然人的婚姻状况，并对离婚协议、结婚证、离婚证等材料进行必要的形式审查。经审查后基于善意相对人的合理判断认为该财产确为抵押人个人财产的，可接受与该自然人签订抵押合同并办理抵押登记；如经审查后基于善意相对人的合理判断认为该财产存在共有人的，应与全部权利人共同签署抵押合同或由共有人签署相关声明、承诺，尽量依法设立抵押权或善意取得抵押权。

4.实现抵押权时，需注意保障共有人的优先购买权。根据《民法典》第三百零五条的规定，按份共有人可以转让其享有的共有的不动产或者动产份额，其他共有人在同等条件下享有优先购买的权利。最高人民法院《关于适用〈中华人民共和国民法典〉物权编的解释（一）》第十条规定此处的“同等条件”，应当综合共有份额的转让价格、价款履行方式及期限等因素确定。

裁判观点

案例：某银行股份有限公司某分行、赵某物权保护纠纷案［北海市中级人民法院（2016）桂05民终916号］

裁判摘要：涉案房屋取得时间为被上诉人王某、赵某婚姻关系存续期间，作为夫妻一方的赵某自愿放弃在房产证号北房权证（2009）字第01××69号房产证的房屋所有权人及共有情况栏上登记署名，其所产生的交易风险应由被上诉人赵某承担。涉案借款担保合同因被上诉人王某以伪造离婚证、离婚协议书等材料，并向上诉人某分行出具未再婚的虚假声明后，由上诉人某分行、被上诉人王某签订借款合同，双方于2012年4月9日办理了合同所涉的位于北海市某大厦1215号商品房抵押权登记手续。对上诉人、被上诉人王某而言，订立借款合同以及抵押合同是双方真实意思的表示，又无《合同法》第五十二条规定的合同无效的情形，且已按照《个人借款/担保合同》约定履行各自义务，包括将涉案房屋办理抵押登记手续，依据《物权法》第十四条、《不动产登记暂行条例》第五条的规定，自涉案房屋于北海市房地产交易中心办理抵押登记时抵押权发生效力。上诉人在审核被上诉人王某的借款抵押材料时，在目前条件下无法核实王某所提供的离婚证复印件以及离婚协议的真伪，作为善意第三人已对被上诉人王某提供的房产证、离婚证复印件、离婚协议以及未再婚声明进行审查后发放相应贷款，且该房屋所有权人仅登记为被上诉人王某一人，上诉人有理由相信经过登记机关公示登记的房产证上的所有权人被上诉人王某有处分涉案房屋的权利。依据《物权法》第一百零六条第一款、第三款的规定，上诉人某分行构成善意取得。内蒙古某市某区人民法院作出的一审民事判决书所确认的两被上诉人婚姻关系存续期间的析产裁判中关于涉案房屋的权利处分，不影响上诉人某分行作为善意第三人对涉案房屋的抵押权，故涉案房屋上所涉及的所有权虽已由生效法院判决确认给被上诉人赵某，但该房屋所设立的抵押权仍然生效。

法律延伸

《中华人民共和国民法典》

第三百一十一条 无处分权人将不动产或者动产转让给受让人的，所有权人有权追回；除法律另有规定外，符合下列情形的，受让人取得该不动产或者动产的所有权：

（一）受让人受让该不动产或者动产时是善意；

（二）以合理的价格转让；

（三）转让的不动产或者动产依照法律规定应当登记的已经登记，不需要登记的已经交付给受让人。

受让人依据前款规定取得不动产或者动产的所有权的，原所有权人有权向无处分权人请求损害赔偿。

当事人善意取得其他物权的，参照适用前两款规定。

第六百五十八条 赠与人在赠与财产的权利转移之前可以撤销赠与。

经过公证的赠与合同或者依法不得撤销的具有救灾、扶贫、助残等公益、道德义务性质的赠与合同，不适用前款规定。

第六百五十九条 赠与的财产依法需要办理登记或者其他手续的，应当办理有关手续。

42.因抵押物贬值导致抵押率变动是否需要签订补充协议?

问　题

甲公司于2019年在某商业银行获批600万元贷款，以不动产作为抵押，约定综合抵押率不超过70%。贷款审批时，抵押率为66.42%，后遭市场变化影响，抵押物价值下滑，根据最新估价，若按照600万元进行投放，实际抵押率为74%，高于合同约定的抵押率。基于此种情况，该商业银行是否需要与甲公司签署补充协议，对抵押物价值、抵押率等内容进行变更?

法律解析

《担保法》第三十五条规定，抵押人所担保的债权不得超出其抵押物的价值。财产抵押后，该财产的价值大于所担保债权的余额部分，可以再次抵押，但不得超出其余额部分。该条明确确立了禁止重复抵押的原则。学界和实务界普遍地认为该原则人为地降低抵押效用，不利于市场融资需要。为此，《担保法司法解释》第五十条和第五十一条对《担保法》第三十五条进行了适当的矫正，“抵押财产的价值在抵押权实现时予以确定”“抵押人所担保的债权超出其抵押物价值的，超出的部分不具有优先受偿的效力”，极大地缓解了担保法禁止重复抵押的刚性规定。

《民法典》未延续《担保法》禁止重复抵押的原则，结合《民法典》第四百一十三条的规定以及民商事领域法无禁止即可为的原则，抵押物可以重复抵押，抵押权的效力亦不受抵押物价值的影响。抵押物价值和抵押率，可作为抵押权人的重要风控指标，但与担保效力无涉。

实践中，当事人设定抵押时，未对抵押财产进行评估，或者估价失误，或者设定抵押的当时，抵押财产价值与所担保的债权数额相当，后因市场波动等不可预测的原因导致抵押财产价值下跌，在债务清偿时应对抵押财产重新估价，按照抵押权实现时的价值进行清偿，抵押权人无权按抵押设定时约定的价值向债务人追偿。抵押权设定后，抵押财产价格上涨时，抵押人不享有使增加的价值脱离担保的权利；抵押财产价格下降时，抵押人不承担按减少的价值补充担保的义务。

因此，笔者认为，抵押率或者抵押物价值在抵押期间变动，不会影响担保合同的效力，不需要另行签订补充协议对抵押率等内容进行变更。

审查要点

抵押期间内，抵押率、抵押物价值的变动，不影响合同效力，无需签订补充协议进行变更。

就此问题，多数商业银行担保合同范本明确约定，抵押物价值贬损的，商业银行可以要求借款人追加担保、降低贷款额度甚至提前收回全部或部分贷款。如有该等约定，商业银行应当实时关注抵押物的实际情况，及时采取风控措施。

法律延伸

《中华人民共和国民法典》

第四百零八条　抵押人的行为足以使抵押财产价值减少的，抵押权人有权请求抵押人停止其行为；抵押财产价值减少的，抵押权人有权请求恢复抵押财产的价值，或者提供与减少的价值相应的担保。抵押人不恢复抵押财产的价值，也不提供担保的，抵押权人有权请求债务人提前清偿债务。

第四百一十三条　抵押财产折价或者拍卖、变卖后，其价款超过债权数额的部分归抵押人所有，不足部分由债务人清偿。

43.抵押登记期限与主债权期限不一致是否影响抵押权的行使?

问 题

甲公司贷款期限为2018年6月7日至2020年12月6日，用于担保该贷款的土地使用权抵押登记期限为2018年6月7日至2020年6月6日。抵押登记期限届满后，抵押权是否仍然有效?

法律解析

就登记的担保期限问题，《担保法司法解释》第十二条规定:“当事人约定的或者登记部门要求登记的担保期间，对担保物权的存续不具有法律约束力。担保物权所担保的债权的诉讼时效结束后，担保权人在诉讼时效结束后的二年内行使担保物权的，人民法院应当予以支持。”此后，《物权法》及《民法典》均延续了该立法精神。《民法典》第四百一十九条规定:“抵押权人应当在主债权诉讼时效期间行使抵押权;未行使的，人民法院不予保护。”此外，《全国法院民商事审判工作会议纪要》第五十九条亦规定，抵押权人应当在主债权的诉讼时效期间内行使抵押权。抵押权人在主债权诉讼时效届满前未行使抵押权，抵押人在主债权诉讼时效届满后请求涂销抵押权登记的，人民法院应当支持。

因此，笔者认为，通常情况下，抵押权人仅需在主债权诉讼时效期间内行使抵押权，而不受抵押登记的担保期限限制。

但考虑到《民法典》第二百一十七条“不动产权属证书是权利人享有该不动产物权的证明。不动产权属证书记载的事项，应当与不动产登记簿一致;记载不一致的，除有证据证明不动产登记簿确有错误外，以不动产登记簿为准”之规定和《民法典担保制度司法解释》第四十七条“不动产登记簿就抵押财产、被担保的债权范围等所作的记载与抵押合同约定不一致的，人民法院应当根据登记簿的记载确定抵押财产、被担保的债权范围等事项”之规定，笔者认为，如存在第三人信赖登记事项的情形，形成抵押权人与善意第三人之间的权利冲突时，如登记错误系基于抵押权人的过错，可能被法院出于合理平衡当事人之间利益之考虑，基于公平及诚信原则，优先保护善意第三人利益，从而对抵押权人造成不利影响。

审查要点

1. 商业银行在办理抵押登记时，应当准确填写《不动产登记申请书》，确保《不动产登记申请书》中的［被担保债权数额（最高债权数额）］［债务履行期限（债权确定期间）］等要素与主债权债务合同、抵押合同的约定完全一致，避免出现合同约定与登记不一致的情形。

2. 一旦发现存在合同约定与登记不一致的情形，无论是抵押权人自身过错所致，还是登记机关过错所致，商业银行均应立即申请办理变更登记，消除不一致的情形。

裁判观点

案例一：马鞍山某矿业有限公司、某银行股份有限公司某支行金融借款合同纠纷案［最高人民法院（2017）最高法民终310号］

裁判摘要：根据物权法定原则，物权的设定及消灭均应依法律规定，但目前并没有法律规定抵押权因登记的担保期间届满而消灭。本院《担保法司法解释》第十二条规定，“当事人约定的或者登记部门要求登记的担保期间，对担保物权的存续不具有法律约束力”。案涉抵押权尚未消灭。

案例二：某有限责任公司与某银行股份有限公司某分行金融借款合同纠纷案［最高人民法院（2019）最高法民申1643号］

裁判摘要：本院对某分行对某公司的抵押权是否因登记机关登记的抵押期限到期而消灭这一问题进行审查。抵押权消灭的法定情形，主要包括主债权全部清偿、抵押权实现、抵押物消灭等。对于登记机关登记的抵押期限到期是否导致抵押权消灭问题，《担保法司法解释》第十二条第一款规定：“当事人约定的或者登记部门要求登记的担保期间，对担保物权的存续不具有法律约束力”。据此，某公司关于某分行对某公司的抵押权因登记的抵押期限到期而消灭的再审申请理由，缺乏法律依据，依法不能成立。

法律延伸

《中华人民共和国民法典》

第三百九十三条 有下列情形之一的，担保物权消灭：

（一）主债权消灭；

（二）担保物权实现；

（三）债权人放弃担保物权；

（四）法律规定担保物权消灭的其他情形。

第四百一十九条 抵押权人应当在主债权诉讼时效期间行使抵押权；未行使的，人民法院不予保护。

最高人民法院《关于适用〈中华人民共和国民法典〉有关担保制度的解释》（法释〔2020〕28号）

第四十七条 不动产登记簿就抵押财产、被担保的债权范围等所作的记载与抵押合同约定不一致的，人民法院应当根据登记簿的记载确定抵押财产、被担保的债权范围等事项。

自然资源部《关于做好不动产抵押权登记工作的通知》（自然资发〔2021〕54号）

二、明确记载抵押担保范围。当事人对一般抵押或者最高额抵押的主债权及其利息、违约金、损害赔偿金和实现抵押权费用等抵押担保范围有明确约定的，不动产登记机构应当根据申请在不动产登记簿“担保范围”栏记载；没有提出申请的，填写“/”。

《全国法院民商事审判工作会议纪要》（法〔2019〕254号）

59.【主债权诉讼时效届满的法律后果】抵押权人应当在主债权的诉讼时效期间内行使抵押权。抵押权人在主债权诉讼时效届满前未行使抵押权，抵押人在主债权诉讼时效届满后请求涂销抵押权登记的，人民法院依法予以支持。

以登记作为公示方式的权利质权，参照适用前款规定。

44. 不动产权登记簿记载事项与抵押合同约定不一致，是否影响商业银行抵押权的实现？

问　题

客户向某商业银行申请授信额度1亿元，提供抵押担保，抵押物评估值为3,000万元。双方签订了《综合授信协议》和《最高额抵押合同》。《最高额抵押合同》约定担保范围为商业银行在《综合授信协议》项下对客户享有的全部债权。双方办理了抵押登记手续，商业银行取得了他项权证。其后，客户在商业银行的授信额度追加到2亿元，同样受前述抵押物抵押担保。在此情况下，是否需要重新签订《最高额抵押合同》并重新办理抵押登记？如未另行签订《最高额抵押合同》、未重新办理抵押登记，是否影响商业银行抵押权的实现？

法律解析

据了解，部分地区不动产登记中心在办理最高额抵押登记时，不能记载或标注“最高债权额”“最高额抵押”，仅能记载“债权金额”。源于原国土资源部发布的《不动产登记簿证样式（试行）》中登记信息栏的设置，我国多数省区市登记系统未设置“担保范围”栏目。因此导致实践中出现大量合同约定的担保金额与抵押登记的担保金额不一致的情况。此外，商业银行因业务操作不规范等原因，也造成大量合同约定与登记不一致的情况发生。

《民法典》第四百零二条、第四百零三条规定不动产的抵押自办理抵押登记时设立；动产的抵押自抵押合同生效时设立，自办理抵押登记时具有对抗第三人的效力。《民法典》第二百一十七条规定，不动产权属证书是权利人享有该不动产物权的证明。不动产权属证书记载的事项，应当与不动产登记簿一致；记载不一致的，除有证据证明不动产登记簿确有错误外，以不动产登记簿为准。

根据上述规定，登记作为一种公示方式，不论是作为不动产担保物权变动的成立要件，还是作为动产担保物权变动的对抗要件，均具有对抗第三人的对世效力。在不动产登记簿就抵押财产、被担保的债权范围等所作的记载与抵押合同约定不一致的情况下，法律基于保护善意第三人交易安全的目的，将抵押权人优先受偿的范围限定在登记簿记载的范围，而非担保合同约定的范围。因此，如商业银行与客户不重新签订《最高额抵押合同》并重新办理最高额抵押登记，商业银行仅能就第一笔1亿元授信享有抵押权。如客户清偿完毕第一笔1亿元授信，仅第二笔1亿元授信尚未清偿，则抵押权可能面临第一笔1亿元授信因主债权灭失而灭失、第二笔1亿元授信无法受此抵押担保的风险。

审查要点

1.无论抵押物评估价值如何，在登记机关允许的情况下，应尽量将最高额抵押担保的最高债权金额定得高一些、将主债权确定期间定得长一些，从而尽量避免题述问题的发生。

2.一旦发生题述问题，商业银行应重新签订最高额抵押合同并重新办理抵押登记，或另行签订抵押合同并办理第二顺位抵押登记。切记避免出现合同约定与登记不一致的情况。

裁判观点

案例一：某资产管理股份有限公司某省分公司与惠州某地产有限公司合同纠纷案［最高人民法院（2020）最高法民申4150号］

裁判摘要：案涉抵押担保的范围应以登记的范围为准。本案中，惠州某公司、深圳某公司及赖某、丘某与某分公司分别签订了抵押合同，约定以案涉不动产为惠州某公司在《债务重组协议》项下的全部债务提供抵押担保，并办理了抵押登记手续，但合同约定的担保范围与登记不一致。根据《担保法司法解释》第六十一条关于抵押物登记记载的内容与抵押合同约定的内容不一致的，以登记记载的内容为准的规定，案涉抵押担保的范围应以抵押登记证明中登记的债权金额为准。

案例二：安徽某典当有限公司与任某等执行分配方案异议之诉案［最高人民法院（2018）最高法民申3313号］

裁判摘要：关于案涉执行分配方案确定某典当公司在1,000万元范围内享有优先受偿权是否正确的问题。本案某典当公司与某公司签订的《最高额土地使用权典当抵押合同》虽然约定抵押典当的当金最高限额为1,000万元，抵押担保的范围包括当金本金最高限额、利息、逾期利息、综合费用、逾期综合费用等，但某典当公司所取得的他项权利证书载明，最高额抵押金额为1,000万元。《物权法》第十七条规定："不动产权属证书是权利人享有该不动产物权的证明。不动产权属证书记载的事项，应当与不动产登记簿一致；记载不一致的，除有证据证明不动产登记簿确有错误外，以不动产登记簿为准。"本案没有证据证明存在不动产权利证书与不动产登记簿内容不一致的情况，所以他项权证书应当推定为某典当公司享有的他项权归属和内容的根据。另据《担保法司法解释》第六十一条规定："抵押物登记记载的内容与抵押合同约定的内容不一致的，以登记记载的内容为准。"故在案涉《最高额土地使用权典当抵押合同》与他项权利证书记载的内容不一致时，应当以他项权证的记载作为认定某典当公司抵押权范围的依据。在某典当公司他项权证书明确载明最高额抵押金额为1,000万元的情况下，安徽省某市中级人民法院认定某典当公司在1,000万元范围内享有优先受偿权并无不当。某典当公司提出应按照案涉《最高额土地使用权典当抵押合同》认定其抵押权范围的主张，缺乏法律依据，本院不予支持。

法律延伸

《中华人民共和国民法典》

第二百一十七条 不动产权属证书是权利人享有该不动产物权的证明。不动产权属证书记载的事项，应当与不动产登记簿一致；记载不一致的，除有证据证明不动产登记簿确有错误外，以不动产登记簿为准。

最高人民法院《关于适用〈中华人民共和国民法典〉有关担保制度的解释》(法释〔2020〕28号)

第四十七条 不动产登记簿就抵押财产、被担保的债权范围等所作的记载与抵押合同约定不一致的，人民法院应当根据登记簿的记载确定抵押财产、被担保的债权范围等事项。

45. 一笔主债权对应多个抵押物的，应如何办理抵押登记方可最大限度保障商业银行顺利实现债权？

问 题

客户向某商业银行贷款400万元，以其自有的房产1、房产2抵押给某商业银行。在办理抵押登记的过程中，某商业银行对两套房产分别办理了抵押登记，取得了两个他项权证，他项权证上登记的抵押类型为“一般抵押权设立登记”，房产1对应的他项权证上记载的“债权数额”为“190万元”、房产2为“210万元”。后因客户失联，某商业银行及客户多个债权人纷纷起诉客户，两套抵押房产均被其他债权人首封。其中房产1被首封法院强制执行，拍卖成交价为308万元。此时，某商业银行对客户享有的债权全额总计为429万元。因此，某商业银行向首封法院主张优先受偿308万元。请问，某商业银行的主张能否得到法院全部支持？

法律解析

当商业银行与客户签订的主债权合同约定的主债权金额与他项权证记载的债权数额不一致时，商业银行可主张优先受偿的范围应以合同约定为准还是以登记金额为限，司法实践中历来存在较多争议。最高人民法院曾在判例中认为：“最高人民法院《关于适用〈中华人民共和国担保法〉若干问题的解释》第六十一条‘抵押物登记记载的内容与抵押合同约定的内容不一致的，以登记记载的内容为准’中‘登记记载的内容’不包括他项权证上记载的‘债权数额’，抵押权人可优先受偿的债权数额以抵押合同的约定为准。”对应到题述问题中，根据该观点，某商业银行可就429万元的债权主张优先受偿。也就是说，在房产1拍卖成交款为308万元的情况下，某商业银行可要求全额优先受偿。

但相反观点则认为：“根据最高人民法院《关于适用〈中华人民共和国担保法〉若干问题的解释》第六十一条的规定，抵押权人可主张优先受偿的金额需以他项权证上登记的‘债权数额’为限。”根据该观点，某商业银行仅可在他项权证登记的190万元债权数额的范围内主张优先受偿。

就此问题，《民法典担保制度司法解释》第四十七条作出了更明确的规定，即“不动产登记簿就抵押财产、被担保的债权范围等所作的记载与抵押合同约定不一致的，人民法院应当根据登记簿的记载确定抵押财产、被担保的债权范围等事项”。笔者认为，今后司法实践将按照第二种观点进行裁判。

审查要点

就题述情况，为避免商业银行部分债权无法优先受偿，应注意完善抵押登记的办理。

1. 如一笔贷款由多个抵押物共同抵押担保，应办理联合抵押登记。目前现房设立抵押登记的主要类型包括一般抵押登记、联合抵押登记、最高额抵押登记、最高额联合抵押登记。其中，联合抵押登记是指一笔债权下有两处或两处以上的房产进行抵押登记。该项抵押登记类型由申请人申请并填写相应联合抵押登记表即可办理。联合抵押登记办理完毕后，相应他项权证“附记”部分将写明登记类型为“联合抵押登记”“抵押户室为两处或两处以上的房产”。如题述情况，如在申请办理抵押登记时，商业银行申请办理了联合抵押登记，而非分别单独办理抵押登记，则商业银行可就全部债权对其中一处抵押物的处置款主张优先受偿。

2. 无论客户仅做一笔贷款还是做多笔贷款，都可以优先考虑签订最高额抵押合同并办理最高额抵押登记，且应将最高额设定为较贷款金额略高的数额。如客户申请的贷款额度总计400万元，以两个或两个以上的抵押物共同担保，可以分别签订最高额抵押合同，最高本金限额均为400万元，并办理最高额联合抵押登记。在此情况下，无论法院持何种观点，商业银行均可就其中一处抵押物处置款主张全部债权优先受偿，且本息、费用均可优先受偿。

裁判观点

案例一：新疆某银行股份有限公司与奎屯某商贸有限公司、奎屯某房地产开发有限公司等金融借款合同纠纷案［新疆维吾尔自治区高级人民法院（2021）新40民初20号］

裁判摘要：某银行与某公司签订的8份《最高额抵押合同》，系双方当事人的真实意思表示，不违反法律、行政法规的强制性规定，应当认定为有效。上述合同约定某公司以其名下的奎屯市某小区130幢××号房产和土地使用权，某小区128幢、129幢、131幢在建工程，某小区－某某东路15幢××号464.32平方米房产和162.390,0平方米土地使用权，某小区－某某街286幢13号在建工程提供最高额抵押，并办理了最高额抵押登记。根据《民法典》第三百九十五条第一款第一项、第二项、第五项规定，债务人或者第三人有权处分的下列财产可以抵押：（一）建筑物和其他土地附着物；（二）建设用地使用权；（五）正在建造的建筑物、船舶、航空器。第四百零二条规定，以本法第三百九十五条第一款第一项至第三项规定的财产或者第五项规定的正在建造的建筑物抵押的，应当办理抵押登记。抵押权自登记时设立。第四百一十九条规定，抵押权人应当在主债权诉讼时效期间行使抵押权；未行使的，人民法院不予保护。《民法典担保制度司法解释》第十五条第二款规定，登记的最高债权额与当事人约定的最高债权额不一致的，人民法院应当依据登记的最高债权额确定债权人优先受偿的范围。某银行在自抵押登记时对上述抵押物享有抵押权，且某银行系在主债务诉讼时效期间主张权利，抵押权受法律保护。某某公司应当向某银行支付的本金、利息、罚息、复利、律师代理费属于抵押担保范围，在某某公司不履行债务的情况下，某银行可以在最高限额范围内对上述抵押物享有优先受偿的权利。故本院对某银行要求就抵押人某公司抵押担保的上述财产在最高限额范围内享有抵押权的诉讼请求予以支持。根据《民法典担保制度司法解释》第四十七条规定："不动产登记簿就抵押财产、被担保的债权范围等所作的记载与抵押合同约定不一致的，人民法院应当根据登记簿的记载确定抵押财产、被担保的债权范围等事项。"本案抵押物中，奎屯市某小区130幢××号、××号、××号房产登记的债务人为陈某，且某小区130幢××号土地使用权系与130幢××号、××号土地使用权一并抵押登记。上述抵押登记的债务人并非本案当事人之一，根据上述法律规定，某银行不能就该抵押物行使抵押权；奎屯市市区某小区129幢××号、××号在建工程，因无抵押登记手续，抵押权未设立，某银行亦不能就该抵押物行使抵押权。因此，本院对某银行要求对上述抵押物享有抵押权的诉讼请求不予支持。

案例二：某资产管理股份有限公司某市分公司、中山市某房地产开发有限公司借款合同纠纷案［最高人民法院（2020）最高法民终3041号］

裁判摘要：关于某分公司因抵押权而享有优先受偿权的权利范围及债权数额是多少的问题。《物权法》第一百七十三条规定，担保物权的担保范围包括主债权及其利息、违约金、损害赔偿金、保管担保财产和实现担保物权的费用。当事人另有约定的，按照约定。以登记作为公示方式的不动产担保物权的担保范围，一般应当以登记的范围为准。但是我国目前不动产担保物权登记的系统设置和登记规则并不完善，不动产担保物权登记的内容并不能准确反映担保合同的约定内容，且造成该不一致的责任不在当事人，而在于登记簿的设置没有完全与《物权法》的规定相一致。在此情形下，当合同约定与登记簿记载不一致时，不仅要看登记簿的记载，还要看当事人的合同约定，以此确定当事人对担保范围的真实意思表示。

根据本院查明，某分公司分别与临沂某公司、某房地产公司和萧某签订的《抵押协议》，均明确约定所担保的主债权本金为人民币39,994万元，抵押担保的范围包括主协议项下的重组债务本金、重组宽限补偿金、违约金、损害赔偿金、应向某分公司支付的其他款项以及为实现债权、抵押权而发生的费用和其他所有应付的费用。而根据原审查明，四份不动产证明载明的担保债权数额均为39,994万元。显然，登记簿记载的担保债权仅为案涉债权本金，并不包括重组宽限补偿金、违约金等其他内容。该登记的担保范围与案涉《抵押协议》约定内容不一致，应以《抵押协议》为准。同时，担保合同属于从合同，担保人承担的担保责任范围应以主债务为限。某分公司主张其在临沂某公司、某房地产公司的债权范围内对临沂某公司、某公司和萧某提供的抵押物享有抵押权，具有事实和法律依据，本院予以支持。临沂某公司、某房地产公司、林某主张本案为最高额抵押、应以登记的抵押债权数为限确定优先受偿权的权利范围及债权数额，与事实不符，本院不予采信。原审判决认定某分公司享有优先受偿权的权利范围及债权数额应以抵押登记记载的担保债权数额为限，与事实不符，本院予以纠正。

法律延伸

最高人民法院《关于适用〈中华人民共和国民法典〉有关担保制度的解释》（法释〔2020〕28号）

第四十七条 不动产登记簿就抵押财产、被担保的债权范围等所作的记载与抵押合同约定不一致的，人民法院应当根据登记簿的记载确定抵押财产、被担保的债权范围等事项。

46.因商业银行怠于办理不动产抵押登记而导致抵押权未依法设立，商业银行的损失由谁承担？

问 题

不动产抵押合同签署后，因商业银行业务人员的原因未办理抵押登记手续致使抵押权未依法设立，因此给商业银行造成损失的，损失应由谁来承担？

法律解析

《民法典》第二百一十五条规定："当事人之间订立有关设立、变更、转让和消灭不动产物权的合同，除法律另有规定或者当事人另有约定外，自合同成立时生效；未办理物权登记的，不影响合同效力。"该条明确了"未办理物权登记的，不影响合同效力"的物债区分原则。基于该规定，未办理抵押登记的，尽管抵押权尚未依法设立，但抵押合同已经自合同成立时生效。在此情况下，抵押人负有配合抵押权人办理不动产抵押登记的合同义务和法定义务。

《民法典》第五百七十七条规定："当事人一方不履行合同义务或者履行合同义务不符合约定的，应当承担继续履行、采取补救措施或者赔偿损失等违约责任。"据此，笔者认为，商业银行可以依据《抵押合同》的约定及法律的相关规定，要求抵押人配合办理抵押登记，依法设立抵押权。但如抵押人已经授权商业银行代为办理抵押登记手续，商业银行怠于办理抵押登记导致抵押权未设立从而形成损失的，相应损失的产生原因系商业银行的过错所致，应由商业银行自行承担损失。

裁判观点

案例一：某银行股份有限公司某支行、库伦旗某有限公司金融借款合同纠纷案［最高人民法院（2017）最高法民终436号］

裁判摘要：关于如何划分某支行与某糖业公司以及某支行与某某糖业公司的责任问题。

《商业银行法》第三十六条规定："商业银行贷款，借款人应当提供担保。商业银行应当对保证人的偿还能力，抵押物、质物的权属和价值以及实现抵押权、质权的可行性进行严格审查。经商业银行审查、评估，确认借款人资信良好，确能偿还贷款的，可以不提供担保。"本案中，某支行作为大型国有商业银行，有严格的贷款审查程序和制度，在发放贷款前理应对抵押物及时办理抵押登记以减小贷款风险。在贷款过程中为抵押物办理抵押登记对于银行来说属于设权行为，某支行为抵押物办理抵押登记较之某糖业公司、某某糖业公司应更加积极主动，理应尽到更大的注意义务、催促义务，故某支行对抵押合同二、抵押合同三约定的抵押物未办理登记所造成的损失负有主要责任。

《担保法司法解释》第五十六条第二款规定："法律规定登记生效的抵押合同签订后，抵押人违背诚实信用原则拒绝办理抵押登记致使债权人受到损失的，抵押人应当承担赔偿责任。"第七条规定："主合同有效而担保合同无效，债权人无过错的，担保人与债务人对主合同债权人的经济损失，承担连带赔偿责任；债权人、担保人有过错的，担保人承担民事责任的部分，不应超过债务人不能清偿部分的二分之一。"本案中，抵押合同二和抵押合同三均成立但未生效，各方均存在过错，某糖业公司、某某糖业公司构成缔约过失。但是相对而言，抵押人某糖业公司、某某糖业公司在办理抵押登记过程中处于被催促的地位。依据《担保法司法解释》第五十六条第二款规定并结合第七条规定的精神，某糖业公司、某某糖业公司对未办理抵押登记应当承担次要责任。综上，依据《担保法司法解释》的相关规定并根据双方对于办理抵押登记中的地位及作用，本院酌定某支行对因抵押合同二、抵押合同三中未办理抵押登记所造成的损失自身均承担75%的责任，某糖业公司在担保最高债权额范围内对抵押合同二中约定的192,686平方米国有土地使用权折价、拍卖、变卖所得价款的25%对某食品公司的债务承担赔偿责任，某某糖业公司在担保最高债权额范围内对抵押合同三中约定的144,828.4平方米国有土地使用权及83,272.65平方米在建工程折价、拍卖、变卖所得价款的25%对某食品公司的债务承担赔偿责任。

案例二：某银行股份有限公司某支行与江西某科技有限公司、江西某农业生产资料有限公司金融借款合同纠纷案［江西省高级人民法院（2016）赣民终19号］

裁判摘要：本案中某科技公司出具《承诺书》，就表明其与某支行就抵押担保的意思表示一致，双方应当共同努力去办理有关手续，以保障抵押权的顺利行使，并继而履行合同以达到合同的目的。当债权人要求抵押人赔偿因未进行抵押登记给其造成损失时，参照《担保法司法解释》第五十六条第二款的规定，抵押人违背诚实信用原则拒绝办理抵押登记致使债权人受到损失的，应承担赔偿责任。这种赔偿责任，是基于当事人违反有效合同中部分义务而产生的违约责任。损失赔偿的金额应根据违约行为所造成的损失及双方的过错予以认定。

某科技公司在出具《承诺书》时已在该宗土地上建有厂房并取得相关建设用地规划许可和建设工程规划许可，在此情形下其未进一步办理相关产权证，怠于履行合同义务。原审法院于2014年11月28日作出的一审民事裁定书中要求某县国土部门未经许可，不得为某科技公司办理用地手续，系某支行向某农业公司起诉后所作的财产保全措施，而某科技公司向某支行出具《承诺书》的时间为2014年2月27日，该裁定对某科技公司办理抵押登记手续不足以造成影响。同时，某支行作为专业的金融机构，对于抵押合同的格式和抵押物的审核，应当比一般债权人具备更高的判断能力和审核条件。但某支行并未尽到审慎审核的义务，故其对于未办理抵押登记手续亦有过错。

本案中某科技公司在出具的《承诺书》中涉及的厂房和土地，已由某县国土局于2014年12月24日公开挂牌出让，并由江西某某有限公司取得，某科技公司现已无法办理相关抵押登记手续。某科技公司因其违约行为，导致某支行原本能够通过对抵押房产和土地优先受偿获得的利益落空，但双方对于抵押权未成立均有过错，应各自承担1/2的责任。

法律延伸

《中华人民共和国民法典》

第五百七十七条　当事人一方不履行合同义务或者履行合同义务不符合约定的，应当承担继续履行、采取补救措施或者赔偿损失等违约责任。

最高人民法院《关于适用〈中华人民共和国民法典〉有关担保制度的解释》（法释〔2020〕28号）

第四十六条　不动产抵押合同生效后未办理抵押登记手续，债权人请求抵押人办理抵押登记手续的，人民法院应予支持。

抵押财产因不可归责于抵押人自身的原因灭失或者被征收等导致不能办理抵押登记，债权人请求抵押人在约定的担保范围内承担责任的，人民法院不予支持；但是抵押人已经获得保险金、赔偿金或者补偿金等，债权人请求抵押人在其所获金额范围内承担赔偿责任的，人民法院依法予以支持。

因抵押人转让抵押财产或者其他可归责于抵押人自身的原因导致不能办理抵押登记，债权人请求抵押人在约定的担保范围内承担责任的，人民法院依法予以支持，但是不得超过抵押权能够设立时抵押人应当承担的责任范围。

《全国法院民商事审判工作会议纪要》（法〔2019〕254号）

60.【未办理登记的不动产抵押合同的效力】不动产抵押合同依法成立，但未办理抵押登记手续，债权人请求抵押人办理抵押登记手续的，人民法院依法予以支持。因抵押物灭失以及抵押物转让他人等原因不能办理抵押登记，债权人请求抵押人以抵押物的价值为限承担责任的，人民法院依法予以支持，但其范围不得超过抵押权有效设立时抵押人所应当承担的责任。

47.《综合授信协议》到期后未结清业务及转按揭业务注销抵押权至新抵押权登记完成前存在哪些风险？

问　题

由于原有抵押登记注销至新的抵押登记办理完毕约需一个月时间，其间容易出现以下几个问题：1.原《综合授信协议》项下续展的业务，没有合法、有效的担保；2.在此期间，如第三人申请法院对抵押物进行查封、冻结、扣押，由于抵押登记没有办理完毕，商业银行对抵押物不享有优先受偿权，商业银行对“抵押物”享有的权利不能对抗第三人及法院的查封、冻结、扣划。

法律解析

1.针对《综合授信协议》新旧抵押衔接的问题

在登记部门可以办理第二顺位抵押权的情况下，先为新的《综合授信协议》办理第二顺位抵押登记，待第二顺位抵押登记办妥之后，再注销原有的抵押登记。

在不能办理顺位抵押的地区，建议与登记部门进行充分沟通，同时向登记机关申请注销原抵押登记并办理新的抵押登记，尽量使原抵押登记注销日期与新的抵押登记办理完毕日期同日或间隔尽可能小。同时，为防范债务人、抵押人的道德风险，建议在新旧抵押注销、设立登记之间，由债务人、抵押人提供其他担保。

2.关于有交易的、先放款后登记的转按揭业务

转按揭业务分为有交易的转按揭和无交易的转按揭，有交易的转按揭业务又分为先登记后放款和先放款后登记两种操作模式。在先放款后登记的操作模式中，需由办理转按揭业务的商业银行先发放贷款，借款人将贷款用于结清在其他商业银行未结的贷款，结清他行贷款并注销原有抵押登记后，方将按揭房抵押登记到办理转按揭业务的商业银行名下。因此，同样存在新旧抵押衔接的问题。对此，同样建议通过办理第二顺位抵押、尽量缩短新旧衔接期限等方式，尽量避免抵押落空的风险。

裁判观点

案例：某银行股份有限公司某分行金融借款合同纠纷案［最高人民法院（2016）最高法执监411号］

裁判摘要：关于执行评估、拍卖程序是否应予撤销的问题。首先，关于执行法院在拍卖公告中未说明涉案房屋存在抵押权的问题。按照《民事诉讼法》等法律法规的规定，对在拍卖公告中说明涉案房屋存在抵押权情况没有强制性规定，因此，执行复议裁定认为执行法院未违反法律、司法解释的禁止性规定，并无不当，此种情形不属于最高人民法院《关于人民法院办理执行异议和复议案件若干问题的规定》第二十一条第一款规定的未按照法律、司法解释的规定对拍卖标的物进行公告应予撤销的情形。其次，关于执行法院在评估、拍卖中，未以书面或者其他能够确认收悉的适当方式通知第二顺位、第三顺位抵押权人的问题。上述问题存在确属执行程序瑕疵，但是不足以构成严重违反拍卖程序应予撤销的情形，主要是审查有无证据证明损害了当事人或者竞买人的利益。经查，你行提交的《企业信用报告（银行版）》，关于债权变化的栏目中，只有数字的变化，并无具体债权、债务人名称以及具体偿还时间和数额，故复议裁定认为该证据不能作为判断当事人债权债务存在或者消灭的依据并无不当。你行在申诉过程中主张某某银行的7,000万元债权已通过个人偿还，但未提交相应证据予以证实，且某某银行在复议时对此予以否认，此事实亦不能予以认定。因此，你行认为主债权已不存在，抵押权依法应予注销，你行自然成为第一顺位抵押权人缺乏相应的事实根据，主张权益受到损害依据不足。故执行法院在评估、拍卖中，虽然存在未以书面或者其他能够确认收悉的适当方式通知第二顺位、第三顺位抵押权人的情形，但不足以导致拍卖程序的撤销。

法律延伸

《中华人民共和国民法典》

第四百一十四条 同一财产向两个以上债权人抵押的，拍卖、变卖抵押财产所得的价款依照下列规定清偿：

（一）抵押权已经登记的，按照登记的时间先后确定清偿顺序；

（二）抵押权已经登记的先于未登记的受偿；

（三）抵押权未登记的，按照债权比例清偿。

其他可以登记的担保物权，清偿顺序参照适用前款规定。

48.仅办理抵押权预告登记的债权人，是否可以对预告登记的财产主张优先受偿权？

问　题

刘某向某商业银行申请按揭贷款，办理了房屋抵押预告登记。在刘某尚未取得不动产权证并办理正式抵押登记前，刘某出现多期贷款逾期，某商业银行向法院起诉刘某，诉请解除按揭贷款合同，刘某立即偿还全部贷款本息，并主张对房屋处置款优先受偿。在此情况下，某商业银行能否主张优先受偿权？

法律解析

就抵押预告登记的权利人而言，能否对预告登记的抵押物处置款享有优先受偿权，司法实践中历来存在较大争议。最高人民法院公报案例曾持否定意见。就此问题，《民法典担保制度司法解释》专门作出了规定，且就以往全面否定意见作了进一步的完善。

《民法典担保制度司法解释》第五十二条第一款规定：“当事人办理抵押预告登记后，预告登记权利人请求就抵押财产优先受偿，经审查存在尚未办理建筑物所有权首次登记、预告登记的财产与办理建筑物所有权首次登记时的财产不一致、抵押预告登记已经失效等情形，导致不具备办理抵押登记条件的，人民法院不予支持；经审查已经办理建筑物所有权首次登记，且不存在预告登记失效等情形的，人民法院应予支持，并应当认定抵押权自预告登记之日起设立。”据此，只要建筑物已经办理所有权首次登记，且不存在预告登记失效等情形，即使尚未将抵押权预告登记转为正式登记，法院也认定抵押权已设立，且设立时间为预告登记之日。

审查要点

1. 就预售商品房按揭贷款业务，商业银行除要求借款人以所购房屋提供抵押并办理预告抵押登记外，还应在房屋正式抵押登记之前，要求开发商承担阶段性连带担保责任和一定比例的保证金质押担保责任，以避免办理正式抵押登记之前借款人违约后因无法行使房屋抵押权而导致债权实现困难。

2. 按揭贷款业务贷后管理环节，应尤其关注按揭楼盘的建设情况及首次登记情况，并将房屋首次登记后及时通知商业银行、配合商业银行在预告登记失效之前尽早办妥正式抵押登记作为借款人及开发商的共同义务，并匹配相应的违约责任。一旦符合办理正式抵押登记的条件，应尽早办妥正式抵押登记，取得他项权证。

3. 在办理正式抵押登记之前，如存在要求开发商承担阶段性保证担保责任及保证金质押担保责任的情形，应及时向开发商主张权利。

裁判观点

案例：马某、某银行股份有限公司某市分行金融借款合同纠纷案［天津市第二中级人民法院（2021）津02民终6943号］

裁判摘要：关于抵押担保责任问题，根据《民法典担保制度司法解释》第五十二条第一款的规定，当事人办理抵押预告登记后，预告登记权利人请求就抵押财产优先受偿，经审查已经办理建筑物所有权首次登记，且不存在预告登记失效等情形的，人民法院应予支持，并应当认定抵押权自预告登记之日起设立。本案中，某分行与马某签订了《个人房产抵押贷款合同》，办理抵押预告登记，且不存在预告登记失效等情形，故抵押权应自预告登记之日（即2015年9月17日）起设立，某分行作为抵押权人在债务人不履行债务时，有权以该抵押物折价或者拍卖、变卖该抵押物所得的价款优先受偿。

法律延伸

《中华人民共和国民法典》

第二百二十一条 当事人签订买卖房屋的协议或者签订其他不动产物权的协议，为保障将来实现物权，按照约定可以向登记机构申请预告登记。预告登记后，未经预告登记的权利人同意，处分该不动产的，不发生物权效力。

预告登记后，债权消灭或者自能够进行不动产登记之日起九十日内未申请登记的，预告登记失效。

《不动产登记暂行条例实施细则》（自然资源部令2019年第5号）

第八十八条 抵押不动产，申请预告登记的，当事人应当提交下列材料：

（一）抵押合同与主债权合同；

（二）不动产权属证书；

（三）当事人关于预告登记的约定；

（四）其他必要材料。

第八十九条 预告登记未到期，有下列情形之一的，当事人可以持不动产登记证明、债权消灭或者权利人放弃预告登记的材料，以及法律、行政法规规定的其他必要材料申请注销预告登记：

（一）预告登记的权利人放弃预告登记的；

（二）债权消灭的；

（三）法律、行政法规规定的其他情形。

49.仅办理抵押预告登记但未办理抵押权登记时，保证人是否可以在抵押物范围内免除保证责任？

问　题

刘某作为借款人、甲公司作为保证人与某支行签订《个人购房担保借款合同》，约定由刘某向某支行借款50万元用于购买房屋并以该房屋设立抵押，由甲公司承担阶段性连带责任保证。因该房屋属于在建房屋无法办理正式抵押登记只能办理抵押预告登记，那么在未办理正式抵押权登记时，甲公司是否可以在该房屋范围内免除保证责任？

法律解析

预购商品房抵押贷款是指购房人在缴纳购房首付款之后，将尚未建造或者尚未竣工、交付的房屋向商业银行进行抵押贷款，用以偿还开发商余下的房款。在商业银行办理预购商品房抵押贷款业务中，会经常涉及抵押预告登记。根据《民法典》第二百二十一条的规定，进行抵押预告登记的目的即在于保障将来实现物权，故仅办理抵押预告登记的登记权利人并不直接享有抵押物的抵押权，而是将来就抵押物设立抵押权的一种预先的排他性保全，登记权利人仅享有未来取得物权的请求权。

商业银行为减少风险，通常要求开发商对贷款提供担保。开发商对借款人按期还款的担保责任一般存在于借款人办理产权证书之前，系阶段性担保责任。一旦办妥正式抵押登记，开发商即不再承担连带保证担保责任。因此，在办妥正式抵押登记之前，主债权同时存在开发商保证担保、预购商品房预抵押担保。就此情形，是否属于物保与人保同时存在从而适用《民法典》第三百九十二条之规定？

前已述及，抵押预告登记设立的目的在于保障将来实现物权，办理抵押预告登记时抵押权并未有效设立，在办理正式抵押登记之前，登记权利人并不直接享有抵押物的抵押权。因此，在办妥正式抵押登记之前，并不属于物保与人保同时存在从而适用《民法典》第三百九十二条的情形。也就是说，开发商不得主张免除其在预购商品房范围内的保证责任。

审查要点

1.商业银行在办理预告抵押登记手续时应当要求开发商提供五证：《国有土地使用证》《建设用地规划许可证》《建设工程规划许可证》《建设工程施工许可证》《商品房预售许可证》，尽可能保障将来可办妥正式抵押登记。

2. 商业银行信贷业务人员应积极参与抵押登记业务，主动向登记机关咨询，了解开发商是否依法登记。

裁判观点

案例：某银行股份有限公司某支行、刘某等金融借款合同纠纷案［辽宁省朝阳市中级人民法院（2021）辽13民终2868号］

裁判摘要：本院认为，上诉人某支行与被上诉人刘某、田某、某房地产开发有限公司签订的个人购房借款/担保合同依法成立并有效，各方当事人应当按照合同约定履行各自的义务。根据合同约定，被上诉人刘某、田某未还贷款本息已构成违约，上诉人有权解除合同并要求借款人刘某、田某清偿全部贷款本金及相应利息。虽然上诉人对位于某县的房屋办理了预购商品房抵押权预告登记，但抵押权预告登记并不等同于抵押权登记，抵押权未实际设立，且案涉房屋办理商品房首次登记证明的时间为2019年12月25日，在办理该证明后的三个月内，上诉人未办理抵押权登记，该抵押权预告登记已失效。故上诉人不能对该房屋的折价、变卖或拍卖价款享有优先受偿的权利。抵押权未实际设立，保证人按合同约定仍应对本案借款承担连带保证责任，故被上诉人某房地产开发有限公司对上述刘某、田某的偿还义务承担连带偿还责任，某房地产开发有限公司承担保证责任后有权向债务人刘某、田某追偿。

法律延伸

《中华人民共和国民法典》

第二百二十一条 当事人签订买卖房屋的协议或者签订其他不动产物权的协议，为保障将来实现物权，按照约定可以向登记机构申请预告登记。预告登记后，未经预告登记的权利人同意，处分该不动产的，不发生物权效力。

预告登记后，债权消灭或者自能够进行不动产登记之日起九十日内未申请登记的，预告登记失效。

第三百九十二条 被担保的债权既有物的担保又有人的担保的，债务人不履行到期债务或者发生当事人约定的实现担保物权的情形，债权人应当按照约定实现债权；没有约定或者约定不明确，债务人自己提供物的担保的，债权人应当先就该物的担保实现债权；第三人提供物的担保的，债权人可以就物的担保实现债权，也可以请求保证人承担保证责任。提供担保的第三人承担担保责任后，有权向债务人追偿。

50. 商业银行怠于办理预购商品房预告抵押登记或正式抵押登记的，开发商是否仍应承担阶段性担保责任？

问 题

在商业银行与房地产公司合作商品房预售业务中，开发商所预售房屋符合办理预告抵押登记/正式抵押条件但商业银行怠于办理，导致房屋被查封而无法行使抵押权时，开发商是否仍应承担阶段性担保责任？

法律解析

商品房预售过程中，商业银行通常要求开发商提供阶段性连带保证责任担保，待一定条件满足后再解除开发商的阶段性担保责任。该一定条件通常包括两种情形：一是预购商品房办妥预告抵押登记；二是商品房办妥正式产权登记及抵押登记，商业银行取得商品房他项权证。

根据不动产登记相关规定，办理预告抵押登记及正式抵押登记，都需要抵押双方配合，如抵押人一方已尽到相应义务，而因商业银行怠于办理登记手续，导致房屋被查封或出现其他权利限制而无法有效设立（预）抵押权的，实质上延长了开发商承担连带保证的期限，对开发商显失公平。笔者认为，在此情况下，当解除开发商阶段性担保责任的条件实质性已经成就（包括开发商已经尽到配合办理预告抵押登记的义务，且预购商品房符合办理预告抵押登记的条件，或开发商建设的商品房具备办理不动产权证及他项权证）时，尽管商业银行并未实际取得预告抵押登记证/他项权证，开发商的阶段性担保责任仍应在条件实质性成就时立即解除，借款人在此之后逾期还款、欠息的，开发商不再承担保证担保责任。

裁判观点

案例：某银行股份有限公司某分行、某地产有限公司保证合同纠纷案［最高人民法院（2017）最高法民申3474号］

裁判摘要：本院认为，本案争议的焦点问题是：某公司应否承担保证责任。

某银行与高某签订的《个人购房借款及担保合同》，某银行与某公司签订的《担保协议》，均系双方当事人真实意思表示，且不违反法律、行政法规的强制性规定，应认定合法有效。

关于本案保证期间的确定。某银行与某公司在《担保协议》第五条约定，某公司承担的是阶段性担保，保证期间是自每笔贷款放款之日起至预告抵押登记完成之日止。双方签订《担保协议》的目的是某公司在90个工作日内办妥高某所购房屋预告抵押登记手续交给某银行，某银行办理完预告抵押登记后，某公司的担保责任即可免除，某银行通过抵押权来保障债权实现。从字面理解，双方当事人对保证期间进行了约定，以办妥预告抵押登记为时间节点，保证期间可以延长，也可以缩短。该约定是双方当事人的真实意思表示，但不能与《担保法》的规定相悖，不能无限延长保证期间，也是阶段性担保的应有之义。因此，本案的保证期间应确定为从2012年10月9日某银行放款之日起，至2014年1月17日某公司向某银行交付商品房预告抵押登记手续后，某银行在合理期限内办理完预告抵押登记之日止。《担保协议》第七条约定，如出现非因某银行原因未能在90个工作日内办妥借款人所购房屋预告抵押登记手续，某银行自贷款发放之日起，至预告抵押登记完之日止之前，其有权要求某公司履行担保责任。同理，某公司将购房合同的登记备案手续交给某银行后，某银行亦应在合理期限内办理预告抵押登记，而合理期限应以上述双方约定的90个工作日作为参照。

关于未办理案涉房屋预告抵押登记的责任。《担保协议》第六条约定，某公司在承担保证担保期间，应当办理购房合同真实有效的登记备案手续，并及时将购房合同的登记备案手续转交给某银行指定代办机构，积极配合某银行办理预告抵押登记。某银行一审中辩称未办理预告抵押登记的原因是高某不配合，因高某是香港户籍，与他联系困难，其未出具代办手续，银行无法单方办理。某银行与高某签订的《个人购房借款及担保合同》第26.2条约定："如本合同签订之时抵押房产尚未办妥产权证书的，抵押人应按照贷款人的要求，积极配合贷款人及/或售房人办理预告抵押登记或者楼花抵押登记；抵押房产具备办理正式抵押登记条件起的60日内，抵押人必须无条件配合贷款人办妥由预告抵押登记或楼花抵押登记转为正式抵押登记的手续。"在一审、二审中，某银行未提供证据证明未办理预告抵押登记是某公司迟延交付办理预告抵押登记手续所致，亦未提供证据证明其已积极敦促某公司及高某配合其办理预告抵押登记。某银行于2014年1月17日收到某公司交付的购房预告抵押登记手续后，没有在合理期间内及时办理预告抵押登记，直至2015年3月6日案涉房屋因另案被法院查封无法办理后，才于2015年4月22日向法院起诉某公司主张权利。某银行怠于履行合同义务是显而易见的，对案涉房屋不能办理预告抵押登记后果的产生存在重大过错。

关于某公司应否承担保证责任。本案中，某银行是办理预告抵押登记的义务主体，在某公司未在约定的90个工作日内交付办理预告抵押登记手续的情况下，某银行收到某公司迟延交付的预告抵押登记手续后，应当在合理期限内及时办理预告抵押登记，防止案涉房屋被法院查封而无法办理。但是某银行收到某公司迟延交付预告抵押登记手续后，不但没有提出异议，而且一年多时间不去办理预告抵押登记，且无合理解释，应视为某公司阶段性担保的保证责任免除条件成就。根据《担保法》第二十六条第二款"有合同约定的保证期间和前款规定的保证期间，债权人未要求保证人承担保证责任的，保证人免除保证责任"的规定，某银行未在保证期间内向某公司主张权利，某公司的保证责任免除。另外，《合同法》第一百一十九条第一款规定："当事人一方违约后，对方应当采取适当措施防止损失的扩大；没有采取适当措施致使损失扩大的，不得就扩大的损失要求赔偿。"因此，某银行因怠于履行办理预告抵押登记义务所造成抵押物被法院查封的责任，应当由其自行承担。

法律延伸

《中华人民共和国民法典》

第二百二十一条 当事人签订买卖房屋的协议或者签订其他不动产物权的协议，为保障将来实现物权，按照约定可以向登记机构申请预告登记。预告登记后，未经预告登记的权利人同意，处分该不动产的，不发生物权效力。

预告登记后，债权消灭或者自能够进行不动产登记之日起九十日内未申请登记的，预告登记失效。

第五百九十一条 当事人一方违约后，对方应当采取适当措施防止损失的扩大；没有采取适当措施致使损失扩大的，不得就扩大的损失请求赔偿。

当事人因防止损失扩大而支出的合理费用，由违约方负担。

51. 不动产抵押预告登记是否可以排除不动产的强制执行？

问　题

某商业银行对张某名下房屋仅办理了抵押预告登记，因张某与其他第三人产生纠纷，第三人诉至法院，并申请法院对该房屋采取强制执行措施，该房屋上的抵押预告登记是否可以排除法院的强制执行？

法律解析

《民法典》第二百二十一条规定："当事人签订买卖房屋的协议或者签订其他不动产物权的协议，为保障将来实现物权，按照约定可以向登记机构申请预告登记。预告登记后，未经预告登记的权利人同意，处分该不动产的，不发生物权效力。预告登记后，债权消灭或者自能够进行不动产登记之日起九十日内未申请登记的，预告登记失效。"据此，预告登记具有限制处分的效力。

至于抵押预告登记，能否产生对抗第三人的物权效力，司法实践中历来存在较多争议。一种观点认为，抵押预告登记可以产生对抗第三人的物权效力，预抵押权利人有权优先受偿；而另一种观点则认为，预告登记仅产生限制处分的效力，并不依法设立抵押权，不具有物权的对世性，不能对抗第三人。

《民法典》发布后，《民法典担保制度司法解释》第五十二条就抵押预告登记权利人的权利进行了明确，在一定条件下赋予预告登记权利人享有抵押物权的完整权利。根据该条规定，一旦法院认定抵押权已经依法设立，基于物权优先于债权的一般原则，自然可以排除普通债权人对该房屋的强制执行。

法律延伸

最高人民法院《关于适用〈中华人民共和国民法典〉有关担保制度的解释》(法释〔2020〕28号)

第五十二条　当事人办理抵押预告登记后，预告登记权利人请求就抵押财产优先受偿，经审查存在尚未办理建筑物所有权首次登记、预告登记的财产与办理建筑物所有权首次登记时的财产不一致、抵押预告登记已经失效等情形，导致不具备办理抵押登记条件的，人民法院不予支持；经审查已经办理建筑物所有权首次登记，且不存在预告登记失效等情形的，人民法院应予支持，并应当认定抵押权自预告登记之日起设立。

当事人办理了抵押预告登记，抵押人破产，经审查抵押财产属于破产财产，预告登记权利人主张就抵押财产优先受偿的，人民法院应当在受理破产申请时抵押财产的价值范围内予以支持，但是在人民法院受理破产申请前一年内，债务人对没有财产担保的债务设立抵押预告登记的除外。

最高人民法院《关于人民法院办理执行异议和复议案件若干问题的规定》(法释〔2020〕21号)

第三十条　金钱债权执行中，对被查封的办理了受让物权预告登记的不动产，受让人提出停止处分异议的，人民法院应予支持；符合物权登记条件，受让人提出排除执行异议的，应予支持。

最高人民法院《关于人民法院执行工作若干问题的规定（试行）》（法释〔2020〕21号）

31. 人民法院对被执行人所有的其他人享有抵押权、质押权或留置权的财产，可以采取查封、扣押措施。财产拍卖、变卖后所得价款，应当在抵押权人、质押权人或留置权人优先受偿后，其余额部分用于清偿申请执行人的债权。

52. 办理预购商品房抵押预告登记，应注意哪些问题？

问　题

商业银行办理预购商品房抵押预告登记，应注意哪些问题？

法律解析

预购商品房抵押贷款，是指预购人以预购的商品房作为抵押物预抵押给商业银行，以申请商业银行提供按揭贷款的贷款业务。

根据《民法典担保制度司法解释》第五十二条之规定，在满足特定条件即不动产登记机构已经办理建筑物所有权首次登记、预告登记未失效等情形下，抵押权自预告登记之日起设立，商业银行有权对商品房处置款主张优先受偿权。

《民法典》第二百二十一条第二款规定："预告登记后，债权消灭或者自能够进行不动产登记之日起九十日内未申请登记的，预告登记失效。"如预告登记后，自能够进行不动产登记之日起九十日内，因抵押人拒不配合，导致未能办理正式抵押登记的，抵押权是否仍可依法设立？就此问题，《民法典》及《民法典担保制度司法解释》并未作出明确规定。

审查要点

商业银行在办理预购商品房抵押贷款业务时，应当注意：

1. 商品房开发项目应当五证齐全，即《国有土地使用证》《建设用地规划许可证》《建设工程规划许可证》《建筑工程施工许可证》《商品房预售许可证》。

2. 申请办理预购商品房抵押登记，应当提交主债权合同、抵押合同及预购商品房预告登记申请表等必要材料。

3. 预购商品房预告抵押登记办理后，商业银行应密切关注房屋所有权登记情况，并在房屋所有权首次登记后及时办理正式抵押登记。考虑到抵押人、开发商可能不予配合，或存在其他客观原因无法办理正式抵押登记的情况，商业银行应当在相关抵押合同中明确约定抵押人、开发商的配合义务，并提前向抵押人、开发商取得办理正式抵押登记所需的各项材料，包括委托商业银行代为办理商品房正式抵押登记的授权委托书等。如因合同约定不够完善、登记政策变化等原因导致商业银行嗣后办理正式抵押登记仍需要抵押人、开发商配合的，商业银行应在预告登记失效前及时通过诉讼等方式要求抵押人、开发商配合办理正式抵押登记，避免被法院认为其存在过错导致预告登记失效进而认为其未取得房屋的抵押权。

裁判观点

案例一：刘某与某银行股份有限公司某支行第三人撤销之诉案［最高人民法院（2018）最高法民申1851号］

裁判摘要：吴某向某支行借款并与其订立抵押合同，约定以其购买的615室房屋为其向某支行借款提供抵押担保，后吴某与某支行办理了抵押预告登记。在房屋具备办理产权登记条件后，因吴某怠于办理615室房屋的产权证，致使抵押登记未能及时办理，某支行对此并无过错，本案抵押预告登记不符合预告登记失效的情形。

案例二：某银行股份有限公司某支行与江某抵押合同纠纷案［湖北省武汉市中级人民法院（2021）鄂01民终424号］

裁判摘要：涉案房屋于2013年3月13日即完成了初始登记，即具备进行后续不动产登记包括抵押登记的条件，某支行于2016年8月18日向江某发出的《关于及时办理房屋正式抵押登记的函》可以证实，某支行此时已经知道涉案房屋具备办理正式抵押登记条件。然江某此后未配合办理正式抵押登记手续，某支行未在自此时起的三个月内通过诉讼等方式要求江某配合其办理正式抵押登记，反而迟至2020年才提起本案诉讼。故根据前述法律规定，一审法院认定涉案房屋的预告抵押登记现已失效。……本案中，某支行于2011年10月19日在涉案房屋上办理了抵押预告登记。该房屋于2017年3月23日完成了初始登记，即具备进行不动产抵押登记的条件。某支行未在三个月内申请抵押登记，故该预告登记已失效。

法律延伸

《不动产登记暂行条例实施细则》（自然资源部令2019年第5号）

第七十八条 申请预购商品房抵押登记，应当提交下列材料：

（一）抵押合同与主债权合同；

（二）预购商品房预告登记材料；

（三）其他必要材料。

预购商品房办理房屋所有权登记后，当事人应当申请将预购商品房抵押预告登记转为商品房抵押权首次登记。

第八十五条 有下列情形之一的，当事人可以按照约定申请不动产预告登记：

（一）商品房等不动产预售的；

（二）不动产买卖、抵押的；

（三）以预购商品房设定抵押权的；

（四）法律、行政法规规定的其他情形。

预告登记生效期间，未经预告登记的权利人书面同意，处分该不动产权利申请登记的，不动产登记机构应当不予办理。

预告登记后，债权未消灭且自能够进行相应的不动产登记之日起3个月内，当事人申请不动产登记的，不动产登记机构应当按照预告登记事项办理相应的登记。

第三节 抵押权的实现

53.商业银行实现抵押权时，就抵押物上的从物是否有权主张优先受偿?

问 题

商业银行在接受抵押担保时，在债务人不履行到期债务或发生约定实现抵押权的情形时，是否有权就抵押物的从物主张优先受偿的权利?

法律解析

从物虽独立于主物，但其在辅助主物时才能充分发挥效用。司法实践中通常认为从物应随主物一并处分，以避免失去其应有的价值。对此，《民法典》第三百二十条规定："主物转让的，从物随主物转让，但是当事人另有约定的除外。"最高人民法院在（2005）民二终字第73号民事判决书中也认为："虽然电梯可以作为独立的权利客体存在，但作为建筑物重要组成部分的电梯，一旦与建筑物本身脱离，其将失去独立存在的意义。"①

在涉及抵押权实现的问题时，《民法典担保制度司法解释》第四十条专门规定："从物产生于抵押权依法设立前，抵押权人主张抵押权的效力及于从物的，人民法院应予支持，但是当事人另有约定的除外。从物产生于抵押权依法设立后，抵押权人主张抵押权的效力及于从物的，人民法院不予支持，但是在抵押权实现时可以一并处分。"

据此，原则上，抵押权的效力及于抵押权设立前已经产生的从物，但当事人可以作出例外之约定；若抵押物从物产生于抵押权设立后，则抵押权的效力不及于从物，但在实现抵押权时可以一并处分，抵押权人就从物的部分

---

① 最高人民法院民事审判第二庭编:《最高人民法院商事审判指导案例·借款担保卷（下）》，中国法制出版社2011年版，第647页。

不享有优先受偿的权利。

裁判观点

案例一：某租赁有限公司、某信托有限公司等案外人执行异议纠纷案［浙江省高级人民法院（2016）浙民终9号］

裁判摘要：本院认为，涉案异议财产清单项下的去渍台、厨房设备（可移动的厨房设备除外）、桑拿设备、泳池设备、操作台、海鲜池，在某酒店将某县某大楼抵押给某信托公司之前，已通过安装、固定等方式添附于该大楼，成为该大楼的附合物。涉案吸水性地毯垫、红色迎宾地毯虽与前述大楼在物理上可相互分离，但是因该些地毯分布于酒店各个楼层，不仅与酒店各楼层地面尺寸匹配，且已相对固定使用较长时间，若使其继续留在原位，在功能上将有助于酒店发挥经济效益，而如果予以拆分或搬离，不仅不能充分发挥其经济效益，还可能极大地减损其使用价值。原判将吸水性地毯垫、红色迎宾地毯认定为前述大楼的从物，符合该物的特性。原审法院拍卖公告中已经明确，拍卖的财产不包含前述大楼内可移动拆卸的设备、设施，因此，原审法院未将可移动的厨房设备纳入需要审查的异议财产范围并作出相应的处理，亦无不妥。某租赁公司上诉提出的原判对事实查明不清的主张，不能成立。

本案虽然属于执行异议之诉，但审查的对象涉及物的权利归属问题，原审依据最高人民法院《关于审理建筑物区分所有权纠纷案件具体应用法律若干问题的解释》的相关规定对涉案异议财产权属作出认定，适用法律并无不当。从查明的事实来看，涉案某县某大楼，除了某酒店之外，还有其他的业主，在某租赁公司与某酒店签订融资租赁合同之前，某酒店已经将该大楼中属于其名下的房产抵押给某信托公司并进行了抵押登记，且涉案异议财产最迟在2009年就已经投入使用。作为专门从事融资租赁业务的专业公司，某公司应当具备相应的风险管控能力。在其与某酒店签订融资租赁合同之前，应当对融资租赁标的物的权利归属、权利状态及其他相关情况进行查明。但是某租赁公司对前述事实情况却未尽到查明义务。在此情况下，原判认定某租赁公司不能善意取得涉案异议财产，亦无不当。

案例二：张某与无锡市某担保投资有限公司、无锡市某绿化工程有限公司、曹某、蒋某追偿权纠纷案［江苏省无锡市中级人民法院（2021）苏02执复36号］

裁判摘要：一审法院认为，《担保法司法解释》第六十二条规定，抵押物所有人为附合物、混合物或者加工物的所有人的，抵押权的效力及于附合物、混合物或者加工物；第六十三条规定，抵押权设定前为抵押物的从物的，抵押权的效力及于抵押物的从物。案涉房屋内的固定装饰及固定设施已成为不动产的一部分，不具有独立于不动产的物权属性，应属于该不动产附合物、混合物或从物的范畴。案涉房屋内固定装饰及固定设施应随不动产一起归曹某、蒋某所有。某担保公司的抵押权效力亦应及于案涉房产内固定装饰及固定设施。综上，本案所涉房地产固定装饰及固定设施的拍卖款项属于抵押权人优先受偿的范围，应由某担保公司受偿。

本院认为，本案争议焦点在于案涉房屋内固定装饰及固定设施的拍卖变现款由谁优先受偿。一审法院依据《担保法司法解释》第六十二条、第六十三条的规定，认定案涉房屋内固定装饰及固定设施应随不动产一起归曹某、蒋某所有，某担保公司的抵押权效力亦应及于案涉房产内固定装饰及固定设施的结果并无不当。复议申请人张某提出对案涉房屋内固定装饰及固定设施应适用《民法典担保制度司法解释》来判断抵押权的效力是否及于从物的请求，因本案的法律事实发生在民法典施行前，根据最高人民法院《关于适用〈中华人民共和国民法典〉时间效力的若干规定》第一条第二款规定，民法典施行前的法律事实引起的民事纠纷案件，适用当时的法律、司法解释的规定，故张某的异议复议不符合法律规定。一审法院作出的执行裁定认定事实清楚，适用法律正确，应予维持。

案例三：安徽某典当有限责任公司、高某执行分配方案异议纠纷案［安徽省六安市中级人民法院（2020）皖15民终1327号］

裁判摘要：一审法院认为，本案的争议焦点一是某会所商铺第四层的属性问题。该院委托安徽某房地产土地资产价格评估有限公司作出的房地产估价报告中对该第4层房屋的状况确定为：第4层，层高顶高2.9米，

2007年建成，混合结构，无房产证。无证房屋评估总价为372,321元，相关84项物品评估总价为381,902元。第4层的房屋是单独加盖的，不在房产权属证范围之内，且从庭审查明的事实看，该顶层（第4层）并非一体建成，是后期另外加盖的，而不是已抵押房屋的从物，原告不享有第4层房屋的抵押权。该院的分配方案将无产权证的房屋不作为抵押财产处理符合法律规定。

本院认为，根据《担保法司法解释》第六十三条规定，抵押权设定前为抵押物的从物的，抵押权的效力及于抵押物的从物。执行机构委托评估的案涉商铺第4层，从竣工图纸看，并非具有独立功能的楼层，产权证对该第4层并不单独计算商铺面积。因此，该商铺第4层属于整个商铺的顶层结构，应当属于第1层至第3层整体建筑的一部分结构，或者说是附属结构部分。因此，根据上述法律规定，上诉人享有抵押权范围及于商铺第4层，上诉人就该第4层享有优先受偿权。

法律延伸

《中华人民共和国民法典》

第三百二十条 主物转让的，从物随主物转让，但是当事人另有约定的除外。

第四百一十七条 建设用地使用权抵押后，该土地上新增的建筑物不属于抵押财产。该建设用地使用权实现抵押权时，应当将该土地上新增的建筑物与建设用地使用权一并处分。但是，新增建筑物所得的价款，抵押权人无权优先受偿。

最高人民法院《关于适用〈中华人民共和国民法典〉有关担保制度的解释》（法释〔2020〕28号）

第四十条 从物产生于抵押权依法设立前，抵押权人主张抵押权的效力及于从物的，人民法院应予支持，但是当事人另有约定的除外。

从物产生于抵押权依法设立后，抵押权人主张抵押权的效力及于从物的，人民法院不予支持，但是在抵押权实现时可以一并处分。

54.哪些权利能够排除抵押权人的优先受偿权?

问 题

抵押权人在债务人不履行到期债务或发生当事人约定的实现抵押权的情形时，依法享有就抵押财产优先受偿的权利。但在面对一些特定的权利时，抵押权人的权利可能并不能“优先”。这些特定的权利主要有哪些?

法律解析

《民法典》第三百八十六条规定:“担保物权人在债务人不履行到期债务或者发生当事人约定的实现担保物权的情形，依法享有就担保财产优先受偿的权利，但是法律另有规定的除外。”第三百九十四条第一款规定:“为担保债务的履行，债务人或者第三人不转移财产的占有，将该财产抵押给债权人的，债务人不履行到期债务或者发生当事人约定的实现抵押权的情形，债权人有权就该财产优先受偿。”所谓“法律另有规定”主要包括以下几种情形:

1.欠缴的税款发生在抵押权设立之前的，税收优先于抵押权

《中华人民共和国税收征收管理法》第四十五条第一款规定:“税务机关征收税款，税收优先于无担保债权，法律另有规定的除外;纳税人欠缴的税款发生在纳税人以其财产设定抵押、质押或者纳税人的财产被留置之前的，税收应当先于抵押权、质权、留置权执行。”

2.设立抵押的土地使用权系划拨用地的，依法应补缴的土地使用权出让金优先于抵押权

《城市房地产管理法》第五十一条规定:“设定房地产抵押权的土地使用权是以划拨方式取得的，依法拍卖该房地产后，应当从拍卖所得的价款中缴纳相当于应缴纳的土地使用权出让金的款额后，抵押权人方可优先受偿。”

3.因承揽、加工、工程建设投入形成的债权，优先于抵押权

《民法典》第八百零七条规定:“……建设工程的价款就该工程折价或者

拍卖的价款优先受偿。”最高人民法院《关于审理建设工程施工合同纠纷案件适用法律问题的解释（一）》第三十六条规定：“承包人根据民法典第八百零七条规定享有的建设工程价款优先受偿权优于抵押权和其他债权。”

4. 留置权优先于抵押权

《民法典》第四百五十六条规定：“同一动产上已经设立抵押权或者质权，该动产又被留置的，留置权人优先受偿。”

5. 符合一定条件的商品房消费者的债权（物权期待权）优先于抵押权

《全国法院民商事审判工作会议纪要》第一百二十六条规定：“根据《最高人民法院关于建设工程价款优先受偿权问题的批复》（已失效）第1条、第2条的规定，交付全部或者大部分款项的商品房消费者的权利优先于抵押权人的抵押权，故抵押权人申请执行登记在房地产开发企业名下但已销售给消费者的商品房，消费者提出执行异议的，人民法院依法予以支持。但应当特别注意的是，此情况是针对实践中存在的商品房预售不规范现象为保护消费者生存权而作出的例外规定，必须严格把握条件，避免扩大范围，以免动摇抵押权具有优先性的基本原则。因此，这里的商品房消费者应当仅限于符合本纪要第125条规定的商品房消费者。买受人不是本纪要第125条规定的商品房消费者，而是一般的房屋买卖合同的买受人，不适用上述处理规则。”最高人民法院民法典贯彻实施工作领导小组主编的《中华人民共和国民法典物权编理解与适用（上、下）》[①]认为，当抵押权、建设工程价款优先受偿权以及商品房买卖合同中买受人的债权这三项权利发生冲突时，商品房买卖合同中买受人的债权优先于承包人的建设工程价款优先受偿权，而建设工程价款优先受偿权又优先于抵押权。

6. 船舶优先权、民用航空器优先权优先于抵押权

《中华人民共和国海商法》第二十五条规定：“船舶优先权先于船舶留置权受偿，船舶抵押权后于船舶留置权受偿。前款所称船舶留置权，是指造船人、修船人在合同另一方未履行合同时，可以留置所占有的船舶，以保证造船费用或者修船费用得以偿还的权利。船舶留置权在造船人、修船人不再占

---

① 最高人民法院民法典贯彻实施工作领导小组主编：《中华人民共和国民法典物权编理解与适用（上、下）》，人民法院出版社2020年版。

有所造或者所修的船舶时消灭。”《中华人民共和国民用航空法》第二十二条规定：“民用航空器优先权先于民用航空器抵押权受偿。”

审查要点

1. 不能过度依赖抵押权对主债权的担保作用，应高度关注借款主体的经营发展情况及其存在的潜在风险，强调第一还款来源的重要性。

2. 应加强对担保主体的审查，对其经营管理的合理性、企业发展的长期性、社会责任承担的主动性、治理结构的科学性等要有全面的认识和较客观的评价。

3. 加强对抵押物的尽职调查工作，高度关注可能优先于抵押权受偿的权利，提前采取有效的措施控制风险。

法律延伸

《中华人民共和国民法典》

第三百八十六条 担保物权人在债务人不履行到期债务或者发生当事人约定的实现担保物权的情形，依法享有就担保财产优先受偿的权利，但是法律另有规定的除外。

第三百九十四条 为担保债务的履行，债务人或者第三人不转移财产的占有，将该财产抵押给债权人的，债务人不履行到期债务或者发生当事人约定的实现抵押权的情形，债权人有权就该财产优先受偿。

前款规定的债务人或者第三人为抵押人，债权人为抵押权人，提供担保的财产为抵押财产。

55. 抵押物上设立了居住权，是否影响抵押权人行使抵押权？

问 题

《民法典》新设了居住权制度。商业银行在开展信贷业务时，也将面临新的问题：如借款人以设有居住权的房屋提供抵押担保，或在抵押权设立之后再设立居住权的，将对商业银行行使抵押权产生哪些影响？

法律解析

居住权是《民法典》创设的一项新型用益物权。《民法典》第三百六十六条规定："居住权人有权按照合同约定，对他人的住宅享有占有、使用的用益物权，以满足生活居住的需要。"根据《民法典》第二编第十四章的相关规定，居住权原则上无偿设立，居住权人有权按照合同约定或者遗嘱，经登记占有、使用他人的住宅。居住权不得转让、继承，居住权期限届满或者居住权人死亡的，居住权消灭。

笔者认为，尽管房屋居住权设立与否均不影响抵押权的有效设立，但设立了居住权的房屋，在抵押权实现时，将面临变现难度加大、变现价值贬损等重大不利影响，不利于商业银行债权的实现。

审查要点

商业银行接受房屋抵押担保之前，应注意以下几点：

1. 落实尽职调查工作。尽职调查环节不仅仅要对房屋的权属情况进行全面深入的调查，还应当对抵押房产的现状进行调查，现场踏勘了解房产物理现状有无重大瑕疵、占有使用情况如何，如有人居住，了解清楚系产权人还是承租人、居住权人或其他主体，尽量避免接受已设立居住权的抵押房产。

2. 如确需接受已经设立居住权的房产抵押，应进一步查明居住权系有偿设立还是无偿设立、居住权期限如何等重要内容。客观评估抵押房产变现难度和变现价值。同时，建议与居住权人签订三方协议，将居住权期限约定至抵押权人行使抵押权之日止，居住权人承诺在期限届满之日前腾房。

3. 完善抵押合同。一方面，要求抵押人声明抵押房产未设立居住权，并约定具体的违约责任。另一方面，要求抵押人承诺在抵押期限内不在抵押物上设立居住权，并约定具体的违约责任。

4. 接受抵押担保后，及时办理抵押登记。定期、不定期调查抵押房产的情况，发现抵押房产设立居住权的，及时主张权利。一方面，及时书面通知居住权人，促使其及时向抵押人主张权利、解决争议，争取在抵押权人行权前解除抵押物上的居住权等权利负担；另一方面，根据抵押合同的约定，及时向债务人、抵押人追索债权及担保权利。

法律延伸

《中华人民共和国民法典》

第三百六十六条 居住权人有权按照合同约定，对他人的住宅享有占有、使用的用益物权，以满足生活居住的需要。

第三百六十八条 居住权无偿设立，但是当事人另有约定的除外。设立居住权的，应当向登记机构申请居住权登记。居住权自登记时设立。

第三百六十九条 居住权不得转让、继承。设立居住权的住宅不得出租，但是当事人另有约定的除外。

第三百七十条 居住权期限届满或者居住权人死亡的，居住权消灭。居住权消灭的，应当及时办理注销登记。

56.抵押物上存在租赁权是否影响抵押权人行使抵押权？

问　题

甲公司在某商业银行贷款4,000万元人民币，品种为经营性物业贷款，抵押物为某处房产。某商业银行与甲公司及该处房产承租人乙公司签订了《租金监管协议》。但乙公司拒绝签署某商业银行总行制式文本《抵押物出租人及承租人承诺书》，该承诺书约定承租人放弃对抵押物的优先购买权，并承诺不得用租赁权对抗某商业银行的抵押权。在此情况下，某商业银行接受在先出租的财产设立抵押，是否会影响某商业银行抵押权的行使？

法律解析

《民法典》第四百零五条规定："抵押权设立前，抵押财产已经出租并转移占有的，原租赁关系不受该抵押权的影响。”该条即为“抵押不破租赁”规则。在适用该规则时，应注意：

第一，承租人须已经实际占有租赁物，如虽已签订租赁合同但承租人尚未实际占有租赁物，则承租人仅为一般债权人，仅对出租人享有普通债权，该普通债权不能对抗抵押权。

第二，抵押权须已依法设立。

第三，“原租赁关系不受该抵押权的影响”，主要包括两个方面的意思：一方面，抵押权的设立不影响租赁关系的存续，承租人仍可基于租赁合同继续占有、使用租赁物；另一方面，在抵押权实现时，只要租赁合同还在合同有效期限内，抵押物（即租赁物）的受让人应当继续履行租赁合同，也就是说，受让人取得的是有租赁权负担的抵押物。

因此，商业银行实现抵押权时，若该租赁合同仍在有效期内，可能降低潜在买受人的购买意愿，导致抵押物难以变现。如存在租期过长、承租人已支付长期租金等情况，变现难度将更大，处置款也相对较低，不利于商业银行抵押权的实现。

在实现抵押权的环节，最高人民法院《关于人民法院民事执行中拍卖、变卖财产的规定》第二十八条第二款规定：“拍卖财产上原有的租赁权及其他用益物权，不因拍卖而消灭，但该权利继续存在于拍卖财产上，对在先的担保物权或者其他优先受偿权的实现有影响的，人民法院应当依法将其除去后进行拍卖。”从文义解释，如带租拍卖对抵押权的实现有影响的，人民法院应当除去租赁权后进行拍卖。但实践中判断带租拍卖对实现抵押权有何具体影响，存在诸多问题，并无统一的判断标准。

审查要点

建议商业银行采取以下风险防范措施：

1. 贷前调查环节，应查实抵押物的租赁关系，包括但不限于租赁合同的签署情况、租赁物的占有情况、租期及租金支付情况等细节，并谨慎接受已出租的抵押物。

2. 确定接受该抵押物的，在放款前，应要求出租人、承租人与商业银行签订三方协议，约定将租金支付至商业银行监管的账户，并匹配明确的违约责任条款；同时，还应要求承租人就租赁情况、拟抵押情况作出确认，并承诺全力配合商业银行实现抵押权，包括但不限于租赁期提前到期、及时腾退租赁物、放弃优先购买权等。

裁判观点

案例一：苏某、某银行股份有限公司某分行金融借款合同纠纷案［最高人民法院（2019）最高法民终1206号］[①]

裁判摘要：《物权法》第一百九十条规定："订立抵押合同前抵押财产已出租的，原租赁关系不受该抵押权的影响。抵押权设立后抵押财产出租的，该租赁关系不得对抗已登记的抵押权。"从此条规定可以看出，法律未限制在已出租的标的物上设定抵押。抵押权系担保物权，所追求的是标的物的交换价值；租赁权系债权，所追求的是标的物的使用价值，二者在同一标的物上同时设立并不冲突。虽然在抵押权人实现抵押权时，租赁在先的承租人可以"抵押不破租赁"对抗抵押权人或者标的物受让人，在租赁期限内继续承租标的物，但承租人不享有以在先租赁权阻却抵押权人以折价、拍卖或变卖等方式处置抵押物并就价款优先受偿的权利。无论租赁在先还是租赁在后，均不影响抵押权人请求人民法院对依法设立的抵押权进行确认。

案例二：某县某眼镜有限责任公司、盛某案外人执行异议纠纷案［浙江省高级人民法院（2021）浙民终976号］

裁判摘要：本院认为，首先，最高人民法院《关于适用〈中华人民共和国民法典〉时间效力的若干规定》第一条第二款、第三款规定，民法典施行前的法律事实引起的民事纠纷案件，适用当时的法律、司法解释的规定，但是法律、司法解释另有规定的除外。民法典施行前的法律事实持续至民法典施行后，该法律事实引起的民事纠纷案件，适用民法典的规定，

---

① 类似案例还有广东省高级人民法院（2021）粤执复98号。

但是法律、司法解释另有规定的除外。某眼镜公司基于2018年10月15日《房屋租赁协议》取得的租赁权主张排除执行，因此原审适用《物权法》相关规定，于法有据。

其次，《物权法》第一百九十二条规定，抵押权不得与债权分离而单独转让或者作为其他债权的担保。债权转让的，担保该债权的抵押权一并转让，但法律另有规定或者当事人另有约定的除外。2014年9月2日，某支行与王某签订《某银行最高额抵押合同》并取得案涉不动产最高额债权余款为5,918.9万元的最高额抵押权，用于担保某某公司2014年8月29日至2017年8月29日发生的上述最高限额内的债务。某某公司分别于2015年8月27日、9月7日、9月9日向某支行借款450万元、1,280万元、1,300万元，合计3,030万元。因此，某支行对案涉不动产享有债权本金3,030万元的抵押权，其将上述债权转让给盛某后，盛某作为受让人即享有上述债权及相应抵押权。

法律延伸

《中华人民共和国民法典》

第四百零五条 抵押权设立前，抵押财产已经出租并转移占有的，原租赁关系不受该抵押权的影响。

第七百二十六条 出租人出卖租赁房屋的，应当在出卖之前的合理期限内通知承租人，承租人享有以同等条件优先购买的权利；但是，房屋按份共有人行使优先购买权或者出租人将房屋出卖给近亲属的除外。

出租人履行通知义务后，承租人在十五日内未明确表示购买的，视为承租人放弃优先购买权。

57.抵押人在抵押期间转让抵押财产的，商业银行如何维护自身合法权益？

问　题

甲公司与某商业银行签订《房地产抵押贷款合同》，其中约定：甲公司不得在未经某商业银行书面同意的情况下处分抵押的房屋。但是抵押期间，甲公司将该抵押房屋出售给张某并签订《房屋买卖合同》。

1. 甲公司与某商业银行之间抵押财产不得转让的约定是否有效？

2. 甲公司与张某签订的房屋买卖合同是否有效？

3. 某商业银行在此情形下该如何实现债权？

法律解析

在《民法典》施行之前，就抵押人在抵押期间转让抵押财产事宜，《物权法》及相关司法解释作出了限制性的规定，即未经抵押权人同意，抵押人不得转让抵押财产。对此，《民法典》第四百零六条则规定："抵押期间，抵押人可以转让抵押财产。当事人另有约定的，按照其约定。抵押财产转让的，抵押权不受影响。抵押人转让抵押财产的，应当及时通知抵押权人。抵押权人能够证明抵押财产转让可能损害抵押权的，可以请求抵押人将转让所得的价款向抵押权人提前清偿债务或者提存。转让的价款超过债权数额的部分归抵押人所有，不足部分由债务人清偿。"据此，可以看出，《民法典》对抵押财产的转让持"原则上许可，约定例外"的立法态度。同时，基于该条第二款的理解，抵押人在抵押权设立后，将抵押财产的所有权让与第三人的，在先设立的抵押权随抵押财产转移而转移，抵押权人于债务人不履行到期债务或者发生当事人约定的实现抵押权的情形时，仍得追及抵押财产之所在而行使抵押权。

在新的抵押财产转让制度下，作为抵押权人，商业银行应当尽量在抵押合同中对抵押期间转让抵押财产作出禁止性/限制性的约定，并办妥相应登记，从而尽可能杜绝抵押财产转让导致商业银行抵押权实现受阻的风险。

1. 抵押人与抵押权人约定禁止或限制抵押财产转让是否有效

《民法典》第四百零六条第一款规定："抵押期间，抵押人可以转让抵押财产。当事人另有约定的，按照其约定。抵押财产转让的，抵押权不受影响。"据此，抵押人与抵押权人可以作出另外之约定，禁止或限制抵押人在抵押期间转让抵押财产。该等约定在抵押人和抵押权人之间当然有效，经登记后还能产生一定的对外效力。

2. 抵押人与抵押权人约定禁止或限制抵押财产转让是否可以对抗受让人

《民法典担保制度司法解释》第四十三条规定："当事人约定禁止或者限制转让抵押财产但是未将约定登记，抵押人违反约定转让抵押财产，抵押权人请求确认转让合同无效的，人民法院不予支持；抵押财产已经交付或者登记，抵押权人请求确认转让不发生物权效力的，人民法院不予支持，但是抵押权人有证据证明受让人知道的除外；抵押权人请求抵押人承担违约责任的，人民法院依法予以支持。当事人约定禁止或者限制转让抵押财产且已经将约定登记，抵押人违反约定转让抵押财产，抵押权人请求确认转让合同无效的，人民法院不予支持；抵押财产已经交付或者登记，抵押权人主张转让不发生物权效力的，人民法院应予支持，但是因受让人代替债务人清偿债务导致抵押权消灭的除外。"

也就是说，当禁止或限制抵押财产转让的约定已经登记，则可产生一定的对外效力。该等对外效力虽不能影响抵押财产转让合同的效力，但能阻却受让人取得抵押财产的物权，除非受让人代替债务人清偿债务消灭抵押权。

审查要点

1. 商业银行作为抵押权人时，应约定禁止或者限制抵押财产转让的条款并及时将该约定进行登记。如尚未办妥禁止或限制转让特殊约定的登记，而抵押人拟转让抵押财产的，商业银行应当在获知相关信息后第一时间告知意向买受人该等禁止或限制转让的约定。

2. 商业银行作为财产受让人时，为确保交易安全，应当做好拟受让财产交易前的尽职调查工作。尤其需要审慎核实交易标的的权属状态、负担或限制。

裁判观点

案例：某资产管理股份有限公司广东省分公司、黄某借款合同纠纷案［广东省广州市中级人民法院（2021）粤01民终595号］

裁判摘要：由于房管部门在相关行政判决作出后已恢复涉案房产备案预售合同和抵押备案登记，故债权人对该房产所享有的原抵押权亦相应恢复。但由于抵押物未经抵押权人同意已被转让，且已生效的某市某区人民法院（2017）粤0104民初19968号民事判决［二审案号为（2019）粤01民终2539号］已认定抵押房产买受人的权利优先于抵押权，买受人合同权利合法成立，故根据《担保法》第四十九条、《物权法》第九十一条，抵押人某公司应将转让抵押物所得价款用于清偿涉案债务。而某公司在收取何某、郝某支付的前期购房款314,080元后，未用于向某银行清偿涉案债务，构成违约。在此情况下如何认定该314,080元的性质即抵押权人是否对该314,080元价款享有优先受偿权，当时的法律和司法解释未有相应规定，所以依据最高人民法院《关于适用〈中华人民共和国民法典〉时间效力的若干规定》第三条规定，"民法典施行前的法律事实引起的民事纠纷案件，当时的法律、司法解释没有规定而民法典有规定的，可以适用民法典的规定"，可适用民法典的相关规定。而《民法典担保制度司法解释》第四十三条第一款，"当事人约定禁止或者限制转让抵押财产但是未将约定登记，抵押人违反约定转让抵押财产，抵押权人请求确认转让合同无效的，人民法院不予支持；抵押财产已经交付或者登记，抵押权人请求确认转让不发生物权效力的，人民法院不予支持，但是抵押权人有证据证明受让人知道的除外；抵押权人请求抵押人承担违约责任的，人民法院依法予以支持"的规定，与本案情形基本相符，应予适用。根据该规定，本案中抵押权人仅能主张某公司的违约责任，而非拥有对未支付的314,080元转让价款享有优先受偿权，故两上诉人请求在某公司破产财产中优先划拨314,080元用于清偿本案债务，缺乏充分法律依据，本院不予支持。

法律延伸

《中华人民共和国民法典》

第四百零六条 抵押期间，抵押人可以转让抵押财产。当事人另有约定的，按照其约定。抵押财产转让的，抵押权不受影响。

抵押人转让抵押财产的，应当及时通知抵押权人。抵押权人能够证明抵押财产转让可能损害抵押权的，可以请求抵押人将转让所得的价款向抵押权人提前清偿债务或者提存。转让的价款超过债权数额的部分归抵押人所有，不足部分由债务人清偿。

最高人民法院《关于适用〈中华人民共和国民法典〉有关担保制度的解释》(法释〔2020〕28号)

第四十三条 当事人约定禁止或者限制转让抵押财产但是未将约定登记，抵押人违反约定转让抵押财产，抵押权人请求确认转让合同无效的，人民法院不予支持；抵押财产已经交付或者登记，抵押权人请求确认转让不发生物权效力的，人民法院不予支持，但是抵押权人有证据证明受让人知道的除外；抵押权人请求抵押人承担违约责任的，人民法院依法予以支持。

当事人约定禁止或者限制转让抵押财产且已经将约定登记，抵押人违反约定转让抵押财产，抵押权人请求确认转让合同无效的，人民法院不予支持；抵押财产已经交付或者登记，抵押权人主张转让不发生物权效力的，人民法院应予支持，但是因受让人代替债务人清偿债务导致抵押权消灭的除外。

第六章
最高额抵押

58.最高额抵押中，如何理解“本金说”与“债权说”？

问　题

客户与某商业银行签订《流动资金借款合同》《最高额抵押合同》，约定某商业银行向客户发放贷款1亿元，客户以其所有的房地产提供最高额抵押，主债权最高限额为1亿元，担保范围为贷款本金、利息、罚息、实现债权及担保权利的费用。后贷款到期，客户未归还欠款，形成欠贷本息及费用共计1.1亿余元。某商业银行将客户诉至法院，并经法院强制执行，抵押物拍卖成交，成交价款为1.2亿元。此时，某商业银行对客户享有的全部债权（包括贷款本金、利息及费用）能否全额优先受偿?

法律解析

“最高债权额”的含义在以往理论界和司法实践中一直有争议，主要集中在“本金说”和“债权说”两种观点。“本金说”认为，他项权证上记载的1亿元限额仅指商业银行主张优先受偿的本金金额限于1亿元，该1亿元本金对应的利息及费用均可一并优先受偿，而不受最终债权总额是否超出1亿元的限制。而“债权说”则认为，无论是本金、利息还是费用，其总和均应限制在1亿元以内。

就此问题，《全国法院民商事审判工作会议纪要》首次作了明确回应。《全国法院民商事审判工作会议纪要》第五十八条规定：“以登记作为公示方式的不动产担保物权的担保范围，一般应当以登记的范围为准。但是，我国目前不动产担保物权登记，不同地区的系统设置及登记规则并不一致，人民法院在审理案件时应当充分注意制度设计上的差别，作出符合实际的判断：一是多数省区市的登记系统未设置‘担保范围’栏目，仅有‘被担保主债权数额（最高债权数额）’的表述，且只能填写固定数字。而当事人在合同中又往往约定担保物权的担保范围包括主债权及其利息、违约金等附属债权，致使合同约定的担保范围与登记不一致。显然，这种不一致是由于该地区登记系统设置及登记规则造成的该地区的普遍现象。人民法院以合同约定认定担保物权的担保范围，是符合实际的妥当选择。二是一些省区市不动产登记系统设置与登记规则比较规范，担保物权登记范围与合同约定一致在该地区是常态或者普遍现象，人民法院在审理案件时，应当以登记的担保范围为准。”

进而，《民法典担保制度司法解释》第十五条予以明确规定。该条规定：“最高额担保中的最高债权额，是指包括主债权及其利息、违约金、损害赔偿金、保管担保财产的费用、实现债权或者实现担保物权的费用等在内的全部债权，但是当事人另有约定的除外。登记的最高债权额与当事人约定的最高债权额不一致的，人民法院应当依据登记的最高债权额确定债权人优先受偿的范围。”

据此，笔者认为，如因登记系统设置问题导致无法将本金以外的债权数额记载于不动产登记簿的，法院应充分尊重当事人意思自治，登记记载的主债权数额仅指设立抵押时担保的主债权本金数额，除本金以外的债权金额，应按照合同约定的范围进行确定。但如并非系统设置导致担保物权登记范围与合同约定不一致的，则应以登记的担保范围为准。

我国已实行不动产统一登记制度，随着《民法典》的颁布与施行，新的《不动产登记簿》信息页也进行了修改，不动产登记系统设置不合理、不完善引发合同约定与登记不一致的历史问题，有望得到比较妥善的解决。

审查要点

商业银行在签署合同、办理抵押登记环节，还应着重注意：

1.建议在抵押合同明确约定担保范围包括本金、利息、罚息、违约金、实现债权的费用等款项的基础上，进一步明确约定，“最高债权限额”“主债权限额”中的债权仅指本金，不含利息、罚息、违约金、实现债权的费用等其他附随债权。如合同未作另外约定，根据《民法典担保制度司法解释》第十五条“最高额担保中的最高债权额，是指包括主债权及其利息、违约金、损害赔偿金、保管担保财产的费用、实现债权或者实现担保物权的费用等在内的全部债权，但是当事人另有约定的除外。登记的最高债权额与当事人约定的最高债权额不一致的，人民法院应当依据登记的最高债权额确定债权人优先受偿的范围”之规定，则法院将根据债权说确定商业银行优先受偿的范围，可能不利于商业银行实现全部债权。

2. 在办理抵押登记环节，则应严格按照抵押合同的约定，详细填写抵押登记申请材料中的各项信息，确保合同约定与登记信息完全一致。如发现不一致，应及时申请办理变更登记。

裁判观点

案例一：某银行股份有限公司与蚌埠某商贸有限公司金融借款合同纠纷案［最高人民法院（2020）最高法民申4544号］

裁判摘要：本院经审查认为，本案的争议焦点为原审法院认定的最高额抵押的担保范围是否妥当。本案中，涉案他项权证中记载的“债权数额”为4,000万元，而《最高额抵押合同》第三条“被担保最高债权额”中约定：“1. 本合同所担保债权之最高本金余额为4,000万元。2. 在本合同第二条所确定的主债权发生期间届满之日，被确定属于本合同之被担保主债权的，则基于该主债权之本金所发生的利息（包括法定利息、约定利息、复利、罚息）、违约金、损害赔偿金、实现债权的费用（包括但不限于诉讼费用、律师费用、公证费用、执行费用、资产评估及处置费、鉴定费、公告费等）、因债务人违约而给抵押权人造成的损失和其他所有应付费用等，也属于被担保债权，其具体金额在其被清偿时确定。依据上述两款确定的债权金额之和，即为本合同所担保的最高债权额。”他项权证中记载的“债权数额”与双方在《最高额抵押合同》中约定的最高债权额不一致。《物权法》第一百七十三条规定：“担保物权的担保范围包括主债权及其利息、违约金、损害赔偿金、保管担保财产和实现担保物权的费用。当事人另有约定的，按照约定。”根据上述规定及双方约定，涉案最高额抵押的担保范围应包括主债权的本金、利息、违约金、实现债权的费用等。二审法院以“案涉不动产抵押权的优先受偿范围应依据该抵押登记内容确定，而不能按照《最高额抵押合同》的约定越过登记事项确定优先受偿范围”为由，认定涉案最高额抵押担保范围仅为他项权证中记载的“债权数额”4,000万元不当。

案例二：某银行股份有限公司某支行与刘某等金融借款合同纠纷案［北京市第三中级人民法院（2019）京03民终2536号］

裁判摘要：某支行上诉主张，诉争合同约定的抵押权类型为一般抵押，而非最高额抵押，权利证书上记载的“债权数额”仅是设定抵押时担保的主债权本金数额，与抵押担保范围应当是两个不同的条款。对此本院认为，《物权法》第十六条规定，“不动产登记簿是物权归属和内容的根据。不动产登记簿由登记机构管理。”第十七条规定，“不动产权属证书是权利人享有该不动产物权的证明。不动产权属证书记载的事项，应当与不动产登记簿一致；记载不一致的，除有证据证明不动产登记簿确有错误外，以不动产登记簿为准。”不动产登记簿具有公示效力。本案中，案涉《个人购房担保借款合同》第10.2.1条虽约定，抵押人与抵押物共有人同意以本合同所列财产担保本合同项下借款本金、利息、罚息、复利、违约金、损害赔偿金以及诉讼（仲裁）费、律师费、处置费、过户费等贷款人实现债权和抵押权的一切费用。但某支行取得的房屋他项权证书中明确记载的债权数额为103万元，他项权证书中亦未登记利息等附属债权。因此，某支行作为抵押权人，其与借款人之间虽将本金主债权、利息等附属债权均约定为抵押担保范围，但由于利息等附属债权在房屋他项权证书中未体现，某支行就该部分债权不享有抵押物变价款优先受偿权。此外，因案涉房屋尚存在其他抵押登记，亦应当对第三人信赖利益予以保护。

法律延伸

最高人民法院《关于适用〈中华人民共和国民法典〉有关担保制度的解释》（法释〔2020〕28号）

第十五条　最高额担保中的最高债权额，是指包括主债权及其利息、违约金、损害赔偿金、保管担保财产的费用、实现债权或者实现担保物权的费用等在内的全部债权，但当事人另有约定的除外。

登记的最高债权额与当事人约定的最高债权额不一致的，人民法院应当依据登记的最高债权额确定债权额优先受偿的范围。

《全国法院民商事审判工作会议纪要》（法〔2019〕254号）

58.**【担保债权的范围】**以登记作为公示方式的不动产担保物权的担保范围，一般应当以登记的范围为准。但是，我国目前不动产担保物权登记，不同地区的系统设置及登记规则并不一致，人民法院在审理案件时应当充分注意制度设计上的差别，作出符合实际的判断：一是多数省区市的登记系统未设置“担保范围”栏目，仅有“被担保主债权数额（最高债权数额）”的表述，且只能填写固定数字。而当事人在合同中又往往约定担保物权的担保范围包括主债权及其利息、违约金等附属债权，致使合同约定的担保范围与登记不一致。显然，这种不一致是由于该地区登记系统设置及登记规则造成的该地区的普遍现象。人民法院以合同约定认定担保物权的担保范围，是符合实际的妥当选择。二是一些省区市不动产登记系统设置与登记规则比较规范，担保物权登记范围与合同约定一致在该地区是常态或者普遍现象，人民法院在审理案件时，应当以登记的担保范围为准。

59.最高额抵押担保的债权是否可以对外转让？

问　题

甲公司与某分行签订《综合授信协议》《最高额抵押合同》，授信期内，某分行拟将《综合授信协议》项下部分债权转让至乙公司。请问有最高额抵押权担保的债权能否对外转让？

法律解析

最高额抵押权是担保物权从属性缓和的产物，其转让相较于一般抵押权具有特殊性。《民法典》第四百二十一条规定：“最高额抵押担保的债权确定前，部分债权转让的，最高额抵押权不得转让，但是当事人另有约定的除外。”据此，可以理解为：（1）最高额抵押担保的债权确定前，债权可以转让。（2）债权确定前，仅转让部分债权的，最高额抵押权不得转让，但允许当事人作出特别约定，即部分债权转让的，最高额抵押权亦随之转让。最高人民法院民法典贯彻实施工作领导小组主编的《中华人民共和国民法典物权编理解与适用（上、下）》[1]一书中指出了实践中常见的关于最高额抵押权转让的特别约定的情形：（1）最高额抵押权人将基础法律关系全部转让给第三人，最高额抵押权全部转让给受让人；（2）最高额抵押权人转让部分债权，最高额抵押权随部分的转让而全部转让；（3）最高额抵押权人转让部分债权，受让人仅享有一般抵押权，原最高额抵押所担保的债权随之相应减少；（4）最高额抵押权人转让部分债权，被转让的部分债权依然受最高额抵押权担保。

为稳妥起见，在涉及受最高额抵押担保的债权转让时，除确定仅转让债权不转让抵押权之外，其他情形下，建议由转让方、受让方及抵押人签订三方协议，就债权、抵押权如何转让作出明确的约定。

裁判观点

案例一：某置业有限公司、某资产管理股份有限公司信用证纠纷案［最高人民法院（2019）最高法民终266号］

裁判摘要：某置业公司与某支行签订的《最高额抵押合同》系双方的真实意思表示，内容不违反法律、行政法规的强制性规定。某置业公司承诺为某某公司在某支行开立信用证业务提供最高额为3亿元的抵押担保，某支行对某置业公司的抵押物均办理了抵押登记手续，依法取得了抵押权。因包括担保合同在内的诸合同所涉相关事实与刑事判决认定的事实并非同一事实，而某某公司未履行偿付案涉信用证垫款及逾期付款利息的义务，某支行已将案涉债权转让给了某资产公司，案涉合同项下的担保亦随之转让，某资产公司依法取得了抵押权。对于某资产公司请求某置业公司承担相应担保

---

① 最高人民法院民法典贯彻实施工作领导小组主编：《中华人民共和国民法典物权编理解与适用（上、下）》，人民法院出版社2020年版。

责任的主张，一审予以支持正确。

案例二：中国某资产管理股份有限公司天津市分公司与某投资有限公司金融借款合同纠纷案［最高人民法院（2016）最高法民终274号］

裁判摘要：本院经审理认为，某分行与某投资公司签订的两份《房地产借款合同》及对应的《抵押合同》《最高额抵押合同》均系有效合同。某分行按照合同的约定向某投资公司发放了贷款，合同履行期限届满后，某投资公司履行了一部分还款义务，对剩余未支付的款项，应当依照合同约定履行义务并承担违约责任。某分行将本案债权转让给某资产管理天津分公司，某资产管理天津分公司承继本案债权。某投资公司上诉主张根据房地产借款合同条款第三条的约定，借款人应按照项目销售进度及时归还借款。住房开发贷款项目销售80%，商用住房销售70%前应偿还全部借款本息。据此特别约定，其销售房屋未达到该比例，某资产管理天津分公司不得要求其偿还全部本息。根据上述合同约定的内容，某投资公司主张的达到一定销售住房比例即应还款，系对某投资公司的义务性约定，并非其权利条款，案涉当事人之间的合同明确约定了借款期限，借款期限届满应当偿还借款系经济交往常理，某投资公司的该主张不成立。某投资公司上诉主张案涉债权转移发生在诉讼中，故在法院判决生效前最高额抵押担保债权未明确，一审法院对此给付判决优先受偿错误。因一审原告某分行起诉时提出债权给付之诉和实现抵押物权之诉，一审法院将两诉合并审理。在起诉时案涉最高额贷款发放完毕并还款履行期限届满，故最高额债权数额确定。一审法院在对案涉债权和抵押物权均予以确认的同时，直接判决承继债权及物权人某资产管理天津分公司行使相关权利符合法律规定。某投资公司关于一审判决适用法律错误的观点不成立，本院不予采信。某资产管理天津分公司关于案涉《最高额抵押合同》项下担保的主债权已经明确确定的观点成立，本院予以采信。某投资公司上诉主张其在一审时也提交了证据，其提交的证据与对方当事人重叠，一审法院认定其未提交证据有误。因其主张的证据已经进入本案的审理程序，一审法院并未因此事项落实任何一方当事人的举证责任，且其该上诉主张不涉及具体诉讼请求，本院对此不予审理。

法律延伸

《中华人民共和国民法典》

第四百二十一条 最高额抵押担保的债权确定前，部分债权转让的，最高额抵押权不得转让，但是当事人另有约定的除外。

60.最高额抵押权所担保债权何时确定？

法律解析

最高额抵押权所担保的债权的确定，是指最高额抵押权所担保的一定范围内的不特定债权，基于法律规定的一定事由的发生，而变为具体的、特定的债权。此时如果债务人不履行到期债务或者发生当事人约定的实现抵押权的情形，抵押权人有权在最高债权额限度内就抵押人提供的担保财产优先受偿。[①]《民法典》第四百二十三条规定最高额抵押权确定的事由，包括六大情形：（1）约定的债权确定期间届满；（2）没有约定债权确定期间或者约定不明确，抵押权人或者抵押人自最高额抵押权设立之日起满二年后请求确定债权；（3）新的债权不可能发生；（4）抵押权人知道或者应当知道抵押财产被查封、扣押；（5）债务人、抵押人被宣告破产或者解散；（6）法律规定债权确定的其他情形。

裁判观点

案例：姜某、薛某等借款合同纠纷案［最高人民法院（2020）最高法执监192号］[②]

裁判摘要：本院认为，本案的焦点问题是，某中院查封涉案房产后，某支行享有的最高额抵押权所担保的债权是否确定。

---

① 参见高圣平著：《民法典担保制度及其配套司法解释理解与适用（下）》，中国法制出版社2021年版，第800页。

② 类似案例还有浙江省高级人民法院（2015）浙民申字第211号。

《物权法》第二百零六条规定，抵押财产被查封、扣押的，最高额抵押权人的债权确定；最高人民法院《关于人民法院民事执行中查封、扣押、冻结财产的规定》第二十七条规定，人民法院查封、扣押被执行人设定最高额抵押权的抵押物的，应当通知抵押权人，抵押权人受抵押担保的债权数额自收到人民法院通知时起不再增加，人民法院虽然没有通知抵押权人，但抵押权人知道或者应当知道查封、扣押事实的，受抵押担保的债权数额从其知道该事实时起不再增加。从法条之间的关系来看，《物权法》是对最高额抵押担保的债权的确定事由的规定，最高人民法院《关于人民法院民事执行中查封、扣押、冻结财产的规定》是对执行中的具体操作作出规定，与《物权法》规定精神并不冲突。并且，虽然《物权法》没有附加抵押权人收到通知或知情等条件，但亦没有否定最高人民法院《关于人民法院民事执行中查封、扣押、冻结财产的规定》第二十七条的效力。为方便系列、连续发生的交易，法律允许抵押人与债权人签订最高额抵押合同，由抵押人在最高债权额限度内就一定期间连续发生的债权提供担保，抵押权人不必在每次放款前都查询抵押财产的状态，便利当事人的连续交易，简化担保手续。因此，通常情况下，只要在最高限额的范围内，将来一定期间内所发生的所有债权都是抵押人应当担保的债权。抵押财产被人民法院查封、扣押的，属于阻断最高额抵押所担保的债权数额继续产生的事由，但根据最高额抵押合同的特点，抵押权人在最高额抵押期间内，并无主动查询抵押财产是否被查封的义务，而执行法院在查封抵押财产时，尤其是本案中的房产已经办理抵押登记，获悉房产的抵押信息并通知抵押权人不存在困难，因此由执行法院进行通知比要求抵押权人在每次发放借款时审查抵押物的状态更加合理。对此，即将实施的《民法典》第四百二十三条规定，抵押权人知道或者应当知道抵押财产被查封、扣押的，最高额抵押权人的债权确定，进一步明确了此类问题。

法律延伸

《中华人民共和国民法典》

第四百二十三条 有下列情形之一的，抵押权人的债权确定：

（一）约定的债权确定期间届满；

（二）没有约定债权确定期间或者约定不明确，抵押权人或者抵押人自最高额抵押权设立之日起满二年后请求确定债权；

（三）新的债权不可能发生；

（四）抵押权人知道或者应当知道抵押财产被查封、扣押；

（五）债务人、抵押人被宣告破产或者解散；

（六）法律规定债权确定的其他情形。

61.最高额抵押权设立前的债权被转入最高额抵押担保的债权范围却未办理抵押权变更登记手续的，最高额抵押权设立前的在先债权是否受该抵押权担保？

问　　题

商业银行在办理最高额抵押登记时，他项权证上会载明担保的最高额债权范围。若商业银行与借款人对于最高额抵押权设立前的债权，协商一致转入的，是否需要办理抵押权变更手续？

法律解析

《民法典》第四百二十条第二款规定："最高额抵押权设立前已经存在的债权，经当事人同意，可以转入最高额抵押担保的债权范围。"该规定允许当事人对最高额抵押权所担保的债权范围进行充分的意思自治，但对于该情形是否需要进行变更登记，并未明文规定。《民法典》第四百二十二条规定："最高额抵押担保的债权确定前，抵押权人与抵押人可以通过协议变更债权确定的期间、债权范围以及最高债权额。但是，变更的内容不得对其他抵押权人产生不利影响。"据此，笔者认为，原则上只要转入的债权数额仍在该最高额抵押担保的最高债权额限度内，且不属于《民法典》第四百二十二条规定的情形的，即使未办理变更登记手续，最高额抵押权的效力仍然及于被转入的债权，但不得对其他抵押权人造成不利的影响。

裁判观点

案例：某银行股份有限公司某支行与某贸易有限公司、某置业有限公司等金融借款合同纠纷案［安徽省高级人民法院（2016）皖民二终字第00395号］

裁判摘要：根据《物权法》第二百零三条第一款的规定，最高额抵押权有两个显著特点：一是最高额抵押权所担保债权额有一个确定的最高额度限制，但实际发生的债权额是不确定的；二是最高额抵押权是对一定期间内将要连续发生的债权提供担保。由此，最高额抵押权设立时所担保的具体债权一般尚未确定，基于尊重当事人意思自治原则，《物权法》第二百零三条第二款对前款作了但书规定，即允许经当事人同意，将最高额抵押权设立前已经存在的债权转入最高额抵押担保的债权范围，但此并非重新设立最高额抵押权，也非《物权法》第二百零五条规定的最高额抵押权变更内容。同理，结合我国《房屋登记办法》第五十三条的规定，当事人将最高额抵押权设立前已存在债权转入最高额抵押担保的债权范围，不是最高抵押权设立登记的他项权利证书及房屋登记簿的必要记载事项，故亦非应当申请最高额抵押权变更登记的法定情形。

本案中，某支行和某置业公司仅是通过另行达成补充协议的方式，将上述最高额抵押权设立前已存在的债权转入该最高额抵押权所担保的债权范围内，转入的涉案债权数额仍在该最高额抵押担保的4,000万元最高债权额限度内，该转入的确定债权并非最高抵押权设立登记的他项权利证书及房屋登记簿的必要记载事项，也不会对其他抵押权人产生不利影响。此外，根据商事交易规则，法无禁止即可为，即在法律规定不明确时，不应强加给市场交易主体准用严格交易规则的义务。况且，就涉案2012年4月20日《小企业借款合同》项下的债权转入最高额抵押担保的债权范围，某置业公司不仅形成了股东会决议，出具了房产抵押担保承诺函，而且和某支行达成了《补充协议》，明确将已经存在的涉案借款转入前述最高额抵押权所担保的最高额为4,000万元的主债权范围内。现某置业公司上诉认为该《补充协议》约定事项必须办理最高额抵押权变更登记才能设立抵押权，不仅缺乏法律依据，也有悖诚实信用原则。

法律延伸

《中华人民共和国民法典》

第四百二十条　为担保债务的履行，债务人或者第三人对一定期间内将要连续发生的债权提供担保财产的，债务人不履行到期债务或者发生当事人约定的实现抵押权的情形，抵押权人有权在最高债权额限度内就该担保财产优先受偿。

最高额抵押权设立前已经存在的债权，经当事人同意，可以转入最高额抵押担保的债权范围。

第四百二十二条　最高额抵押担保的债权确定前，抵押权人与抵押人可以通过协议变更债权确定的期间、债权范围以及最高债权额。但是，变更的内容不得对其他抵押权人产生不利影响。

第四百二十三条　有下列情形之一的，抵押权人的债权确定：

（一）约定的债权确定期间届满；

（二）没有约定债权确定期间或者约定不明确，抵押权人或者抵押人自最高额抵押权设立之日起满二年后请求确定债权；

（三）新的债权不可能发生；

（四）抵押权人知道或者应当知道抵押财产被查封、扣押；

（五）债务人、抵押人被宣告破产或者解散；

（六）法律规定债权确定的其他情形。

62.最高额抵押项下每笔贷款发放前是否需要查询抵押物状况？

问　题

甲公司与某商业银行签订了《最高额抵押合同》，约定甲公司以国有土地使用权为其在2018年1月10日至2021年1月9日期间签订的全部主合同提供抵押担保，担保的最高债权额为4,000万元。次日，双方办理了抵押登记。该商业银行在上述最高额确定期间内与甲公司签订了多份《流动资金借款合同》。问，该商业银行依据每一次《流动资金借款合同》发放贷款前，是否需要查询抵押物状况？

法律解析

《民法典》第四百二十三条规定，抵押权人知道或者应当知道抵押财产被查封、扣押的或者债务人、抵押人被宣告破产或者解散的，抵押权人的债权确定。最高人民法院《关于人民法院民事执行中查封、扣押、冻结财产的规定》第二十五条规定："人民法院查封、扣押被执行人设定最高额抵押权的抵押物的，应当通知抵押权人。抵押权人受抵押担保的债权数额自收到人民法院通知时起不再增加。人民法院虽然没有通知抵押权人，但有证据证明抵押权人知道或者应当知道查封、扣押事实的，受抵押担保的债权数额从其知道或者应当知道该事实时起不再增加。"

根据上述法律规定，最高额抵押合同生效后，如发生抵押物被查封、扣押或者债务人、抵押人被宣告破产或者解散等情形的，且抵押权人对此知道或者应当知道的，抵押权人的债权确定，商业银行应不再继续发放贷款。但就如何判断抵押权人是否知道或者应当知道抵押物被查封、扣押，法律并未明确，司法实践中有不同的理解。

审慎起见，在发放最高额抵押合同项下每一笔具体贷款前，笔者建议，商业银行应注意对债务人、抵押人和抵押物的现状进行查询，避免出现法定事由导致债权无法被纳入最高额担保范围而脱保的情况。

审查要点

由于抵押财产被查封、扣押是最高额担保的主债权确定的法定事由，为防范风险，笔者认为，在实际业务操作中应注意以下问题：

1.准确填写商业银行的联系地址、联系方式等相关信息，便于发生查封、冻结抵押物后法院能够及时、准确地通知商业银行；同时也应该准确记录登记部门的联系信息，一旦商业银行发生联系地址、方式的改变，应立即书面通知登记部门。

2. 定期查询抵押物权属状况，调查抵押物物理现状。一旦发现抵押物被查封、扣押，应立即停止新贷款的发放，并依据相关合同约定及时行使权利。

法律延伸

《中华人民共和国民法典》

第四百二十三条　有下列情形之一的，抵押权人的债权确定：

（一）约定的债权确定期间届满；

（二）没有约定债权确定期间或者约定不明确，抵押权人或者抵押人自最高额抵押权设立之日起满二年后请求确定债权；

（三）新的债权不可能发生；

（四）抵押权人知道或者应当知道抵押财产被查封、扣押；

（五）债务人、抵押人被宣告破产或者解散；

（六）法律规定债权确定的其他情形。

最高人民法院《关于人民法院民事执行中查封、扣押、冻结财产的规定》（法释〔2020〕21号）

第二十五条　人民法院查封、扣押被执行人设定最高额抵押权的抵押物的，应当通知抵押权人。抵押权人受抵押担保的债权数额自收到人民法院通知时起不再增加。

人民法院虽然没有通知抵押权人，但有证据证明抵押权人知道或者应当知道查封、扣押事实的，受抵押担保的债权数额从其知道或者应当知道该事实时起不再增加。

63. 最高额抵押存续期间，抵押物查封后商业银行仍然发放贷款的，就该等贷款所产生的债权，商业银行是否享有优先受偿权？

问　题

甲公司与某商业银行签订《综合授信协议》《最高额抵押权合同》，约定以其名下土地、房屋提供最高额抵押担保。最高额抵押担保期间内，甲公司名下房屋被法院查封。其后，某商业银行继续向甲公司发放贷款，就该部分债权，某商业银行是否享有优先受偿权？

法律解析

《民法典》第四百二十三条对最高额抵押权所担保债权的确定事由作了规定。该条第四项规定："抵押权人知道或者应当知道抵押财产被查封、扣押。"在最高额抵押存续期间，抵押财产若被法院查封、扣押的，其极有可能被拍卖、变卖，直接危及商业银行债权的实现。

根据该规定，抵押物一经查封、扣押，其在拍卖后可供清偿的数额即可基本确定，此时抵押权人为实现债权或避免接下来的债务损失，必然产生与抵押人中止交易关系的意图，新的债权也将不再产生。因此，法律规定最高额抵押担保的债权也因此确定。

在最高额抵押期间，抵押物被查封而后又解封的，是否影响在此期间发放贷款所对应债权的优先受偿情况。法律并无明文规定。结合司法实践中的判例，笔者理解，查封、扣押等措施并不改变抵押物的权属，仅暂时限制抵押物的流通，一旦查封、扣押措施被依法解除，抵押财产恢复至初始的自由状态，即可以继续发挥对不特定债权的担保作用。因此，最高额抵押期间，抵押物经查封后又依法解封的，商业银行在查封期间发放的贷款同样属于最高额抵押担保的范围，仍享有优先受偿权。

裁判观点

案例：台州市某典当有限责任公司与某银行股份有限公司某支行、浙江某科技有限公司合同纠纷案［浙江省台州市中级人民法院（2016）浙10民终889号］

裁判摘要：本院认为，首先，《物权法》第二百零六条第四项规定了"抵押财产被查封、扣押"为最高额抵押所担保债权确定的法定事由之一，其立法本意在于查封、扣押为债权强制执行程序的开始，抵押物一经查封，其在拍卖后可供清偿执行债权的数额即可基本确定，此时抵押权人为实现债权或避免接下来的债务损失，必然产生与抵押人中止交易关系的意图，新的债权也将不再产生，最高额抵押所担保债权因此得以确定。其次，最高人民法院《关于人民法院民事执行中查封、扣押、冻结财产的规定》第二十七条规定，人民法院查封、扣押被执行人设定最高额抵押权的抵押物的，应当通知抵押权人。抵押权人受抵押担保的债权数额自人民法院通知时起不再增加。人民法院虽然没有通知抵押权人，但有证据证明抵押权人知道查封、扣押事实的，受抵押担保的债权数额从其知道该事实时起不再增加。该条立法意与前述《物权法》第二百零六条之规定并不矛盾，其恰恰是对该条的细化。其意在于，只有当人民法院将查封、扣押裁定通知到最高额抵押权人或最高额抵押权人通过其他途径已经知悉查封、扣押事实时，最高额抵押所担保的债权才得以确定。至于因其他债权人申请而致最高额抵押物被查封或扣押，此后又被解除查封或扣押的，因查封、扣押之事由而致最高额抵押权确定效力自始归于消灭，该抵押物恢复至原先未确定状态，其上所设最高额抵押权得以恢复。至于抵押权人发放最高额抵押贷款应否尽查询抵押物有无被查封的注意义务，法律对此并无明文规定。本案最高额抵押贷款虽发放在查封之后，但人民法院在查封时并未通知抵押权人，现亦无证据证明被上诉人某支行发放贷款时知道或应当知道抵押物被查封的事实，故某支行在查封后发放贷款无主观过错。况且，抵押物在被查封后又被依法解封，抵押财产自解封时起已恢复至初始自由状态，可以继续发挥对不特定债权的担保作用。被上诉人某支行对抵押物的拍卖所得全部款项仍享有优先受偿权。

法律延伸

《中华人民共和国民法典》

第四百二十三条　有下列情形之一的，抵押权人的债权确定：

（一）约定的债权确定期间届满；

（二）没有约定债权确定期间或者约定不明确，抵押权人或者抵押人自最高额抵押权设立之日起满二年后请求确定债权；

（三）新的债权不可能发生；

（四）抵押权人知道或者应当知道抵押财产被查封、扣押；

（五）债务人、抵押人被宣告破产或者解散；

（六）法律规定债权确定的其他情形。

最高人民法院《关于人民法院民事执行中查封、扣押、冻结财产的规定》（法释〔2020〕21号）

第二十五条 人民法院查封、扣押被执行人设定最高额抵押权的抵押物的，应当通知抵押权人。抵押权人受抵押担保的债权数额自收到人民法院通知时起不再增加。

人民法院虽然没有通知抵押权人，但有证据证明抵押权人知道或者应当知道查封、扣押事实的，受抵押担保的债权数额从其知道或者应当知道该事实时起不再增加。

第七章

质押担保

64. 理财产品能否设立质押?

问 题

多年来，商业银行在信贷业务开展过程中，存在接受商业银行理财产品作为质押物开展授信的情况。特别是保本型理财产品，因其具有本金固定、收益相对确定等特点，商业银行多将其视为存款接受作为质押标的。那么，理财产品质押是否具有质押担保的法律效力、是否能够对抗第三人呢?

法律解析

《民法典》第四百四十条规定："债务人或者第三人有权处分的下列权利可以出质：（一）汇票、本票、支票；（二）债券、存款单；（三）仓单、提单；（四）可以转让的基金份额、股权；（五）可以转让的注册商标专用权、专利权、著作权等知识产权中的财产权；（六）现有的以及将有的应收账款；（七）法律、行政法规规定可以出质的其他财产权利。"据此，通说认为，法律、行政法规未禁止抵押的财产，均可设立抵押；法律、行政法规规定可以出质的财产权利，才可以设立质押。

因此，尽管实务中已有许多商业银行开展理财产品质押业务，但在司法实践中，法院对理财产品质押的效力一直认定不一。笔者认为，在现有法律、行政法规并未明确规定理财产品可作为质押物的情况下，以理财产品设立质押的法律效力存在一定的不确定性，可能面临不被法院认可的风险。

审查要点

1. 合理限定可质押的理财产品种类。笔者建议，在法律、行政法规尚无明确规定之前，仅限于接受本行理财产品，且尽可能排除风险过高的理财产品。

2.调整合同内容，尽可能将理财产品对应为存款或应收账款进行质押。

3.完善质权公示方式。因理财产品并非法定可质押的权利类型，目前并无法定的登记部门。结合前述建议，笔者建议，如对应为存款/存单进行质押，则应办理核押手续，并收妥理财产品相关凭证（如认购合同及认购凭证）原件，确保商业银行对理财产品享有占有、控制的权利。如对应为应收账款，则应按照应收账款质押登记的相关规定在征信中心进行登记。

4.通过行权路径的设计，尽可能实现质权的自力救济，并在每一个环节做好被有权机关查冻扣或他人主张权利的风险防控措施，确保事实上能优先受偿。

裁判观点

案例：毕某、某银行股份有限公司某支行金融委托理财合同纠纷案［山东省高级人民法院（2019）鲁民申1418号］

裁判摘要：本院经审查认为，关于申请人未使用“U盾”对质押借款合同的影响，根据申请人和被申请人签订的《某银行电子银行个人客户服务协议》《工银电子密码器领用须知》等文件可知，申请人并未选择“U盾”作为身份确认工具，而是选择电子密码器，《个人客户服务协议》及须知中规定“对于使用以上标识进行的操作视为客户本人所为，并以客户发出的指令作为办理银行业务的合法有效依据”，被申请人也已经向申请人明示了泄露密码可能导致的法律后果，申请人因遇骗泄露电子银行账户信息及电子密码器中的动态口令，导致相关信息被不法分子修改，并以其理财产品质押贷款，故申请人未选择使用“U盾”并不影响被申请人相信相关的操作为申请人本人所为。某银行系统的制度规范虽规定自助渠道办理质押借款，借款人应已申领某银行网上银行“U盾”，但不能作为人民法院审查判断合同是否成立有效的依据。

关于本案理财产品是否可以用于质押，申请人的理财产品虽属于非保本浮动收益类，但法律并未对其用于质押作出禁止性规定，《个人金融资产质押贷款管理办法》作为行业操作规范对判定被申请人在审查发放贷款过程中是否存在过错具有一定的法律意义，但对认定合同效力不发生实质性影响。原审认为理财产品本身即为财产权利，具备《物权法》规定的可设定质押的基本条件，并无不当。原审在《物权法》未明确对理财产品权利种类进行归类的情况下，认为理财产品可以比照基金份额、股权设定质权，未必妥当，但认为本案质押标的本身即为申请人委托被申请人管理的财产权利，已由被申请人占有，无须再次交付，也不属于《物权法》规定的必须交付权利凭证或办理登记才设立的质权种类，适用法律的处理结果不存在错误。

关于被申请人的过错，一审法院即认定被申请人在审查发放贷款过程中存在过错，应承担次要责任，二审法院进而认为被申请人经营管理存在漏洞，对涉案贷款损失应承担50%的责任。申请人过失泄露密码是导致贷款损失发生的直接原因，其亦应承担相应的过错责任，申请人主张被申请人赔偿全部理财款及利息不能获得支持。

法律延伸

《中华人民共和国民法典》

第四百四十条 债务人或者第三人有权处分的下列权利可以出质：

（一）汇票、本票、支票；

（二）债券、存款单；

（三）仓单、提单；

（四）可以转让的基金份额、股权；

（五）可以转让的注册商标专用权、专利权、著作权等知识产权中的财产权；

（六）现有的以及将有的应收账款；

（七）法律、行政法规规定可以出质的其他财产权利。

65. 出资瑕疵的股权能否设立质押？

问　题

甲公司向商业银行提出2,000万元人民币授信申请，由其提供出让用地、划拨地上建筑物、公司股权、经营性公墓许可权进行抵质押担保。其中，甲公司股权并未实缴出资到位，能否质押？

法律解析

据《民法典》第四百四十条第四项的规定，可转让的股权依法可以用于出质。根据《公司法》的相关规定，股东出资瑕疵，负有补足义务，但不影响股东资格的确认。也就是说，通常情况下，认缴股权只要属可转让的股权，即使未实缴出资到位，同样可以质押。

尽管如此，但实务中，某些地方性法规对股权质押登记作出了限制性的规定。如《湖北省股权质押融资办法》规定："质权人应充分考虑股权质押融资可能产生的风险，以下股权不得办理质押融资：……3.未按国家规定实际缴付出资的股权；……"因此，如接受尚未实缴出资到位的股权出质，应事先向当地登记部门进行核实，避免因无法办理股权出质登记导致债权脱保。

审查要点

商业银行在接受股权质押时，应注意以下问题：

1.申请出质的股权是否已经足额实缴出资到位，如尚未足额出资到位，需进一步了解是实缴出资期限尚未届至还是已经届满但股东违约，如构成违约，需进一步了解公司章程、股东协议的约定，进而了解是否存在相应的违约责任，是否影响股东资格的确认及相应股东权利（尤其是财产权）的行使。同时，无论是否构成违约，均应结合实缴出资情况，合理评估股权价值。

2.申请出质的股权是否存在被有权机关冻结的情况。参照《民法典担保制度司法解释》第三十七条的规定，已被冻结的股权进行质押，并不必然导致质权无效，但商业银行仍将面临权利设立、行使方面的实质性障碍。如《工商行政管理机关股权出质登记办法》第五条明确规定，对于已经被依法冻结的股权，在解除冻结之前，不得申请办理股权出质登记。未经登记，质权无法有效设立。

3.加强贷后管理，密切关注股权所在公司经营情况以及股权本身的现状，及时主张权利。

法律延伸

最高人民法院《关于适用〈中华人民共和国民法典〉有关担保制度的解释》(法释〔2020〕28号)

第三十七条 当事人以所有权、使用权不明或者有争议的财产抵押，经审查构成无权处分的，人民法院应当依照民法典第三百一十一条的规定处理。

当事人以依法被查封或者扣押的财产抵押，抵押权人请求行使抵押权，经审查查封或者扣押措施已经解除的，人民法院应予支持。抵押人以抵押权设立时财产被查封或者扣押为由主张抵押合同无效的，人民法院不予支持。

以依法被监管的财产抵押的，适用前款规定。

《工商行政管理机关股权出质登记办法》(原国家工商行政管理总局令2016年第86号)

第五条 申请出质登记的股权应当是依法可以转让和出质的股权。对于已经被人民法院冻结的股权，在解除冻结之前，不得申请办理股权出质登记。

66.限制转让的股权能否设立质押?

问　题

甲公司向商业银行提出1,000万元人民币授信申请，以其公司董事持有甲公司的股权设立质押担保，但该公司章程对公司董事、监事、高级管理人员转让其所持有的本公司股权作出了限制性的规定。该股权质押是否有效?

法律解析

根据我国担保制度法理，作为质权的标的，应当具备以下条件：其一，具有特定性，出质财产必须是特定的财产；其二，具有可让与性，不能让与的财产无法通过交易实现价值，质权的实现无从谈起。因此，权利质权设定的对象必须是可转让的财产性权利，如果设定质权权利的对象是不可转让的，那么，在出质人不能履行债务时，质权人无法通过质权实现其债权，质权设定的目的也就无法实现。

基于此，在允许金融资产等财产性权利进行质押时，《民法典》第四百四十条第四项、第五项将其特别限定为“可以转让的基金份额、股权”“可以转让的注册商标专用权、专利权、著作权等知识产权中的财产权”。

此外，如前所述，《工商行政管理机关股权出质登记办法》第五条也明确可以申请出质的股权“应当是依法可以转让和出质的股权”。

在此情况下，公司章程或公司股东协议对股权对外转让进行限制的，是否影响该等股权质权的效力？也就是说，公司章程、公司股东协议甚至是监管规定限制股权在一定期限内流转的，是否属于“不可以转让”的股权？对此，笔者认为，股权作为一种法定财产权利，并非法律、行政法规强制性规定禁止、限制其转让，商事主体基于商事考虑对股权流转进行一定的限制，并不影响其法定流通性，这类股权可以出质，相应质权效力并不因商事主体之间的限制性约定而受影响。与之类似，上市公司限售流通股进行质押，在实务中也十分常见。

审查要点

商业银行在接受股权质押时，应注意以下问题：

1. 注意审查公司章程、股东协议，判断拟质押股权是否存在限制转让等约定。

2. 尽量避免期限错配。即贷款到期日应尽量晚于股权限制转让期限届满日。

3. 结合公司经营情况及股权限售期（即股权限制转让期限）的长短，合理评估股权价值，并合理确定质押率。

4. 存在限售期的股权，或股权持有人系特殊主体（如公司董监高）的，应在相应质押合同中明确约定出质人不得在股权出质后通过书面承诺等任何方式延长出质股权的限售期，并匹配具体的违约责任。

裁判观点

案例：某信托股份有限公司与夏某执行分配方案异议之诉案［最高人民法院（2019）最高法民终492号］①

裁判摘要：关于案涉股权质押成立及效力问题。《物权法》第二百二十三条规定："债务人或者第三人有权处分的下列权利可以出质：……（四）可以转让的基金份额、股权……"第二百二十六条第一款规定："以基金份额、股权出质的，当事人应当订立书面合同。以基金份额、证券登记结算机构登记的股权出质的，质权自证券登记结算机构办理出质登记时设立；以其他股权出质的，质权自工商行政管理部门办理出质登记时设立。"本案中，某公司、某某公司以自己在某农商行的公司股权出质，与某信托公司签订了股权质押合同，某市工商局给予办理了股权质押登记手续，出具了股权出质设立登记通知书。某公司、某某公司在某农商行的股权并非法律法规规定不能出质的股权。即使存在某农商行公司章程规定的"股权限制转让"条款，该条款也不能否认案涉股权对外出质的合法性。案涉股权到工商行政管理部门办理出质登记后，质权依法设立。至于是否到银监会备案也不能否认案涉股权质权登记的对外公示效力。此外，银监会办公厅制定的《关于进一步加强信托公司风险监管工作的意见》是银监会对信托公司行政监管的规定，不属于行政法规的效力性强制性规范，不能据此否定基于信托行为性质而订立的信托贷款合同及股权质押合同的效力。

综上所述，本案所涉信托贷款合同和股权质押合同系某信托公司与某农商行股东某公司、某某公司等各方当事人的真实意思表示，并依法办理出质登记手续，不违反法律行政法规的效力性强制性规定。案涉股权出质经依法登记，质权有效设立。故，夏某主张案涉股权质押未成立的上诉理由，本院不予支持。

---

① 夏某针对本判决申请再审。再审法院作出（2020）最高法民申2846号民事裁定书，驳回夏某的再审申请。

法律延伸

《工商行政管理机关股权出质登记办法》(原国家工商行政管理总局令2016年第86号)

第五条　申请出质登记的股权应当是依法可以转让和出质的股权。对于已经被人民法院冻结的股权，在解除冻结之前，不得申请办理股权出质登记。

67.公司增资扩股后，对出质股权有何影响?

问　　题

公司增资扩股，对商业银行持有的股权质权有何影响?

法律解析

股权质押需要在市场监督管理部门进行股权质押登记，并由市场监督管理部门出具《股权质押登记通知书》，自登记之日起设立质权。股权设立质押后，间接限制了股东变更和股权变更，增资扩股属于股权变更的一种。

在公司注册资本认缴登记制之下，公司经过增资扩股，如果新股东加入导致原股东持股比例发生变化，则新股东认缴的出资是否到位，直接影响到原股东所持股份对应的公司资产价值是否发生改变。如果新股东认缴出资实际到位，因有新的出资注入公司，虽然原股东持股比例发生变化，但其对应的公司资产价值并未变化，进而，以增资扩股前所持股份设定的质权通过优先受偿所能获得的实际利益亦未因此发生变化。如果新股东认缴的出资未实缴到位，公司的实际资产价值并未改变，则原股东持股比例的减少，必然导致所对应资产价值因增资扩股而减少，质权人通过行使质权所能获得的实际利益亦会减少。

审查要点

商业银行接受股权质押的，还应对增资扩股等可能影响质权人实体权益的事项作出明确的限定。包括：（1）出质人行使相关表决权前应事先征得质权人书面同意，或直接授权质权人行使相应表决权；（2）增资扩股后影响出质股权价值的（如增资扩股对应的出资未在合理期限内实缴到位），质权人有权宣布贷款提前到期，并提前行使质权，甚至要求出质人承担其他法律责任。

裁判观点

案例：深圳市某投资有限公司、天津某商贸有限公司侵权责任纠纷案［最高人民法院（2018）最高法民终281号］

裁判摘要：在公司注册资本认缴登记制之下，公司经过增资扩股，如果新股东加入导致原股东持股比例发生变化，则新股东认缴的出资是否到位，直接影响到原股东所持股份对应的公司资产价值是否发生改变。如果新股东认缴出资实际到位，因有新的出资注入公司，虽然原股东持股比例发生变化，但其对应的公司资产价值并未变化，进而，以增资扩股前所持股份设定的质押权通过优先受偿所能获得的实际利益亦未发生变化。如果新股东认缴的出资未实际交付，公司的实际资产价值并未改变，则原股东持股比例的减少，必然导致所对应资产价值的减少，以增资扩股前所持原比例股份设定的质押权，在股份比例减少后通过优先受偿所能获得的实际利益亦会减少。本案中，某商贸公司增资扩股后，新股东某投资公司、某某投资公司未将认缴的出资实际注入某商贸公司，某商贸公司的实际资产价值并未增加，原股东某实业公司持股比例从100%降为29.98%，其所持股权对应的实际资产价值亦实际降低。根据天津市第一中级人民法院（2017）津01破申3号民事裁定书认定，本案一审期间，截至2017年11月30日，某商贸公司资产总计为479,361,239.45元，到期债务达到1,090,141,165.4元，另有尚未计算的利息、罚息、复利等债务。某基金公司就某实业公司所持某商贸公司29.98%股权通过优先受偿能够获得的实际利益，相比增资扩股前就某实业公司所持某商贸公司100%股权通过优先受偿能够获得的实际利益，明显减少。某投资公司和某某投资公司亦未提供证据证明上述两公司具有将认缴出资实际交付的能力，某基金公司债权可以得到清偿。同时，某实业公司因持股比例降低而失去对某商贸公司的经营决策和控制权，存在致使某实业公司所持股份原有的控制权溢价利益受损、实际市场价值降低的可能，进而影响某基金公司质权的实现。因此，案涉增资扩股行为损害了某基金公司的利益。

法律延伸

《中华人民共和国民法典》

第四百四十三条　以基金份额、股权出质的，质权自办理出质登记时设立。

基金份额、股权出质后，不得转让，但是出质人与质权人协商同意的除外。出质人转让基金份额、股权所得的价款，应当向质权人提前清偿债务或者提存。

68.已转让收益权的股权进行出质的，相应质权能否有效设立?

问　题

某商业银行拟投资某信托计划，该信托计划融资方以其在本项目中已转让收益权的股权设立质押，该质权能否有效设立?

法律解析

《民法典》第四百四十条规定：“债务人或者第三人有权处分的下列权利可以出质……（四）可以转让的基金份额、股权；……”第四百三十条第一款规定：“质权人有权收取质押财产的孳息，但是合同另有约定的除外。”

实践中，股权出质所质押的权利内容是股权“财产权利部分”还是股权全部权能，一直存有争议。不过，都认可至少包括“财产权利部分”。这样一来必然与股权收益权的在先转让存在一定的冲突。目前法律并未对股权收益权作出明确界定，通常来说，股权收益权应当包括因股权所产生的各类财产权利。例如，最高人民法院在（2016）最高法民终19号民事判决书中认为：“股票收益权包括某晖一期、某晖元博合计持有的股票的处置收益及股票在约定收益期间所实际取得的股息及红利、红股、配售、新股认股权证等孳息。”

因此，在股权出质之前，股东已经对外转让股权收益权的，是否还存在

"质押标的"？在目前的司法实践中，法院通常认可已转让收益权的股权再行办理质押的效力。也就是说，商业银行接受已经对外转让股权收益权的股权设立质权的，相应质权可依法有效设立。但在质权实现环节，存在股权收益权受让人与质权人的权利冲突。就此问题，法律并无明文规定。笔者认为，在后设立质权，质权人如知道或应当知道股权受益权已经转让的，在后设立的质权不能对抗已转让的股权收益权；但如质权人不知道且不应当知道已转让股权收益权，而受让人取得的仅仅是一定的财产收益，不能当然对抗质权这一担保物权。因此，商业银行可排除受让人对股权收益权的权益，不受影响地实现质权。受让人因此所受的损失，由转让人承担。

裁判观点

案例：某投资管理股份有限公司与某国际信托股份有限公司、天津某投资基金等合伙协议纠纷案［最高人民法院（2016）最高法民终19号］

裁判摘要：某信托公司从某投资基金、某某投资基金处取得涉诉股票收益权前，某投资基金、某某投资基金等在与某科技公司签订的《关于业绩补偿的协议书》中承诺该协议中的浙江某石化股份有限公司相关会计年度实际盈利未达标时，某科技公司可以回购某投资基金、某某投资基金持有的上述相应股票。在上述股票的收益权转让给某信托公司后，上述承诺涉及的问题就是如果上述浙江某石化股份有限公司相关会计年度实际盈利未达标，涉诉股票上某科技公司回购权益就需与某信托公司的收益权进行协调。涉诉股票需进行权益协调的问题，与股票收益权确定与否的问题，属不同法律问题，二者没有法律上的关联。涉诉股票权益协调可以按照法律的规定予以解决，权益协调并不当然导致某信托公司丧失其所取得的股票收益权。本案中，因某信托公司为保障股票收益权实现已取得了该股票的质押权，故，在涉诉股票上某信托公司的权利优先于某科技公司。而且，本案中某科技公司也并未回购涉诉股票。所以，涉诉股票并未因某科技公司回购而使某信托公司无法拥有股票收益权。某投资管理公司提出的涉诉股票"所有权"不确定进而股票收益权也不确定之主张，实质是认为某科技公司对涉诉股票的回购权益将使某投资基金、某某投资基金无法拥有股票"所有权"进而某信托公司无法享有股票收益权，如前所述，该主张缺乏法律依据，故难以成立。某科技公司就涉诉股票享有的回购权益未对作为信托财产的股票收益权产生法律上的影响，某投资管理公司以涉诉股票上存在某科技公司回购权益为由否定《信托合同》效力，事实和法律依据均不充分，本院不予支持。

因本案中并无某科技公司向某投资基金、某某投资基金回购股票而受阻之事实，故某投资管理公司主张《股票收益权转让协议》及《股票质押合同》因使某科技公司回购涉诉股票受阻而损及社会公众股东利益，缺乏事实依据。某投资管理公司认可某科技公司对涉诉股票享有回购权益属公开披露的事实，所以即使某投资基金、某某投资基金在与某信托公司签订的《股票收益权转让协议》中未专门披露上述事实，也不构成恶意串通隐瞒上述事实。而且，某科技公司对涉诉股票的回购权益事实上没有影响某信托公司实际取得涉诉股票收益权或处置股票。因此某投资基金、某某投资基金在与某信托公司签订上述协议时陈述所称的涉诉股票不存在影响股票收益权转让或处置股票的情况，并无不当，《股票收益权转让协议》不应属于恶意串通损害第三人某投资合伙企业利益而无效。某投资管理公司主张《股票收益权转让协议》无效，事实依据不足，其主张难以成立。相应地，某投资管理公司以该协议无效为依据来主张涉诉两份《信托合同》无效，也不能成立。

法律延伸

《中华人民共和国民法典》

第四百三十条 质权人有权收取质押财产的孳息，但是合同另有约定的除外。

前款规定的孳息应当先充抵收取孳息的费用。

第四百四十条 债务人或者第三人有权处分的下列权利可以出质：

（一）汇票、本票、支票；

（二）债券、存款单；

（三）仓单、提单；

（四）可以转让的基金份额、股权；

（五）可以转让的注册商标专用权、专利权、著作权等知识产权中的财产权；

（六）现有的以及将有的应收账款；

（七）法律、行政法规规定可以出质的其他财产权利。

第四百四十三条 以基金份额、股权出质的，质权自办理出质登记时设立。

基金份额、股权出质后，不得转让，但是出质人与质权人协商同意的除外。出质人转让基金份额、股权所得的价款，应当向质权人提前清偿债务或者提存。

69. 特许经营权能否设立质权？

问　题

甲公司是一家主营殡葬业务的企业，现向某商业银行申请2,000万元综合授信，拟提供经营性公墓许可权作为质押担保。那么，特许经营许可权能否设立质权？

法律解析

经营性公墓许可权包括对经营性公墓进行建设、运营、维护并获得相应收益的权利。对公墓的建设、运营和维护，不具有财产权性质，故对公墓特许经营权的质押实质上系对经营性公墓收益权的质押。对此，《动产和权利担保统一登记办法》第三条第二款规定："本办法所称的应收账款包括下列权利：……（三）能源、交通运输、水利、环境保护、市政工程等基础设施和公用事业项目收益权；……"《民法典担保制度司法解释》第六十一条第四款也规定，"以基础设施和公用事业项目收益权、提供服务或者劳务产生的债权以及其他将有的应收账款出质，当事人为应收账款设立特定账户，发生法定或者约定的质权实现事由时，质权人请求就该特定账户内的款项优先受偿的，人民法院应予支持"。据此，笔者认为，基础设施和公用事业项目收益权属于未来应收账款，可以出质。

审查要点

《民法典》施行前，特许经营权、项目收益权等能否质押，在学界和司法实践中均存在争议。《民法典》首次将“将有的应收账款”明确为可质押的权利类型，并通过司法解释将“基础设施和公用事业项目受益权”等明确为“将有的应收账款”，从而首次明确了特许经营权、项目收益权等权利的可质押性。

《最高人民法院民法典担保制度司法解释理解与适用》[①]一书认为，将有的应收账款主要包括两大类：（1）能源、交通运输、水利、环境保护、市政工程等基础设施和公用事业项目收益权；（2）因提供医疗、教育、旅游等服务或劳务产生的债权，如医院和学校的收费权、景区门票收费权等。

在接受此类收益权、收费权质押时，应注意以下问题：

1. 收益权、收费权的取得是否合法合规。

2. 收费权是经营性收费权还是行政事业性收费权。部分医院、学校收取的学费、医疗费，需要上缴中央或地方国库，实行“收支两条线”管理并且纳入预算的，属于行政事业性收费，不能作为应收账款进行质押。

3. 原则上应当设立特定账户，因收益权、收费权所产生的款项均应进入特定账户，应收账款质权实现时，原则上应先就特定账户内的款项优先受偿，账户内款项不足以清偿债务的，再对应收账款进行变现。

裁判观点

案例一：某银行股份有限公司某支行、某污水处理有限公司与某市政工程有限公司借款合同纠纷案［福建省高级人民法院（2013）闽民终字第870号］

裁判摘要：本院认为，本案中某污水处理公司未能依约偿还贷款本息，构成违约，某支行有权按照合同约定要求某公司立即偿还所有借款本金和利息，并依法行使质权。根据《担保法》第七十一条第二款的规定，债务履行期限届满质权人未受清偿的，可以与出质人协议以质物折价，也可以依法拍

① 最高人民法院民事审判第二庭著：《最高人民法院民法典担保制度司法解释理解与适用》，人民法院出版社2021年版。

卖、变卖质物。从上述规定可以看出，质权人实现质权的方式通常是，与出质人协议将质物折价或者将质物拍卖、变卖并从所得价款中优先受偿。上述规定是《担保法》对质权实现方式的一般性规定。本案中，出质人某市政公司与质权人某支行约定的质权实现方式是，某市政公司承诺将某市建设局支付给该公司的污水处理服务费优先用于清偿借款合同项下某污水处理公司的债务。尽管上述约定也是通过从质权变现所得价款中优先受偿的方式来保证质权人质权的实现，但由于该种污水处理收益权实质上是一种可期待的将来之债权，是某市政公司根据其每月提供的污水处理服务分期获得的收益，因此，双方约定的该种质权实现方式实际上又有别于一般的通过拍卖、变卖质物，从所得价款中一次性优先受偿的质权实现方式。某支行在《特许经营权质押担保协议》上签字，应视为其同意通过分期优先受偿的方式实现质权。更为重要的是，污水处理收益权作为污水处理特许经营权的一项权能，与企业对污水处理项目的投资、运营和维护是密不可分的，并非可以单独行使。该收益权的获得不仅是对企业先期投入的一种回报，更有赖于企业对污水处理项目的持续运营和维护，而这些更多地体现为一种负担和义务，对经营主体的资质、能力有着较为严格的要求。因此，不论是从维护社会公共利益角度考虑，还是从公平、公正角度考虑，本案的污水处理收益权都不宜通过拍卖、变卖的方式予以处置。鉴于目前某污水处理公司负责的污水处理项目已经能够正常运作，某市政公司每月获得的污水处理费收益稳定，某支行的债权完全可以通过从某市政公司每月取得的污水处理费中优先受偿的方式保证其债权的最终实现，因此，本院对某支行要求将《特许经营权质押担保协议》项下质物拍卖，并从质物变现所得价款中优先受偿的主张不予支持。

案例二：某银行股份有限公司某支行、某污水处理有限公司与某市政工程有限公司借款合同纠纷案［福建省福州市中级人民法院（2012）榕民初字第661号］[①]

裁判摘要：1.关于污水处理项目特许经营权能否出质问题。污水处理项

① 此判决书是案例一的一审判决书。

目特许经营权是对污水处理厂进行运营和维护，并获得相应收益的权利。污水处理厂的运营和维护，属于经营者的义务，而其收益权，则属于经营者的权利。由于对污水处理厂的运营和维护，并不属于可转让的财产权利，故讼争的污水处理项目特许经营权质押，实质上系污水处理项目收益权的质押。关于污水处理项目等特许经营的收益权能否出质问题，应当考虑以下方面：其一，本案讼争污水处理项目《特许经营权质押担保协议》签订于2005年，尽管当时法律、行政法规及相关司法解释并未规定污水处理项目收益权可质押，但污水处理项目收益权与公路收益权性质上相类似。《担保法司法解释》第九十七条规定，“以公路桥梁、公路隧道或者公路渡口等不动产收益权出质的，按照担保法第七十五条第（四）项的规定处理”，明确公路收益权属于依法可质押的其他权利，与其类似的污水处理收益权亦应允许出质。其二，国务院办公厅2001年9月29日转发的《国务院西部开发办〈关于西部大开发若干政策措施的实施意见〉》中提出，“对具有一定还贷能力的水利开发项目和城市环保项目（如城市污水处理和垃圾处理等），探索逐步开办以项目收益权或收费权为质押发放贷款的业务”，首次明确可试行将污水处理项目的收益权进行质押。其三，污水处理项目收益权虽系将来金钱债权，但其行使期间及收益金额均可确定，其属于确定的财产权利。其四，在《物权法》颁布实施后，因污水处理项目收益权系基于提供污水处理服务而产生的将来金钱债权，依其性质亦可纳入依法可出质的“应收账款”的范畴。因此，讼争污水处理项目收益权作为特定化的财产权利，可以允许其出质。

2.关于污水处理项目收益权质权的公示问题。对于污水处理项目收益权的质权公示问题，在《物权法》自2007年10月1日起施行后，因收益权已纳入该法第二百二十三条第六项的“应收账款”范畴，故应当在中国人民银行征信中心的应收账款质押登记公示系统进行出质登记，质权才能依法成立。由于本案的质押担保协议签订于2005年，在《物权法》施行之前，故不适用《物权法》关于应收账款的统一登记制度。因当时并未有统一的登记公示的规定，故参照当时公路收费权质押登记的规定，由其主管部门进行备案登记，有关利害关系人可通过其主管部门了解该收益权是否存在质押之情况，该权利即具备物权公示的效果。本案中，某市建设局在《特许经营权质押担保协议》上盖章，且协议第七条明确约定“某市建设局同意为原告和某市政公司办理质押登记出质登记手续”，故可认定讼争污水处理项目的主管部门已知晓并认可该权利质押情况，有关利害关系人亦可通过某市建设局查询了解讼争污水处理厂的有关权利质押的情况。因此，本案讼争的权利质押已具备公示之要件，质权已设立。

3.关于污水处理项目收益权的质权实现方式问题。我国《担保法》和《物权法》均未具体规定权利质权的具体实现方式，仅就质权的实现作出一般性的规定，即质权人在行使质权时，可与出质人协议以质押财产折价，或就拍卖、变卖质押财产所得的价款优先受偿。但污水处理项目收益权属于将来金钱债权，质权人可请求法院判令其直接向出质人的债务人收取金钱并对该金钱行使优先受偿权，故无需采取折价或拍卖、变卖之方式。况且收益权均附有一定之负担，且其经营主体具有特定性，故依其性质亦不宜拍卖、变卖。因此，原告请求将《特许经营权质押担保协议》项下的质物予以拍卖、变卖并行使优先受偿权，不予支持。根据协议约定，原告支行有权直接向某市建设局收取污水处理服务费，并对所收取的污水处理服务费行使优先受偿权。由于被告仍应依约对污水处理厂进行正常运营和维护，若无法正常运营，则将影响到某市城区污水的处理，亦将影响原告对污水处理费的收取，故原告在向某市建设局收取污水处理服务费时，应当合理行使权利，为被告预留经营污水处理厂的必要合理费用。

法律延伸

最高人民法院《关于适用〈中华人民共和国民法典〉有关担保制度的解释》(法释〔2020〕28号)

第六十一条第四款 以基础设施和公用事业项目收益权、提供服务或者劳务产生的债权以及其他将有的应收账款出质，当事人为应收账款设立特定账户，发生法定或者约定的质权实现事由时，质权人请求就该特定账户内的款项优先受偿的，人民法院应予支持；特定账户内的款项不足以清偿债务或者未设立特定账户，质权人请求折价或者拍卖、变卖项目收益权等将有的应收账款，并以所得的价款优先受偿的，人民法院依法予以支持。

70.应收账款设立质押应注意哪些问题?

问 题

甲公司与某商业银行签订《授信额度协议》，该商业银行给予甲公司3,500万元的授信额度，授信期间为自2019年1月31日起至2020年1月25日止。同日，双方签订了《应收账款质押合同》，质押标的为甲公司与乙公司签订的关于某工程的《建设工程施工合同》所形成的所有应收账款。就此应收账款质押的设立，应注意哪些事项?

法律解析

应收账款质押具有以下法律特征:

1.应收账款质押的标的仅限于金钱之债。

2.作为质押标的的应收账款，可以是已实际存在的债权，也可以是有稳定预期的未来债权。

3.质权的实现，依赖于作为质押标的的债权所对应的债务人依约清偿其债务。因此，商业银行除对应收账款本身进行审查外，在存在特定债务人的情况下，还需合理核查债务人的资信能力。

审查要点

应收账款出质时，应注意:

1.订立书面质押合同和登记协议，对应收账款(含将有的应收账款)的细节作出明确约定，确保质押标的明确，不存在争议。

2.及时办理应收账款出质登记。尤其需注意根据主债权履行期限合理确定登记期限。根据《动产和权利担保统一登记办法》相关规定，登记期限最短1个月，最长不超过30年。在登记期限届满前，担保权人可以申请展期。担保权人可以多次展期，每次展期期限最短1个月，最长不超过30年。

3. 就债务人确定的应收账款，建议与应收账款债权人、债务人签订三方协议，设立特定账户，明确约定应收账款债务人将应付款项支付至特定账户，同时就基础合同变更、应收账款转让和法定抵销权的行使等作出限制性的约定。就债务人无法确定的应收账款，即基础设施和公用事业项目收益权等将有的应收账款，建议与基础设施和公用事业收益权的权利人、权利授予主体签订三方协议，由权利授予主体确认出质人取得相关权利依法合规，不存在被撤销、撤回、提前收回等风险，如发生特定情形导致权利期限、范围等发生变化的，相应补偿金、赔偿金等均应直接转入特定账户由质权人优先受偿。

裁判观点

案例：某银行股份有限公司某分行、某实业有限公司金融借款合同纠纷案［最高人民法院（2019）最高法民终1445号］[①]

裁判摘要：《物权法》第二百二十八条第一款规定："以应收账款出质的，当事人应当订立书面合同。质权自信贷征信机构办理出质登记时设立。"根据该条规定，应收账款出质的法律规范层面的要求为，签订应收账款质押合同，并在中国人民银行征信中心办理应收账款质押登记；实践中出质人在出质时多仅提供应收账款基础交易合同、履行基础交易合同的增值税发票及应收账款金额等材料，便得以办理应收账款质权登记。但是，在依据上述法律规定登记应收账款质权后，债权人起诉请求针对该应收账款行使优先受偿权时，则可能会遇到应收账款基础交易关系的债务人以应收账款的债权并不存在，或者债务人存在抵销权等抗辩。由此，则影响到债权人针对该应收账款质权的实现。本案纠纷即为某分行已经办理了应收账款质权登记，但是在行使时却遭遇到该基础交易关系的债务人某公司关于该应收账款并不客观存在的抗辩。

产生此问题的根源在于，《物权法》规定的应收账款质权设立法律规范中，对出质人道德风险所引发的应收账款并不客观真实存在或遭遇基础交

---

① 类似案例还有最高人民法院（2017）最高法民再409号。

易关系债务人行使抗辩权的问题，并未设计相应的规则。虽然实践中一些金融机构等债权人的内部风险控制流程要求，在应收账款质权设立时要求质押担保之债权人去核实该应收账款的客观真实性，并以签署三方协议或询证函及止付通知的形式确保该应收账款客观存在，然后再行办理应收账款质权登记。但是，这种内部的风险控制流程由于缺乏法律规范层面的强制性要求，并没有在实务操作中被全面贯彻。有些金融机构或其他债权人在开展应收账款质押时仍然停留在依据《物权法》第二百二十八条的规定，仅凭债务人提供基础交易关系的债权合同及相应增值税发票等资料，即办理质权登记，而疏于核实基础交易关系中应收账款债权的客观真实性，由此导致行使质权时可能面临基础交易关系债务人对应收账款并未客观存在或行使抵销权的抗辩。本案某分行主张行使应收账款质权，与某公司关于应收账款并不客观存在的抗辩的冲突，即系该问题的直接体现。如何解决案涉纠纷所涉的难题，平衡当事人之间所存在的利益冲突，需要结合物权制度的基本原则，衡量此种风险的控制成本和控制可能性，确立解决上述质权人行使质权与基础交易关系债务人所提抗辩之间的冲突解决原则。

《物权法》第二百二十九条规定："权利质权除适用本节规定外，适用本章第一节动产质权的规定。"对于动产质权而言，系通过质权人对动产有体物的占有以实现该物权的支配权能。而在设定权利质权时，亦需要满足质权人对该权利的支配权能。欲满足质权人对该权利标的之支配，在应收账款质权设立时需要满足以下两个要求：

首先，需要所支配的标的物在质权设立时，或者在质权实现时能够得以特定。在应收账款质权所对应的应收账款特定上，应仅指基础交易关系中债权人因销售产品、提供劳务等，有权向购货单位或接受劳务单位收取的款项。中国人民银行作为办理应收账款质押登记的主管部门，在《应收账款质押登记办法》第二条中对应收账款定义如下："本办法所称应收账款是指权利人因提供一定的货物、服务或设施而获得的要求义务人付款的权利以及依法享有的其他付款请求权，包括现有的和未来的金钱债权，但不包括因票据或其他有价证券而产生的付款请求权，以及法律、行政法规禁止转让的付款请求权。本办法所称的应收账款包括下列权利：（一）销售、出租产生的债权，包括销售货物，供应水、电、气、暖，知识产权的许可使用，出租动产或不动产等；（二）提供医疗、教育、旅游等服务或劳务产生的债权；（三）能源、交通运输、水利、环境保护、市政工程等基础设施和公用事业项目收益权；（四）提供贷款或其他信用活动产生的债权；（五）其他以合同为基础的具有金钱给付内容的债权。”该规定也体现了应收账款应为纯粹债权性利益的定位，即在确保担保物权客体特定性上应收账款质权的标的应仅指债权性利益。

其次，在要求应收账款为纯债权性利益的情况下，还应要求质权人在设定及行使质权时能够实际支配该应收账款。虽然《物权法》将应收账款与汇票、支票、本票、债券、存款单、仓单、提单、基金份额、股权、知识产权中的财产权等财产权利并列为权利质权的标的，但应收账款与汇票、支票等其他出质权利在性质上有显著区别，主要体现为：汇票、支票、本票等权利载体所记载的财产权利是确定的，这些权利基于权利凭证即可取得或者证明，无论是占有该权利凭证，还是在该权利凭证上记载质权，均能公示该质权的支配性特征，故所遭遇债务人道德风险及不能实现权利质权的风险较小；而应收账款作为一种债权，其确定及支配依赖于基础交易关系的债务人对债务的认同和协助，或者为生效裁判文书的确认。由此，对于应收账款这种质权标的来说，在确定质权人对该应收账款的支配权能上，首先需要基础交易关系债务人对该债务的认同和协助。而如何获得该基础交易关系债务人的认同和协助，涉及设立质权时对应收账款债权客观真实性的核实义务和通知义务的问题。

法律延伸

《中华人民共和国民法典》

第七百六十八条 应收账款债权人就同一应收账款订立多个保理合同，致使多个保理人主张权利的，已经登记的先于未登记的取得应收账款；均已经登记的，按照登记时间的先后顺序取得应收账款；均未登记的，由最先到达应收账款债务人的转让通知中载明的保理人取得应收账款；既未登记也未通知的，按照保理融资款或者服务报酬的比例取得应收账款。

最高人民法院《关于适用〈中华人民共和国民法典〉有关担保制度的解释》(法释〔2020〕28号)

第六十六条第一款　同一应收账款同时存在保理、应收账款质押和债权转让，当事人主张参照民法典第七百六十八条的规定确定优先顺序的，人民法院应予支持。

71.融资性担保公司能否以其存单为他人提供质押担保?

问　题

商业银行与融资性担保公司合作，融资性担保公司以其存单为商业银行提供质押担保，是否合法有效?

法律解析

1.融资性担保公司可否为其股东提供担保的问题

《融资担保公司监督管理条例》第十七条第一款规定:“融资担保公司不得为其控股股东、实际控制人提供融资担保，为其他关联方提供融资担保的条件不得优于为非关联方提供同类担保的条件。”原中国银行业监督管理委员会、国家发展和改革委员会、工业和信息化部、财政部、商务部、中国人民银行、原国家工商行政管理总局《融资性担保公司管理暂行办法》第三十条进一步规定:“融资性担保公司不得为其母公司或子公司提供融资性担保。”也就是说，如股东系公司股东，而非自然人股东，则无论该股东是否为控股股东、实际控制人，融资性担保公司均不得为其提供担保；如股东系自然人股东，除非该股东是控股股东、实际控制人，否则，融资性担保公司可为其提供担保。

此外，融资性担保公司为其符合上述规定的自然人股东提供担保的，应按照《公司法》第十六条的规定，依照公司章程规定，提供董事会或股东会、股东大会的有效决议，同时必须满足《公司法》《融资担保公司监督管理条例》《融资性担保公司管理暂行办法》对担保资金比例及担保责任余额等作出的限制性规定。其中，就是否作出公司机关决议事宜，因《民法典担保制度司法解释》第八条规定："有下列情形之一，公司以其未依照公司法关于公司对外担保的规定作出决议为由主张不承担担保责任的，人民法院不予支持：(一)金融机构开立保函或者担保公司提供担保；……"因此，笔者认为，如融资性担保公司并未作出公司机关决议，债权人仍有权向其主张担保权利。

2.融资性担保公司可否以其存单为股东以外的第三方提供质押担保

法律、行政法规明确规定存单可以质押，且未对融资性担保公司的质押主体资格作出限制性规定。因此，笔者认为，融资性担保公司原则上可以存单为他人提供质押担保。

需要注意的是，部分地方监管部门认为，如质押存单所对应的存款系担保公司的注册资本金，将注册资本金以存单的形式对外质押，涉嫌变相抽逃注册资金，因此持禁止态度。考虑到金融债权及担保权利的安全性，出于审慎经营原则，如拟接受融资性担保公司以其存单提供质押担保，建议商业银行提前与地方监管部门进行沟通，并密切关注当地的监管规定，确保相关业务的合法合规性。如当地监管部门禁止此类存单质押，建议商业银行尽可能不予接受该等质押物。

审查要点

1.与融资担保机构合作前，应仔细审核其经营许可证并通过法律尽职调查识别、判断：其是否已经或可能遭受行政处罚、是否依法存续并正常经营、是否被列入人民法院失信被执行人名单、是否被列入市场监管部门经营异常名录或者严重违法失信企业名单、是否被全国信用共享平台归集和列入国家企业信用信息公示系统的其他领域失信黑名单等。

2.应严格按照《融资担保公司监督管理条例》《融资性担保公司管理暂行办法》的相关规定，结合业务合作情况，判断融资性担保公司对单个被担保人提供担保的责任余额及担保公司总的担保责任余额是否超过法定限额。

3.调查了解担保公司与债务人之间的关系，核查债务人是否系担保公司的公司股东，或虽为自然人股东，但系担保公司的控股股东或实际控制人。

法律延伸

《融资担保公司监督管理条例》

第十七条 融资担保公司不得为其控股股东、实际控制人提供融资担保，为其他关联方提供融资担保的条件不得优于为非关联方提供同类担保的条件。

融资担保公司为关联方提供融资担保的，应当自提供担保之日起30日内向监督管理部门报告，并在会计报表附注中予以披露。

《融资性担保公司管理暂行办法》（原中国银行业监督管理委员会、国家发展和改革委员会、工业和信息化部、财政部、商务部、中国人民银行、原国家工商行政管理总局令2010年第3号）

第二十七条 融资性担保公司对单个被担保人提供的融资性担保责任余额不得超过净资产的10%，对单个被担保人及其关联方提供的融资性担保责任余额不得超过净资产的15%，对单个被担保人债券发行提供的担保责任余额不得超过净资产的30%。

第二十八条 融资性担保公司的融资性担保责任余额不得超过其净资产的10倍。

第二十九条 融资性担保公司以自有资金进行投资，限于国债、金融债券及大型企业债务融资工具等信用等级较高的固定收益类金融产品，以及不存在利益冲突且总额不高于净资产20%的其他投资。

第三十条 融资性担保公司不得为其母公司或子公司提供融资性担保。

72.以存单设立质押应注意哪些问题？

问　题

某商业银行与张某签订了《借款合同》，约定借款金额200万元，借款期限12个月，自2018年9月16日起至2019年9月15日止，到期一次还清借款本息。同时，张某与该商业银行签订了《质押合同》，以质押财产对主合同项下的全部债务向该商业银行提供质押担保，质押财产为户名为张某的个人定期存单。商业银行办理个人存单质押担保，应注意哪些事项？

法律解析

《民法典》第四百四十条明确规定："债务人或者第三人有权处分的下列权利可以出质：……（二）债券、存款单；……"第四百四十一条规定："以汇票、本票、支票、债券、存款单、仓单、提单出质的，质权自权利凭证交付质权人时设立；没有权利凭证的，质权自办理出质登记时设立。法律另有规定的，依照其规定。"因此，以存款单出质的，除出质人与质权人签订书面质押合同外，出质人还应当在合同约定的期限内将存款单交付给质权人，质权自存款单交付质权人时设立。

同时，根据国务院《关于实施动产和权利担保统一登记的决定》第二条"纳入动产和权利担保统一登记范围的担保类型包括：……（三）存款单、仓单、提单质押；……"和第三条"纳入统一登记范围的动产和权利担保，由当事人通过中国人民银行征信中心（以下简称征信中心）动产融资统一登记公示系统自主办理登记，并对登记内容的真实性、完整性和合法性负责"之规定，双方还应通过征信中心动产融资统一登记公示系统自主办理出质登记。

审查要点

1. 商业银行办理个人定期存单质押贷款的业务，应注意：

（1）外国人、无国籍人以及港、澳、台居民为借款人的，应在中华人民共和国境内居住满1年并有固定居所和职业。

（2）所有权有争议、已设立担保、挂失、失效或者被依法止付的存单不得作为质押品。因此，对于他行存单，在接受质押之前，应通过存款行进行核押，确保存单真实性、合法性、有效性且权利主体无瑕疵。

（3）存单质押贷款金额原则上不超过存单本金的90%。

（4）合理确定贷款期限，尽量确保贷款期限不超过质押存单的到期日。

2. 商业银行办理单位定期存单质押贷款的业务，应注意：

（1）单位定期存单只能为质押贷款的目的而开立和使用，由贷款人依据开户证实书向存款行申请开具单位定期存单，该存单为质押的权利凭证，金融机构开具的《单位定期存款开户证实书》不得作为质押的权利凭证。

（2）贷款行经审查同意借款人的贷款申请的，应将《单位定期存款开户证实书》和开具单位定期存单的委托书一并提交给存款行，向存款行申请开具单位定期存单。贷款行不得接受未经确认的单位定期存单作为贷款的担保。因此建议贷款行一并要求存款行出具单位定期存单确认书，并与单位定期存单一并交付至贷款行。

（3）下列存款不得用于质押：①社会保险机构管理的社会保险基金；②旅行社质量保证金；③证券公司客户交易结算资金；④国家机关的国库存款、财政经费；⑤由企业再就业服务中心专户管理，用于保障下岗职工基本生活的国有企业下岗职工基本生活保障资金；⑥军队、武警部队的存款；⑦其他依法律法规不得转让以及依用途不宜质押的款项。

此外，无论是以个人存单还是以单位存单提供质押，质权商业银行还应注意核查出质人的资金来源。如出质人存在非法集资等违法犯罪情形，或质押资金可能系犯罪所得的，应拒绝该等存单质押，避免质权落空。

裁判观点

案例：某银行股份有限公司大连分行、大连某贵金属贸易有限公司金融借款合同纠纷案［最高人民法院（2020）最高法民终532号］[①]

裁判摘要：根据《上市公司证券发行管理办法》《上市公司监管指引第2号——上市公司募集资金管理和使用的监管要求》的规定，上市公司应当将募集资金存放于专项账户中集中管理和使用，不得用作其他用途，原则上募集资金应用于上市公司的主营业务，募集资金不得用于质押、委托贷款等变相改变用途的担保或投资。案涉募集资金虽被多次违规周转，转至本案某贵金属公司账户或转为存单，但其系某控股公司发行股票募集资金的本质属性，法律、规章对其的限制性要求并未发生根本性改变。某控股公司及其全资子公司某贵金属公司擅自使用募集资金对某某公司债务提

① 类似案例还有最高人民法院（2019）最高法民终22号。

供担保，未按《证券法》及《上市公司证券发行管理办法》的规定经过股东大会决议同意，严重影响某控股公司资产及股东利益，侵害其他权利人的合法权益，冲击证券市场秩序，明显违反法律规定。某银行和某贵金属公司在明知4.59亿元存单为某控股公司的募集资金，按照法律及相关规定，未经某控股公司股东大会决议同意不能用于质押的情况下，仍签订三份质押协议，擅自改变募集资金用途，违反了有关强制性规定，亦属于《合同法》第五十二条第五项规定的“违反法律、行政法规的强制性规定”的情形，一审法院认定三份质押协议为无效协议并无不当，本院予以维持。某银行的上诉理由为以上法律及规定仅约束证券市场的参与主体，与其无关，但是，某银行在法律已明确禁止的情况下，应知晓该质押行为无效的法律后果。

法律延伸

《个人定期存单质押贷款办法》（中国银行保险监督管理委员会令2021年第7号）

第二条 个人定期存单质押贷款（以下统称存单质押贷款）是指借款人以未到期的个人定期存单作质押，从商业银行（以下简称贷款人）取得一定金额的人民币贷款，到期由借款人偿还本息的贷款业务。

第四条 作为质押品的定期存单包括未到期的整存整取、存本取息和外币定期储蓄存款存单等具有定期存款性质的权利凭证。

所有权有争议、已作担保、挂失、失效或被依法止付的存单不得作为质押品。

第五条 借款人以本人名下定期存单作质押的小额贷款（以下统称小额存单质押贷款），存单开户银行可授权办理储蓄业务的营业网点直接受理并发放。

各商业银行总行可根据本行实际，确定前款小额存单质押贷款额度。

第六条 以第三人存单作质押的，贷款人应制定严格的内部程序，认真审查存单的真实性、合法性和有效性，防止发生权利瑕疵的情形。对于借款人以公开向不特定的自然人、法人和其他组织募集的存单申请质押贷款的，贷款人不得向其发放贷款。

《单位定期存单质押贷款管理规定》（中国银行保险监督管理委员会令2021年第7号）

第三条　本规定所称单位定期存单是指借款人为办理质押贷款而委托贷款人依据开户证实书向接受存款的金融机构（以下简称存款行）申请开具的人民币定期存款权利凭证。

单位定期存单只能以质押贷款为目的开立和使用。

单位在金融机构办理定期存款时，金融机构为其开具的《单位定期存款开户证实书》不得作为质押的权利凭证。

金融机构应制定相应的管理制度，加强对开具《单位定期存款开户证实书》和开立、使用单位定期存单的管理。

第九条　存款行在开具单位定期存单的同时，应对单位定期存单进行确认，确认后认为存单内容真实的，应出具单位定期存单确认书。确认书应由存款行的负责人签字并加盖单位公章，与单位定期存单一并递交给贷款人。

第十二条　经确认后的单位定期存单用于贷款质押时，其质押的贷款数额一般不超过确认数额的90%。各行也可以根据存单质押担保的范围合理确定贷款金额，但存单金额应能覆盖贷款本息。

第十三条　贷款人不得接受未经确认的单位定期存单作为贷款的担保。

73.保险公司能否以其存单设立质押？

问　题

商业银行与保险公司合作时，保险公司能否以其存单设立质押？

法律解析

1.关于保险公司以其存单出质为他人提供担保的问题

《保险资金运用管理办法》第十八条规定："除中国保监会[①]另有规定以

① 现为中国银行保险监督管理委员会。

外，保险集团（控股）公司、保险公司从事保险资金运用，不得有下列行为：……（五）将保险资金运用形成的投资资产用于向他人提供担保或者发放贷款，个人保单质押贷款除外；……”据此，笔者认为，保险公司以保险资金存入商业银行所形成的存款，不得用于向他人提供担保。也就是说，保险公司不得以其存款单为他人提供质押担保。

2. 关于保险公司以其存单出质为自身提供担保的问题

目前，并无法律、行政法规及监管规定禁止保险公司以其保险资金形成的存款为自身债务提供质押担保。但根据《保险资金运用管理办法》的相关规定，保险资金包括保险公司的资本金、公积金、未分配利润、各项准备金以及其他资金，该等资金运用限于下列形式：（1）银行存款；（2）买卖债券、股票、证券投资基金份额等有价证券；（3）投资不动产；（4）投资股权；（5）国务院规定的其他资金运用形式。因此，笔者认为，保险公司不宜以保险资金形成的商业银行存款出质给他人。

需要进一步探讨的问题是，如保险公司以保险资金形成的存款单提供质押担保，相应担保合同是否生效、质权是否有效设立？对此，即是否涉及违反《中华人民共和国保险法》（以下简称《保险法》）第一百零六条第二款“保险公司的资金运用限于下列形式：（一）银行存款；（二）买卖债券、股票、证券投资基金份额等有价证券；（三）投资不动产；（四）国务院规定的其他资金运用形式”之规定及前述《保险资金运用管理办法》的相关规定，是否构成《民法典》有关“违反法律、行政法规的强制性规定”合同无效之规定或《全国法院民商事审判工作会议纪要》有关“违反规章”“该规章的内容涉及金融安全、市场秩序、国家宏观政策等公序良俗的”情形。对此，笔者认为，司法实践中可能会有不同的理解，存在较大的不确定性。

审查要点

1. 保险公司以存款单为他人提供担保，明显违规，应尽量不予接受该等质押担保。

2. 如业务需要，确需接受保险公司提供存款单质押的，应就监管机构要求整改、存款单质押被认定无效等情形特别约定保险公司的违约责任，尽可能防控银行资金风险。

法律延伸

《保险资金运用管理办法》(保监会令〔2018〕1号)

第十五条　保险资金可以投资资产证券化产品。

前款所称资产证券化产品，是指金融机构以可特定化的基础资产所产生的现金流为偿付支持，通过结构化等方式进行信用增级，在此基础上发行的金融产品。

第十六条　保险资金可以投资创业投资基金等私募基金。

前款所称创业投资基金是指依法设立并由符合条件的基金管理机构管理，主要投资创业企业普通股或者依法可转换为普通股的优先股、可转换债券等权益的股权投资基金。

第十七条　保险资金可以投资设立不动产、基础设施、养老等专业保险资产管理机构，专业保险资产管理机构可以设立符合条件的保险私募基金，具体办法由中国保监会制定。

第十八条　除中国保监会另有规定以外，保险集团（控股）公司、保险公司从事保险资金运用，不得有下列行为：

（一）存款于非银行金融机构；

（二）买入被交易所实行“特别处理”“警示存在终止上市风险的特别处理”的股票；

（三）投资不符合国家产业政策的企业股权和不动产；

（四）直接从事房地产开发建设；

（五）将保险资金运用形成的投资资产用于向他人提供担保或者发放贷款，个人保单质押贷款除外；

（六）中国保监会禁止的其他投资行为。

74. 商业银行在接受保单质押担保时，应注意哪些问题？

问　题

商业银行在接受保单质押担保时，应注意哪些问题？

法律解析

《民法典》第四百四十条未明确列举保单作为可质押的权利类型。但《保险法》第三十四条第一款、第二款规定：“以死亡为给付保险金条件的合同，未经被保险人同意并认可保险金额的，合同无效。按照以死亡为给付保险金条件的合同所签发的保险单，未经被保险人书面同意，不得转让或者质押。”依反面解释，经被保险人书面同意的寿险保单，可以作为质押标的。原中国保险监督管理委员会《关于加强保险公司与商业银行保单质押贷款业务合作管理有关问题的通知》亦明确规定：“保险公司在保险合同中应对保单质押贷款条款进行细化，明确以死亡为给付条件的保单在办理质押时必须取得被保险人的同意。”因此，无论是从特别法的规定还是监管层面，均认可保单质押。

目前，司法实践中存在较大争议的是，可以质押的保单的范围。也就是说，并非任何保单均可质押。对此，原中国保险监督管理委员会《关于寿险保单质押贷款业务有关问题的复函》明确规定：“保单质押贷款是长期寿险合同特有的功能。”据此，笔者认为，长期寿险保单，投保人享有保单现金价值，具有财产属性，可以依法设立质押。其他性质的保单，需要具体情况具体分析。

审查要点

商业银行在办理人寿保单质押贷款业务时，应注意：

1. 虚假、无效、失效的保单不得出质。商业银行在接受保单质押前，应向相应保险公司核实保单的真实性、合法性、有效性，并核查投保人是否存在欠缴保险费、保单已被挂失等情形。

2.对于某些具有自动以现金价值垫缴保费、分红自动纳入现金价值等衍生功能的保险单，或者对质权人明显不利的保险条款，建议商业银行与保险公司签订合作协议作出特殊约定，尽量避免相关条款对商业银行质权产生不利影响。

3.个人人寿保险单涉及投保人、被保险人和受益人三个主体，保险单现金价值所有权归投保人，保险赔款所有权归受益人，以死亡为保险金给付条件的保险合同，进行质押时必须得到被保险人的书面同意。未指定受益人的必须先指定受益人方可办理出质。为保证质权的完整，投保人、被保险人和受益人必须一致同意，一旦借款人不能清偿到期债务，商业银行有权办理该保险单的退保手续，并有权以该保单的现金价值优先受偿。

4.如被保险人或受益人为无民事行为能力人或限制民事行为能力人的，如由无/限制民事行为能力人本人签订相关协议或法律文件，可能被认定为无效或效力待定的民事行为，如果由其法定代理人代为签署，则可能被认为属于监护人损害被监护人利益的行为进而认定相应民事行为无效。因此，笔者建议，商业银行谨慎办理被保险人或受益人为无民事行为能力人或限制民事行为能力的保单质押业务。

5.不得以贷款发放为条件，要求客户先购买保险，然后将保单拿到商业银行质押，或者用取得贷款的一定比例购买保险，再到商业银行进行质押。该等行为，将被监管部门认定为强迫或变相强迫客户购买保险，违反《保险法》投保自愿原则，存在较大的退保风险，进而影响质权的设立及行使。

裁判观点

案例：蹇某与某人寿保险有限责任公司重庆分公司确认合同无效纠纷案［重庆市高级人民法院（2018）渝民申2518号］

裁判摘要：某人寿重庆分公司在未超出经营保险业务许可证批准的业务范围内，于2010年3月23日与蹇某签订《某款年金保险（分红型）保险合同》，该合同是双方当事人的真实意思表示，未违反法律法规的禁止性规定，合法有效，该合同明确约定了保单质押贷款的内容，即在合同有效期内，蹇某可以申请并经某人寿重庆分公司审核同意后办理保单贷款，2015年6月15日，蹇某向某人寿重庆分公司提交了《保单贷款申请书》，某人寿重庆分公司审核同意后办理保单贷款。蹇某申请再审认为某人寿重庆分公司不具有从事金融贷款资格，中国人民银行作出银复〔1998〕194号批复同意对已签发的寿险保单办理保险质押贷款，同时《关于寿险保单质押贷款业务有关问题的复函》中也指出，在保险合同中约定保单质押贷款，并未超出经营保险业务许可证批准的业务范围，涉案保单质押贷款的约定没有违反法律、法规的规定。

法律延伸

原中国保险监督管理委员会《关于寿险保单质押贷款业务有关问题的复函》(保监厅函〔2008〕66号)

一、保单质押贷款是长期寿险合同特有的功能，是指投保人在合同生效满一定期限后，按照合同约定将其保单的现金价值作为质押，向保险公司申请贷款。对于在财务上短期需要资金周转的投保人，与退保相比，保单质押贷款对投保人更加有利，既可以有助于解决投保人短期财务问题，又可以继续维持保险合同的效力，按合同约定得到保险保障。此外，寿险公司对于办理保单贷款的投保人收取利息，主要目的在于保证保单现金价值正常的保值增值。

原中国保险监督管理委员会《关于加强保险公司与商业银行保单质押贷款业务合作管理有关问题的通知》(保监寿险〔2011〕1312号)

二、保险公司在保险合同中应对保单质押贷款条款进行细化，明确以死亡为给付条件的保单在办理质押时必须取得被保险人的同意。为防止保单在质押期间发生被保险人死亡等保险事故时产生的利益纠纷，应采取指定受益人等措施对相关权益进行明确，防止出现法律风险。

75.知识产权设立质押应注意哪些问题?

问 题

商业银行在开展信贷业务时，会有企业或者个人以其享有的知识产权提供质押担保。商业银行在接受知识产权质押时，应注意哪些问题?

法律解析

随着商业银行信贷业务的发展以及市场融资的需要，以知识产权提供质押担保的方式越来越常见。

知识产权是指公民或法人等主体依据法律的规定，对其从事智力创作或创新活动所产生的知识产品所有的专有权利，主要包括发明专利、商标以及工业品外观设计等组成的工业产权和自然科学、社会科学以及文学、音乐、戏剧、绘画、雕塑、摄影和电影摄影制作等方面的作品组成的著作权（版权）两部分。根据知识权利性质和处分方式的不同，可分为人身权利与财产权利。《民法典》第四百四十条规定："债务人或者第三人有权处分的下列权利可以出质：……（五）可以转让的注册商标专用权、专利权、著作权等知识产权中的财产权；……"因此，知识产权中的财产权利可以设立质押。

根据我国《中华人民共和国专利法》《中华人民共和国商标法》《中华人民共和国著作权法》等知识产权相关法律规定，知识产权质押标的具体包括：

1.著作权中的财产权利。具体包括复制权、出租权、表演权、放映权、展览权、信息网络传播权、发行权、摄制权、改编权、翻译权、汇编权。

2.商标权中的财产权利。具体包括专用权、许可权、转让权。

3.专利权中的财产权利。具体包括实施权、转让权、许可实施权。

《民法典》第四百四十四条第一款规定："以注册商标专用权、专利权、著作权等知识产权中的财产权出质的，质权自办理出质登记时设立。"据此，知识产权质押以登记为法定生效要件。

不过，因《民法典》未统一规定各类知识产权质押的登记主管部门，在实践中，存在管理权属不明、登记混乱的问题。另外，因知识产权本身权利属性决定了知识产权权利价值难以准确评估、贬值风险较高、变现难度大等。因此，商业银行应谨慎接受知识产权质押。

审查要点

1. 重视贷前审查。商业银行应选择成熟的专利技术或驰名商标等权利作为知识产权质押的标的。对于处于研发阶段的专利技术，应对潜在风险进行充分评估并从其经济价值、变现能力等角度综合评估考量后，确定是否接受该担保措施。

2. 科学评估。知识产权的价值决定了商业银行贷款的质押率以及授信额度。是否对知识的价值进行科学评估，直接影响到商业银行承担的风险大小，因此，商业银行应选择专业性较强、经验丰富的社会中介机构对质押标的进行尽可能准确、客观的价值评估。

3. 实时监控被质押的知识产权。商业银行应当对其享有质权的知识产权的有效性、期间、既存和可能发生的纠纷、关联知识产权状况、贬值风险等问题进行贷后跟踪掌控，适时关注该知识产权的法律状态，防止因质押标的瑕疵，影响质权的实现。

4. 落实登记。不同的知识产权质押，应当在不同的管理部门进行登记，以避免因登记错误影响质权效力。结合相关法律规定，目前以注册商标专用权设立质押的，应在国家知识产权局办理质押登记；以专利权设立质押的，应在国家知识产权局办理质押登记；以著作权设立质押的，应在国家版权局办理质押登记。

法律延伸

《中华人民共和国民法典》

第四百四十条 债务人或者第三人有权处分的下列权利可以出质：

（一）汇票、本票、支票；

（二）债券、存款单；

（三）仓单、提单；

（四）可以转让的基金份额、股权；

（五）可以转让的注册商标专用权、专利权、著作权等知识产权中的财产权；

（六）现有的以及将有的应收账款；

（七）法律、行政法规规定可以出质的其他财产权利。

76.以私募股权投资基金设立质押应注意哪些问题？

问 题

商业银行接受公司提供的私募股权投资基金设立的质押担保，应注意哪些问题？

法律解析

私募股权投资，是指通过私募形式对私有企业，即非上市企业进行的权益性投资，通过上市、并购或管理层回购等方式出售持股获利。司法实践中，在分析私募股权投资基金份额质押权成立的条件时，应注意以下几点：

1.私募股权投资基金的特征。私募股权投资基金具有财产性和可转让性的特点。如《中华人民共和国证券投资基金法》第四十六条规定，“基金份额持有人享有下列权利：（一）分享基金财产收益；（二）参与分配清算后的剩余基金财产；（三）依法转让或者申请赎回其持有的基金份额；……”私募股权基金份额属于信托财产，是有价财产，具有可转让性。

2.私募股权投资基金份额可以出质。有限合伙制私募股权投资基金，是指采取有限合伙的形式设立的股权投资基金，属于有限合伙人在合伙企业内所有的财产份额。而有限合伙企业的财产份额又是以有限合伙人的出资为基础，并且包含了有限合伙人的利润分享权和剩余财产分配权，具有财产性特征。《民法典》第四百四十条规定，出质人可以以其有权处分的财产权利进行出质。《中华人民共和国合伙企业法》第七十二条也规定：“有限合伙人可以将其在有限合伙企业中的财产份额出质；但是，合伙协议另有约定的除外。”据此，有限合伙企业合伙人原则上可将其财产份额出质。

3. 私募基金份额出质应登记。《民法典》第四百四十三条第一款规定：“以基金份额、股权出质的，质权自办理出质登记时设立。”

法律延伸

《中华人民共和国民法典》

第四百四十条 债务人或者第三人有权处分的下列权利可以出质：

（一）汇票、本票、支票；

（二）债券、存款单；

（三）仓单、提单；

（四）可以转让的基金份额、股权；

（五）可以转让的注册商标专用权、专利权、著作权等知识产权中的财产权；

（六）现有的以及将有的应收账款；

（七）法律、行政法规规定可以出质的其他财产权利。

第四百四十三条 以基金份额、股权出质的，质权自办理出质登记时设立。

基金份额、股权出质后，不得转让，但是出质人与质权人协商同意的除外。出质人转让基金份额、股权所得的价款，应当向质权人提前清偿债务或者提存。

《中华人民共和国证券投资基金法》

第四十六条 基金份额持有人享有下列权利：

（一）分享基金财产收益；

（二）参与分配清算后的剩余基金财产；

（三）依法转让或者申请赎回其持有的基金份额；

（四）按照规定要求召开基金份额持有人大会或者召集基金份额持有人大会；

（五）对基金份额持有人大会审议事项行使表决权；

（六）对基金管理人、基金托管人、基金服务机构损害其合法权益的行为依法提起诉讼；

（七）基金合同约定的其他权利。

公开募集基金的基金份额持有人有权查阅或者复制公开披露的基金信息资料；非公开募集基金的基金份额持有人对涉及自身利益的情况，有权查阅基金的财务会计账簿等财务资料。

《中华人民共和国证券法》

第一百五十七条 投资者委托证券公司进行证券交易，应当通过证券公司申请在证券登记结算机构开立证券账户。证券登记结算机构应当按照规定为投资者开立证券账户。

投资者申请开立账户，应当持有证明中华人民共和国公民、法人、合伙企业身份的合法证件。国家另有规定的除外

《中华人民共和国合伙企业法》

第七十条 有限合伙人可以同本有限合伙企业进行交易；但是，合伙协议另有约定的除外。

77.电子仓单能否设立质押？

问　题

金融借款合同中约定电子仓单作为质押担保，该质权能否有效设立？

法律解析

仓单是保管人应存货人的要求，在收到仓储物后给存货人开付的凭证。仓单在性质上既是一种物权凭证，也是一种债权凭证。因此，仓单可以转让，可以出质。《民法典》第四百四十一条规定：“以汇票、本票、支票、债券、存款单、仓单、提单出质的，质权自权利凭证交付质权人时设立；没有权利凭证的，质权自办理出质登记时设立。法律另有规定的，依照其规定。”

仓单质押如何有效设立，《民法典担保制度司法解释》作出了明确规定。该司法解释第五十九条第一款规定："存货人或者仓单持有人在仓单上以背书记载'质押'字样，并经保管人签章，仓单已经交付质权人的，人民法院应当认定质权自仓单交付质权人时设立。没有权利凭证的仓单，依法可以办理出质登记的，仓单质权自办理出质登记时设立。"

据此，笔者认为，仓单设立质押，需要区分是否有权利凭证。

有权利凭证的仓单设立质权需同时满足：（1）在仓单上背书记载"质押"字样；（2）经保管人签章；（3）仓单已经交付质权人。

没有权利凭证的仓单设立质权则需办理出质登记。存在疑问的是，有权利凭证的仓单可否通过办理出质登记而非交付仓单设立质权？对此，目前《民法典》及其司法解释并未明确。结合《最高人民法院民法典担保制度司法解释理解与适用》[①]一书的观点，"从解释论的角度看，交付与登记二者只能择其一，关键取决于是否有权利凭证"。据此，笔者认为，有权利凭证的仓单，应交付仓单；没有权利凭证的仓单，则应办理登记。对于没有权利凭证的仓单，主要指电子仓单，应结合国务院《关于实施动产和权利担保统一登记的决定》第三条的规定，当事人通过中国人民银行征信中心动产融资统一登记公式系统自主办理登记。

裁判观点

案例：栾川县某金属冶炼有限责任公司诉上海某资产管理有限公司金融借款合同纠纷案［上海市第一中级人民法院（2017）沪01民终6125号］

裁判摘要：本院认为，仓单质押本质为一权利质押，被上诉人能否享有质押权应从以下两点判断：第一，仓单权利是否有瑕疵；第二，是否符合我国《物权法》关于权利质押设定之条件。二审庭审中，涉案货物所有权人，确认仓单项下货物客观存在，不存在权利瑕疵，故可认定涉案质押权行使不存在法律障碍。而涉案仓单的形式是否具有瑕疵，本院认为，根据一审法院

---

① 最高人民法院民事审判第二庭著：《最高人民法院民法典担保制度司法解释理解与适用》，人民法院出版社2021年版。

查明的事实，仓单编号生成的过程如下：将中国某物资华东有限公司的存货凭证录入西双版纳某某股份有限公司交易系统后，由交易系统自动生成。对此事实，上诉人在庭后提交的书面情况说明亦予以确认。本院经查阅深圳某有限公司与西双版纳某股份有限公司签订的《注册仓单质押业务合作协议》，及中国某物资华东有限公司与西双版纳某股份有限公司签订的《西双版纳商品交易所指定交割仓库合作协议》，上诉人与被上诉人陈述的仓单形成过程与上述两份协议约定一致。因此，涉案货物采用电子仓单形式具有合同依据。同时，根据我国《物权法》第二百二十四条规定，以仓单出质的，质权自权利凭证交付质权人时设立。该条并未将权利凭证限定为纸质凭证，因此，以仓单为质押标的物的，质押物仓单可以是除纸质之外的其他形式。因此，本案当事人采用电子仓单形式与约有据，与法无悖。从涉案电子仓单形成的过程来看，涉案电子仓单系将存货凭证录入公司系统后自动生成，且该涉案电子仓单生成系由当事人协议安排，电子仓单的编号在《注册仓单质押合同》中亦明确列明；因此，即使涉案电子仓单存在形式瑕疵，但并不影响仓单作为权利凭证所代表物权的效力。根据《物权法》第二百二十四条规定，仓单质押的，当事人应当订立书面合同，质权自权利凭证交付质权人时设立。因此，仓单质押成立的两个法定条件是：第一，当事人签订书面的质押合同；第二，权利凭证交付。对于《注册仓单质押合同》的效力，各方当事人均未提出异议，故质押合同依法有效。质押合同中列明了涉案电子仓单编号，明确在涉案电子仓单上设立质权。因此，上诉人关于在涉案电子仓单上设立质押的意思表示真实、明确。关于权利凭证交付，上诉人主张因其未向被上诉人交付过仓单，故质押成立缺少法定要件，质押不成立。对此本院认为，本案当事人采用的是电子仓单，电子仓单的形式决定了该类型仓单只能通过电子交互的方式完成交付，而无法完成物理空间上的交付。本案中，西双版纳某股份有限公司将备注为“质押”的电子注册仓单的系统截屏发送至深圳某有限公司指定邮箱，自该截屏文件到达被上诉人指定邮箱之时，即完成了权利凭证的交付。因此，本案仓单质押设立的法定要件均已满足，仓单质押成立。被上诉人依照《委托贷款合同》及《注册仓单质押合同》约定，行使质押权，依约有据。

法律延伸

《中华人民共和国民法典》

第四百二十九条 质权自出质人交付质押财产时设立。

第四百四十一条 以汇票、本票、支票、债券、存款单、仓单、提单出质的，质权自权利凭证交付质权人时设立；没有权利凭证的，质权自办理出质登记时设立。法律另有规定的，依照其规定。

第九百一十条 仓单是提取仓储物的凭证。存货人或者仓单持有人在仓单上背书并经保管人签名或者盖章的，可以转让提取仓储物的权利。

最高人民法院《关于适用〈中华人民共和国民法典〉有关担保制度的解释》（法释〔2020〕28号）

第五十九条 存货人或者仓单持有人在仓单上以背书记载"质押"字样，并经保管人签章，仓单已经交付质权人的，人民法院应当认定质权自仓单交付质权人时设立。没有权利凭证的仓单，依法可以办理出质登记的，仓单质权自办理出质登记时设立。

出质人既以仓单出质，又以仓储物设立担保，按照公示的先后确定清偿顺序；难以确定先后的，按照债权比例清偿。

保管人为同一货物签发多份仓单，出质人在多份仓单上设立多个质权，按照公示的先后确定清偿顺序；难以确定先后的，按照债权比例受偿。

存在第二款、第三款规定的情形，债权人举证证明其损失系由出质人与保管人的共同行为所致，请求出质人与保管人承担连带赔偿责任的，人民法院应予支持。

78. 虚假存单能否设立质押？

问　题

商业银行工作人员为他人出具虚假存单用作质押贷款，并利用职务便利为该存单办理核押手续。在此情形下，质押合同是否有效？质权是否有效设立？存款行是否应当予以兑付？

法律解析

根据《民法典》第四百四十一条规定，存单可以出质。

实务中，为尽量避免接受虚假存单设立质权，接受存单质押的债权人应当向存单出具行（存款行）办理核押手续。

最高人民法院《关于审理存单纠纷案件的若干规定》第八条第二款规定："存单持有人以金融机构开具的、未有实际存款或与实际存款不符的存单进行质押，以骗取或占用他人财产的，该质押关系无效。接受存单质押的人起诉的，该存单持有人与开具存单的金融机构为共同被告。利用存单骗取或占用他人财产的存单持有人对侵犯他人财产权承担赔偿责任，开具存单的金融机构因其过错致他人财产权受损，对所造成的损失承担连带赔偿责任。接受存单质押的人在审查存单的真实性上有重大过失的，开具存单的金融机构仅对所造成的损失承担补充赔偿责任。明知存单虚假而接受存单质押的，开具存单的金融机构不承担民事赔偿责任。"

存单核押虽然不是存单质权设立的要件和必经程序，但结合司法解释的相关规定，接受存单质押之前进行核押是保护质权人合法权益的必要方式。最高人民法院《关于审理存单纠纷案件的若干规定》第八条第三款规定："以金融机构核押的存单出质的，即便存单系伪造、变造、虚开，质押合同均为有效，金融机构应当依法向质权人兑付存单所记载的款项。"

因此，就题述问题，尽管存单虚假，但质权人仍然可依据最高人民法院《关于审理存单纠纷案件的若干规定》第八条的相关规定向存款行主张权利，为该存单办理了核押手续的存款行应当兑付存单款项。

审查要点

作为开具存单的金融机构时，商业银行应注意：

1.存单保管及开具层面，应通过完善的业务操作规范及内部审核流程，严格要求工作人员妥善保管、依法出具存单，杜绝伪造、变造、虚开存单。

2. 存单核押层面，应与存单保管、出具人员隔离，由不同的人员严格审核存单的真实性、合法性及有效性，避免对伪造、变造、虚开的存单进行核押。核押后，不再接受原持有人对质押存单办理挂失手续，也不再向原持有人履行存款兑付义务。

作为接受存单质押的金融机构时，商业银行应注意：

1. 仔细审查存单的真实性、合法性及有效性，并向存款单办理核押手续。

2. 妥善保管存单，避免因未实际占有存单而丧失质权。

裁判观点

案例一：某证券有限责任公司深圳宝安路证券营业部与河南省某实业有限公司、深圳市某某实业有限公司借款担保合同纠纷案［最高人民法院（2005）民二终字第75号］

裁判摘要：2003年6月9日、10日、11日，某银行与深圳某某公司分别签订的三份《国债权利质押合同》，约定以深圳某某公司在宝安路营业部开立的证券账户及账上国债，资金账户和账上资金为河南某某公司与某银行签订的12份《银行承兑协议》提供质押担保，承兑汇票到期前10天，如果承兑申请人未按约定交付汇票款，某银行可以变卖国债，用于清偿汇票款等内容。为保证《国债权利质押合同》的履行，宝安路营业部向某银行出具承诺书，保证上述证券账户和资金账户由某银行占有和控制，由某银行设立和保留使用上述资金账户的唯一提款密码，并承诺如果某银行损失，其承担连带赔偿责任。宝安路营业部还向某银行出具资金对账单，确认深圳某某公司账上国债的存在。根据本案查明的事实，出质人深圳某某公司虽然向质权人某银行移交了证券和资金账户的占有和控制手续，确保了某银行对账户的有效控制，但宝安路营业部向某银行出具的对账单是虚假的，《国债权利质押合同》中所约定的国债，在深圳某某公司的证券账户中自始不存在。根据《担保法》第六十四条第二款关于"质押合同自质物移交于质权人占有时生效"的规定，本案深圳某某公司向债权人某银行交付的账户中质押标的物没有真实存在，应视为出质人没有向质权人交付质物，《国债权利质押合同》不发生法律效力，某银行不能依据《国债权利质押合同》向深圳某某公司行使质权。

原审法院认定深圳某某公司向某银行提供的质押为账户质押，且质押合同有效不妥，应当予以纠正。《国债权利质押合同》虽然约定用证券账户及账上国债、资金账户及账上资金提供质押担保，但同时又约定质押期满，某银行变卖国债的资金用于清偿汇票款项，从合同名称及对质权实现方式的约定内容看，质押标的物应为证券账户中确定数额的国债，移交账户的控制和占有的目的是保证质权人对账户中国债的占有和质权的实现。宝安路营业部上诉主张原审判决认定账户质押且质押合同有效是错误的观点成立，本院予以采纳。

案例二：王某与某银行股份有限公司某支行储蓄存款合同纠纷案［黑龙江省高级人民法院（2018）黑民终135号］[①]

裁判摘要：本院认为：王某以某支行强行划转其在该行开户的62×××15、62×××75号银行卡内11,803,351.55元为由，请求某支行返还该部分款项。根据案涉《个人贷款借款合同》《质押合同》《某银行质押核实书》《同意质押函》《承诺书》等证据可以证实，王某以其上述62×××15、62×××75号银行卡内共计1,195万元为案涉白某、张某的借款提供质押担保，同时约定如白某、张某不能按约定偿还借款，王某同意代偿全部借款本息或由某某支行扣收质押物。后因白某、张某未向某某支行偿还借款，该行分别于2015年12月30日、2016年7月21日向某支行出具《人民币质押款项处分通知书》等手续，请求某支行扣划案涉王某银行卡内存款11,803,351.55元，某支行在对案涉《个人贷款借款合同》《质押合同》《某银行质押核实书》《同意质押函》《承诺书》等材料进行了形式审查后，据此扣划了案涉款项，并将该款汇至某某支行指定的账户，某某支行将该款用于偿还白某、张某尚欠的借款本息，因此王某关于某支行构成强行划转的诉讼主张不能成立。虽然王某上诉主张其提供的质押物系银行存单，而非银行卡内存款，但案涉《质押合同》后附《质物清单》记载的质押物包括号码为62×××15、62×××75号的借记卡（金额为1,195万元）。同时王某亦承认其不存在上述号码的银

① 王某针对本判决申请再审。再审法院作出了（2018）最高法民申5367号民事裁定书，驳回王某的再审申请。

行存单，故王某的该上诉主张不能成立。王某对案涉质押手续上其本人签字的真实性没有异议，其虽主张系在被欺骗的情况下签署了案涉质押手续，且该部分手续在其签字时为空白，本案质押权应认定为无效。王某的该部分上诉主张实质是其不应承担质押责任，由于本案王某系基于储蓄存款合同，以某支行为被告提起本案诉讼，而非基于抵押合同，以某某支行为被告提起本案诉讼，因此案涉质押合同的效力、王某应否承担质押责任等问题不属于本案审理的范围。

法律延伸

《中华人民共和国民法典》

第四百四十一条 以汇票、本票、支票、债券、存款单、仓单、提单出质的，质权自权利凭证交付质权人时设立；没有权利凭证的，质权自办理出质登记时设立。法律另有规定的，依照其规定。

最高人民法院《关于审理存单纠纷案件的若干规定》（法释〔2020〕18号）

第八条 对存单质押的认定和处理

存单可以质押。存单持有人以伪造、变造的虚假存单质押的，质押合同无效。接受虚假存单质押的当事人如以该存单质押为由起诉金融机构，要求兑付存款优先受偿的，人民法院应当判决驳回其诉讼请求，并告知其可另案起诉出质人。

存单持有人以金融机构开具的、未有实际存款或与实际存款不符的存单进行质押，以骗取或占用他人财产的，该质押关系无效。接受存单质押的人起诉的，该存单持有人与开具存单的金融机构为共同被告。利用存单骗取或占用他人财产的存单持有人对侵犯他人财产权承担赔偿责任，开具存单的金融机构因其过错致他人财产权受损，对所造成的损失承担连带赔偿责任。接受存单质押的人在审查存单的真实性上有重大过失的，开具存单的金融机构仅对所造成的损失承担补充赔偿责任。明知存单虚假而接受存单质押的，开具存单的金融机构不承担民事赔偿责任。

以金融机构核押的存单出质的，即便存单系伪造、变造、虚开，质押合同均为有效，金融机构应当依法向质权人兑付存单所记载的款项。

79.特定增值税应退税款能否设立质押？

问 题

特定增值税应退税款能否设立质押？商业银行开展相关业务时应注意哪些问题？

法律解析

从我国现行法律及相关司法解释的规定来看，可设立质押的权利范围限于“依法可以质押的”的权利。司法实践中，一种观点认为，法律、行政法规并未禁止特定增值税应退税款作为质押标的，因此，在特定增值税应退税款符合财产性和可转让行两个要件的情况下，肯定特定增值税应退税款作为质押标的。另一种观点则认为，质押不同于抵押，抵押的标的范围遵循“法无禁止即可为”的原则，而质押的标的范围则需遵循“法无规定不可为”的原则，因目前并无法律、行政法规明确规定特定增值税应退税款可以质押，因此，相应质押无效。

笔者认为，随着《民法典》及《民法典担保制度司法解释》的施行，物权法定原则在担保领域呈现缓和态势。结合《民法典担保制度司法解释》第六十三条“债权人与担保人订立担保合同，约定以法律、行政法规尚未规定可以担保的财产权利设立担保，当事人主张合同无效的，人民法院不予支持。当事人未在法定的登记机构依法进行登记，主张该担保具有物权效力的，人民法院不予支持”之规定，应认定相应质押有效。当然，在实务操作中，为尽可能避免上述司法实践中的不确定性，可将特定增值税应退税款转化为应收账款进行质押。因此，除签订质押合同，明确质押的意思表示外，还应当满足三个条件，即（1）特定化；（2）转移占有；（3）交付凭证。其中，交付的凭证应当是已缴增值税完税凭证。

法律延伸

《中华人民共和国民法典》

第四百四十条 债务人或者第三人有权处分的下列权利可以出质：

（一）汇票、本票、支票；

（二）债券、存款单；

（三）仓单、提单；

（四）可以转让的基金份额、股权；

（五）可以转让的注册商标专用权、专利权、著作权等知识产权中的财产权；

（六）现有的以及将有的应收账款；

（七）法律、行政法规规定可以出质的其他财产权利。

80. 保证金能否设立质押？

问 题

2019年3月，某商业银行与甲担保公司签订《融资担保业务合作协议书》，约定甲担保公司在某商业银行开立保证金账户为借款人提供质押担保。同日，甲担保公司在某商业银行辖属营业部申请开立了银行账户，并载明账户性质为“保证金户”。2019年5月，某商业银行与某装饰公司签订《借款合同》，同日，甲担保公司与某商业银行签订保证合同，甲担保公司依约向上述保证金账户中转入相应资金，某商业银行遂向借款人发放借款。该保证金质押担保是否有效？

法律解析

实践中，存在当事人通过交付保证金或者将保证金存入特定账户来提供担保的情形。归结起来，大体有三种情形：一是债务人或者第三人设立专门的保证金账户并由债权人实际控制；二是债务人或者第三人将资金存入债权人设立的保证金账户；三是在银行账户下设立保证金分户，债务人或者第三人将资金存入保证金分户。笔者认为，只要设立了专门的保证金账户，无论账户归属于出质人还是质权人，在债权人实际能控制保证金账户的情况下，金钱质权即有效设立，债权人对账户内的资金享有优先受偿权。

为有效设立保证金质权，除签订质押合同明确双方真实意思表示外，还应当符合以下特定要求：

一是标的财产的特定化。考虑到资金系种类物，实务中，通过设立保证金账户专门存储保证金，而非对结算账户中的部分资金设立质押，即在于实现资金的特定化问题。至于保证金账户内的资金因主债权实现、质权人行使质权等情形浮动，是否影响特定化的问题，无论是最高人民法院指导案例54号，还是《民法典担保制度司法解释》，均明确指出，“保证金账户内的款项浮动”并不影响出质金钱的特定化。

二是债权人对标的财产能够实际控制，从而达到占有标的物实现权利公示的要求。通常情况下，商业银行均通过出质人将出质资金存入商业银行名下的保证金账户或保证金分户、商业银行系统采取内部控制等方式控制出质人开立在商业银行的保证金账户，从而达到未经商业银行事先同意出质人无法占有、使用保证金账户内资金的效果，最终实现保证金的转移占有、控制。

审查要点

商业银行在办理保证金质押业务时，应注意以下问题：

1.应有明确的保证金质押的意思表示。在商业银行开展的银票、银担合作、开发贷等业务中，商业银行多与开票申请人、担保公司、开发商签订业务合作协议，质押事宜仅在合作协议中有约定，不一定单独签署保证金质押合同。无论是签订业务合作协议，还是单独签署保证金质押合同，均应明确约定以具体保证金账户内的资金提供质押担保，商业银行有权对该保证金账户内的资金行使优先受偿权。

2.质押标的应当是特定化的金钱。不建议以客户结算账户内全部或部分资金设立质权，而应当设立专门的保证金账户。保证金账户内的资金不用于出质人日常结算。

3. 出质的特定化金钱，应存入保证金账户。保证金账户由债权商业银行实际占有、控制，出质人无权自由使用。

裁判观点

案例一：某银行某分行诉张某、某融资担保集团有限公司执行异议案［最高人民法院（2014）民申字第1239号］[①]

裁判摘要：某担保公司于2009年4月3日在某分行开户，且与《贷款担保业务合作协议》约定的账号一致，即双方当事人已经按照协议约定为出质金钱开立了担保保证金专户。保证金专户开立后，账户内转入的资金为某担保公司根据每次担保贷款额度的一定比例向该账户缴存保证金；账户内转出的资金为某分行对保证金的退还和扣划，该账户未作日常结算使用，故符合《担保法司法解释》第八十五条规定的金钱以特户形式特定化的要求。其次，占有是指对物进行控制和管理的事实状态。案涉保证金账户开立在某分行，某担保公司作为担保保证金专户内资金的所有权人，依法本应享有自由支取的权利，但《贷款担保业务合作协议》约定未经某分行同意，某担保公司不得动用担保保证金专户内的资金，即其实质上已丧失了对保证金账户的控制权和管理权。同时，《贷款担保业务合作协议》约定在担保的贷款到期未获清偿时，某分行有权直接扣划担保保证金专户内的资金，实质上取得了案涉保证金账户的控制权，此种控制权移交符合出质金钱移交债权人占有的要求。据此，应当认定双方当事人已就案涉保证金账户内的资金设立质权。

案例二：某银行某分行诉某石化产业集团有限公司、某能源集团有限公司金融借款合同纠纷案［最高人民法院（2017）最高法执复32号、39号］

裁判摘要：本案中，某某银行某分行就某高院在保全裁定实施过程中对案涉账户所作冻结措施提出书面异议，主张案涉保证金属于现金质押，某某银行某分行对案涉保证金账户内的款项享有优先受偿权，且其已对汇票进行

① 类似案例还有最高人民法院（2020）最高法民申1380号。

承兑，请求解除冻结措施。以前对该种主张人民法院可作为程序事项，直接按照最高人民法院、中国人民银行《关于依法规范人民法院执行和金融机构协助执行的通知》第九条的规定进行审查处理。在案外人异议之诉程序建立后，对该种主张究竟是按照《民事诉讼法》第二百二十五条规定的异议、复议程序处理，还是按照第二百二十七条规定的异议和异议之诉程序处理，实务中存有一定争议。但近年来已经逐渐明确应适用第二百二十七条规定的程序处理。依照《担保法司法解释》第八十五条的规定，保证金属于金钱质押性质，债权人就保证金享有优先受偿权。与一般动产质押不同，由于金钱本身的特殊性，金钱质押的实现不需要经过拍卖、变卖等强制变价程序，一旦认定质押权成立，案涉账户确属保证金账户，异议人对账户内的相应款项享有优先受偿权，则执行法院就不能对该账户相应款项执行。也就是说，有关保证金的异议如果成立，其在事实上就产生了足以排除对执行标的采取相应执行措施的效力。因此，主张对保证金享有优先受偿权的异议，实际上应当归属于主张对执行标的排除执行的实体权利，应当适用《民事诉讼法》第二百二十七条所规定的案外人异议审查程序处理。因此，某高院适用《民事诉讼法》第二百二十五条规定以异议、复议程序审查处理本案，程序不当，其所作异议裁定应予撤销，重新作出裁定。对于案涉账户是否为保证金账户、应否解除对账户内相应款项冻结措施等实体问题，本院在复议程序中不应予以审查认定。

法律延伸

最高人民法院《关于适用〈中华人民共和国民法典〉有关担保制度的解释》（法释〔2020〕28号）

第七十条 债务人或者第三人为担保债务的履行，设立专门的保证金账户并由债权人实际控制，或者将其资金存入债权人设立的保证金账户，债权人主张就账户内的款项优先受偿的，人民法院应予支持。当事人以保证金账户内的款项浮动为由，主张实际控制该账户的债权人对账户内的款项不享有优先受偿权的，人民法院不予支持。

在银行账户下设立的保证金分户，参照前款规定处理。

当事人约定的保证金并非为担保债务的履行设立，或者不符合前两款规定的情形，债权人主张就保证金优先受偿的，人民法院不予支持，但是不影响当事人依照法律的规定或者按照当事人的约定主张权利。

81.保证金账户被冻结是否影响质权的行使？

问　题

甲公司向某商业银行申请开立银行承兑汇票，票面金额达2亿元，甲公司按照票面金额的30%提供保证金质押担保。在银票到期之前，甲公司经营状况恶化，众多债权人对其起诉，并陆续轮候冻结甲公司开立在某商业银行的银票保证金账户。银票到期后，某商业银行形成银票垫款2亿元。在此情况下，就银票保证金账户内6,000万元保证金，某商业银行能否行使质权？

法律解析

最高人民法院、中国人民银行《关于依法规范人民法院执行和金融机构协助执行的通知》第九条规定："人民法院依法可以对银行承兑汇票保证金采取冻结措施，但不得扣划。如果金融机构已对汇票承兑或者已对外付款，根据金融机构的申请，人民法院应当解除对银行承兑汇票保证金相应部分的冻结措施。银行承兑汇票保证金已丧失保证金功能时，人民法院可以依法采取扣划措施。"据此，人民法院根据甲公司债权人申请对银票保证金采取冻结措施的，在某商业银行已对外付款形成银票贷款的情况下，某商业银行可以申请人民法院解除冻结，人民法院应当解除。保证金冻结措施解除后，某商业银行即可直接扣收保证金账户内的资金实现优先受偿。

审查要点

保证金账户被有权机关采取冻结措施后，商业银行应积极通过申请执行异议、申请解冻的方式，由有权机关解除冻结措施，从而实现质权。相关法律依据包括最高人民法院《关于适用〈中华人民共和国民事诉讼法〉的解释》第一百五十七条“人民法院对抵押物、质押物、留置物可以采取财产保全措施，但不影响抵押权人、质权人、留置权人的优先受偿权”之规定及前述最高人民法院、中国人民银行《关于依法规范人民法院执行和金融机构协助执行的通知》第九条之规定。

裁判观点

案例一：某建材有限公司、郑某与某银行股份有限公司某分行案外人执行异议之诉案［最高人民法院（2015）民提字第175号］

裁判摘要：某分行享有的质权能否排除郑某案的强制执行，是本案需要解决的终极问题，而该问题取决于物权与债权的关系如何。从权利属性和分类上来讲，某分行对某公司享有的质权属于担保物权，因此该权利具备物权的基本特征和法律效力。《物权法》第二条第三款明确规定：“本法所称物权，是指权利人依法对特定的物享有直接支配和排他的权利……”据此，物权相较之债权而言具有优先性，此即意味着当同一标的物之上同时存在债权人主张债权与物权人主张物权相冲突时，物权优先于债权实现。具体到本案，某分行对案涉4,000万元保证金享有担保物权，而郑某作为某公司的普通债权人对某公司存款享有的仅是一般债权，两种权利虽都是当事人的合法民事权利，但二者相比较，某分行享有的物权应当优先于郑某的普通债权得以实现。因此可以得出结论，某分行对执行标的即4,000万元保证金享有的质权足以排除郑某与某公司借款案的强制执行。某分行该项再审主张有事实及法律依据，本院予以支持。原审法院认定某分行对4,000万元保证金不享有优先受偿权，适用法律错误，本院予以纠正。

案例二：某银行股份有限公司某分行与某小额贷款有限公司等案外人执行异议案［内蒙古自治区高级人民法院（2020）内民再266号］

裁判摘要：某分行与某房地产公司在合同中约定“保证金账户被司法机关或者其他有权机关冻结或扣划，某房地产公司应另行提供某分行认可的相关担保措施”，该约定属特殊情形下双方约定的担保无法实现的救济方式，并不能以双方有此约定否定某分行依法享有的质权，更不能以此认定某分行在质押财产被执行时，丧失依法提出执行异议的权利。某分行对案涉某房地产公司保证金账户内的资金1,914,300.00元享有质权，某贷款公司基于另案执行过程中某房地产公司承诺在被执行人不能依约还款的情况下以该公司售房款代为清偿债务而产生的对某房地产公司的权利属一般债权，某分行享有足以排除某贷款公司申请对某房地产公司保证金账户资金强制执行的民事权益。

法律延伸

最高人民法院《关于适用〈中华人民共和国民事诉讼法〉的解释》(法释〔2022〕11号)

第一百五十七条 人民法院对抵押物、质押物、留置物可以采取财产保全措施，但不影响抵押权人、质权人、留置权人的优先受偿权。

最高人民法院、中国人民银行《关于依法规范人民法院执行和金融机构协助执行的通知》(法发〔2000〕21号)

九、人民法院依法可以对银行承兑汇票保证金采取冻结措施，但不得扣划。如果金融机构已对汇票承兑或者已对外付款，根据金融机构的申请，人民法院应当解除对银行承兑汇票保证金相应部分的冻结措施。银行承兑汇票保证金已丧失保证金功能时，人民法院可以依法采取扣划措施。

82.保险公司能否以其资本保证金设立质押?

问　题

商业银行正在办理保险公司资本保证金相关业务。请问保险公司能否以其资本保证金账户设立质押担保?

法律解析

《保险公司资本保证金管理办法》第十五条规定：“保险公司提存资本保

证金，应与拟存放银行的总行或一级分行签订《资本保证金存款协议》。合同有效期内，双方不得擅自撤销协议。”第十六条规定：“保险公司应要求存放银行对资本保证金存单进行背书：‘本存款为资本保证金存款，不得用于质押融资。在存放期限内，存款银行不得同意存款人变更存款的性质、将存款本金转出本存款银行以及其他对本存款的处置要求。存款银行未尽审查义务的，应当在被动用的资本保证金额度内对保险公司的债务承担连带责任。’”

据此，笔者认为，保险公司的资本保证金不得设立质押担保。

审查要点

商业银行在接受保险公司保证金质押担保时，应严格按照《保险公司资本保证金管理办法》相关规定，核查相应资金是否属于保险公司资本保证金。如经核查确属资本保证金的，不得接受该质押担保。

法律延伸

《保险公司资本保证金管理办法》（保监发〔2015〕37号）

第十五条　保险公司提存资本保证金，应与拟存放银行的总行或一级分行签订《资本保证金存款协议》。合同有效期内，双方不得擅自撤销协议。

第十六条　保险公司应要求存放银行对资本保证金存单进行背书：“本存款为资本保证金存款，不得用于质押融资。在存放期限内，存款银行不得同意存款人变更存款的性质、将存款本金转出本存款银行以及其他对本存款的处置要求。存款银行未尽审查义务的，应当在被动用的资本保证金额度内对保险公司的债务承担连带责任。”

83.公司合并后是否应对原保证金账户进行销户？

问　题

某商业银行与某省直公积金中心合作的组合贷款担保方为甲融资担保公司。三方于2019年首次签订公积金组合贷款合作三方协议，协议约定甲融资担保公司在某商业银行开立保证金专户并存入100万元初始保证金。后甲融资担保公司并入乙担保集团，乙担保集团与某商业银行签订有《战略合作协议》，该协议约定某商业银行对乙担保集团政策性融资担保业务免除保证金。后某商业银行与乙担保集团于2020年续签《个人住房公积金组合贷款合作协议》，合作协议约定担保方为组合贷款商业贷款部分提供连带保证责任，但不存放保证金。续签的协议生效前，某商业银行已累计投放组合贷款203笔，投放金额为5,980万元，担保余额为5,881万元。现乙担保集团要求对并入该集团的甲融资担保有限公司开立的保证金账户进行销户。在此情况下，某商业银行是否应当办理销户？

法律解析

甲融资担保公司虽已并入乙担保集团，但其与某商业银行订立的三方协议并不因此失效，相应权利义务关系应由乙担保集团承继。也就是说，乙担保集团应按照三方协议的约定，对组合贷款以保证金提供质押担保。

某商业银行与乙担保集团签订的《战略合作协议》约定对政策性融资担保业务免除保证金，但公积金组合贷款并不在此范围内。某商业银行与乙担保集团于2020年续签的《个人住房公积金组合贷款合作协议》约定为组合贷款商业贷款部分提供连带保证责任，但不再存放保证金。但该协议只对协议生效后的贷款承担责任，不对协议生效前的贷款承担责任。故乙担保集团仍应当按照三方协议的约定对三方协议约定的合作期限内发放的组合贷款提供保证金质押担保，某商业银行依法对该保证金账户内的资金享有质权，在某商业银行相应质权实现之前，乙担保集团无权对原保证金账户进行销户。

审查要点

1. 无论是何种类型的保证金，只要该等保证金担保的主债权尚未全额实现，均不建议办理销户、退还保证金等手续。否则，将被视为放弃保证金质押担保，最终影响商业银行债权及其他担保权利的实现。

2. 商业银行通过扣划保证金账户内资金实现质权时，建议直接将保证金扣划至银行账户，而非出质人一般结算账户。一旦资金划入结算账户而该账户被有权机关冻结的，可能导致无法及时实现质权，甚至被有权机关认为已丧失担保功能从而采取扣划措施，最终导致商业银行质权无法实现。

3. 客户对开立在商业银行的某一账户申请办理销户等手续时，商业银行应事先核查该账户是否为保证金账户或为某特殊目的设立的账户，在解除相关业务关联之前，不应径直销户。

裁判观点

案例：某银行股份有限公司某分行与重庆某小额贷款有限公司案外人执行异议案［重庆市高级人民法院（2020）渝民终1026号］

裁判摘要：结合《保证金账户划款（销户）通知书》、银行转账凭证、银行流水等证据以及某分行对于某银业公司之前的国内信用证保证金也采用过先划入该公司名下其他账户再扣划的做法，某分行关于该行将450万元的保证金及相应利息于2019年7月22日从案涉保证金账户中转至某银业公司名下结算账户内，是因为信用证到期，该行要备款兑付信用证的陈述具有合理性。某分行将信用证保证金账户内保证金450万元及其利息29,287.5元转入案涉结算账户的当日，该账户即因另案被上海市某人民法院冻结，在该院解除冻结之前，本案所涉执行案件的执行法院又于2019年8月29日裁定冻结该账户，故某分行未能及时从结算账户中扣划相应的保证金及其利息。如该账户未被冻结，该笔保证金及利息也将用于信用证的兑付，而不能被某银业公司支配。综上，从款项来源、用途以及款项转入案涉结算账户后即被冻结的情况足以认定案涉结算账户内的4,529,287.5元仍然具有信用证保证金性质，某分行可以就案涉信用证保证金优先受偿，故某分行享有排除本案中人民法院强制执行的民事权益。

法律延伸

《中华人民共和国公司法》

第一百七十四条　公司合并时，合并各方的债权、债务，应当由合并后存续的公司或者新设的公司承继。

84.以第三方名义开立保证金账户应注意哪些问题？

问　题

甲公司与乙公司拟办理应收账款转让业务。为此，双方拟签订《应收账款转让合同》《应收账款转让通知书》及相关回执。同时，某商业银行作为应收账款转让价款的资金监管方，拟与甲公司、乙公司共同签订《账户资金监管协议》。请问，甲公司可否以其子公司名义开立保证金账户，是否存在法律风险？

法律解析

债务人或第三人为担保债务实现，可以设立保证金质押，据《民法典担保制度司法解释》第七十条规定，保证金账户质押可以分为三种模式，一是债务人或第三人设立专门的保证金账户并且由债权人实际控制；二是第三人或债务人将资金存入债权人设立的保证金账户；三是设立银行账户下的保证金分户。由此可见，以第三方名义开设专门的保证金账户并交由债权人实际控制，亦可以设立合法有效的保证金质押担保。

审查要点

《民法典担保制度司法解释》所规定的保证金质押要求以“债权人实际控制”保证金账户为标准。为达到“实际控制”的标准，商业银行应留意：

1.以第三方名义开设保证金账户时应要求第三方出具书面文件，内容包含第三人知悉主债权相关协议，理解保证金账户的性质和用途并自愿开立该账户提供账户内资金质押担保、第三人承诺依照相关约定配合债权人通过扣划保证金实现债权。

2.商业银行为第三人开设保证金账户时，产品码应选择保证金专用存款账户，从而使得保证金账户与其日常结算账户存在标识上的区别，避免因第三人自身纠纷被有权机关采取查冻措施。

3.第三人授权商业银行通过系统内部控制等方式实现对保证金账户的占有、实际控制。在约定期限内，非经商业银行事先同意，第三人不能支配账户内的资金，账户内的资金不能随意进出，确保账户资金的特定化。

4.在约定期限内，保证金账户内的资金可以在符合保证金用途（即担保主债权实现）的前提下浮动。即债务人或第三人可以向账户陆续汇入保证金，商业银行亦可根据相关合同文件约定扣划保证金或释放保证金。无论是存入保证金还是扣划/释放保证金，均建议备注合同编号、汇款用途，确保账户资金实现特定化管理，而不用于债务人或第三人日常结算。

法律延伸

最高人民法院《关于适用〈中华人民共和国民法典〉有关担保制度的解释》(法释〔2020〕28号)

第七十条 债务人或者第三人为担保债务的履行，设立专门的保证金账户并由债权人实际控制，或者将其资金存入债权人设立的保证金账户，债权人主张就账户内的款项优先受偿的，人民法院应予支持。当事人以保证金账户内的款项浮动为由，主张实际控制该账户的债权人对账户内的款项不享有优先受偿权的，人民法院不予支持。

在银行账户下设立的保证金分户，参照前款规定处理。

当事人约定的保证金并非为担保债务的履行设立，或者不符合前两款规定的情形，债权人主张就保证金优先受偿的，人民法院不予支持，但是不影响当事人依照法律的规定或者按照当事人的约定主张权利。

85.抵押权与质权行使的冲突，如何解决？

问 题

甲公司拟以基础油设立质押向某商业银行申请授信业务，但对应的储油罐已经抵押给了其他商业银行。该商业银行如接受该等基础油的质押，是否存在法律风险？

法律解析

根据《民法典》的相关规定，同一动产既可以设立抵押，也可以设立质押，因此可能存在同一财产既设立抵押权又设立质权的情形。对此，《民法典》第四百一十五条规定："同一财产既设立抵押权又设立质权的，拍卖、变卖该财产所得的价款按照登记、交付的时间先后确定清偿顺序。"因此，同一财产存在抵押权与质权冲突的，应当按照担保物权设立公示时间确定各自的清偿顺序。

而就上述问题，并非同一财产，并不存在同一财产上抵押权与质权的冲突。只不过，考虑到基础油与储油罐之间的特殊物理关系，在实现抵押权或质权时，可能存在需先分离再分别处置或需一并处置的问题，从而影响商业银行质权实现的难度和成本。具体分析如下：

1. 如抵押物与质物能够物理分离。当商业银行需行使质权时，可要求出质人将质物与抵押物实现物理分离，然后再对质物进行处置；或可对质物进行单独估价、处置，待处置成功后再实现质物与抵押物的物理分离。理论上来说，二者并不存在冲突。只是在质权实现过程中，可能产生较大的质物处置成本，包括分离质物与抵押物、购置新的质物储存装置等。

2. 如抵押物与质物无法物理分离。当商业银行需行使质权时，只能一并处分抵押物和质物。可能面临需协调抵押权人、抵押物和质物各自的价值如何确定等问题，对质权实现形成一定的现实障碍。

审查要点

1. 无论是对同一财产还是物理属性上相互依赖的两个财产，均可设立抵押权和质权。如为同一财产，需要根据不动产抵押登记及动产交付的时间先后确定抵押权与质权的优先顺位。如为两个财产，则二者并列，均只能对其中一个财产实现担保权利，存在价款分割的问题，而不存在权利优先顺位的问题。对此，商业银行在接受相应担保前，应做好相关担保物的尽职调查、交易结构设计等工作。

2. 如抵押权已设立在先，建议商业银行在相关借款合同、质押合同中将抵押权人实现抵押权作为贷款加速到期、提前行使质权的情形之一。在贷款期限内，一旦出现抵押权人实现抵押权的情形，商业银行即可主张实现质权，从而便利抵押物和质物的处置，避免抵押权在先实现损害质权人的权益。

裁判观点

案例：湖南省某融资担保有限公司与某银行股份有限公司某分行案外人执行异议纠纷案［最高人民法院（2019）最高法民再237号］

裁判摘要：同一动产上同时设立质权和浮动抵押权，应当参照适用《物权法》第一百九十九条的规定，根据是否完成公示以及公示先后情况来确定清偿顺序。具体到本案中，某分行的抵押权于2013年7月3日办理了动产浮动抵押登记，依法产生对抗效力。而某担保公司的质权以间接占有（委托某仓储服务有限公司监管）的方式于2014年1月28日依法设立。故在本案证据能够证明浮动抵押设定之时的财产描述涵盖了某仓库中的纸张的情形下，某分行的浮动抵押权因其登记在先，应当优先于某担保公司的质权受偿。且根据公示公信原则，某担保公司作为质权人在设定质权时，应当知道或者实际能够知道诉争质押财产之上已经成立了动产浮动抵押权，在其未尽合理注意义务的情形下，认定其质权劣后于某分行的浮动抵押权受偿，并无交易安全保护不周之虞。

法律延伸

《中华人民共和国民法典》

第三百九十四条　为担保债务的履行，债务人或者第三人不转移财产的占有，将该财产抵押给债权人的，债务人不履行到期债务或者发生当事人约定的实现抵押权的情形，债权人有权就该财产优先受偿。

前款规定的债务人或者第三人为抵押人，债权人为抵押权人，提供担保的财产为抵押财产。

第四百二十五条　为担保债务的履行，债务人或者第三人将其动产出质给债权人占有的，债务人不履行到期债务或者发生当事人约定的实现质权的情形，债权人有权就该动产优先受偿。

前款规定的债务人或者第三人为出质人，债权人为质权人，交付的动产为质押财产。

86.订立质押合同并交付纸质票据，但是无“质押”背书是否构成有效汇票质押？

问　题

甲公司以汇票向某分行提供质押担保，双方签订了《质押合同》，但汇票质押时未背书“质押”字样。请问该汇票质押是否有效设立？

法律解析

《民法典担保制度司法解释》第五十八条规定：“以汇票出质，当事人以背书记载‘质押’字样并在汇票上签章，汇票已经交付质权人的，人民法院应当认定质权自汇票交付质权人时设立。”因此，出质人质押汇票的，必须背书记载“质押”字样并在汇票上签章。否则，法院可能认定质权未有效设立。

裁判观点

案例：上海某国际货物运输代理有限公司与张家港市某纺织有限公司票据追索权纠纷案［上海市第二中级人民法院（2014）沪二中民六（商）终字第116号］

裁判摘要：本案的争议焦点为：双方的支票质押关系是否成立，某公司能否行使票据质权？本院认为，票据质押，应当符合法定要件。根据《中华人民共和国票据法》（以下简称《票据法》）第三十五条第二款之规定，汇票可以设定质押；质押时应当以背书记载“质押”字样。被背书人依法实现其质权时，可以行使汇票权利。本案系争支票的背书中没有设定质权的记载，存根联记载的“押”字不构成设质背书，即系争支票未经质押背书，与《票据法》规定的票据质押的法定形式不符。根据《物权法》第二百二十四条之规定，以汇票、支票、本票、债券、存款单、仓单、提单出质的，当事人应当订立书面合同。质权自权利凭证交付质权人时设立。在无质押背书的情况下，某运输公司与某公司亦未就系争支票设质事宜签订书面的质押合同，与《物权法》规定的权利质权的设定形式不符。而且双方对质押票据所担保的债权存在截然相反的意见，在各自陈述以及所提供证据的证明力均无法达到高度盖然性证明标准的情况下，系争支票设质所担保的债权难以认定。质权作为一种担保物权，从属于主债权，在系争支票设质所担保的债权无法明确的情况下，质权的行使无从谈起，应由某公司就主张行使票据权利承担举证不能的法律后果。此外，某公司交付系争支票时未记载出票日期，而出票日期属支票必须记载事项，不属于《票据法》第八十五条、第八十六条规定的支票可授权补记的事项，故系争支票无效，某公司不享有票据权利。另需指出，若某公司有证据证明其与某运输公司或者案外人居某等存有其他债权债务关系，可另行解决。

法律延伸

《中华人民共和国民法典》

第四百四十一条 以汇票、本票、支票、债券、存款单、仓单、提单出质的，质权自权利凭证交付质权人时设立；没有权利凭证的，质权自办理出质登记时设立。法律另有规定的，依照其规定。

第四百四十二条 汇票、本票、支票、债券、存款单、仓单、提单的兑现日期或者提货日期先于主债权到期的，质权人可以兑现或者提货，并与出质人协议将兑现的价款或者提取的货物提前清偿债务或者提存。

最高人民法院《关于适用〈中华人民共和国民法典〉有关担保制度的解释》（法释〔2020〕28号）

第五十八条 以汇票出质，当事人以背书记载“质押”字样并在汇票上签章，汇票已经交付质权人的，人民法院应当认定质权自汇票交付质权人时设立。

87.债权到期未受清偿时，存单行是否可以直接兑付单位定期存单项下的存款？

法律解析

单位定期存单，是指借款人为办理质押贷款而委托贷款人依据开户证实书向接受存款的金融机构（存款行）申请开具的人民币定期存款权利凭证。对此，《单位定期存单质押贷款管理规定》第三条第二款规定："单位定期存单只能以质押贷款为目的开立和使用。"由此可知，单位定期存单不同于一般的存单，其开立并非为了获得存款利益，而是为他人提供存单质押担保。也就是说，单位定期存单是一种特殊性质的债权，其只能为质押贷款的目的而开立和使用。因此，质权人实现质权的条件自然与一般质权实现条件有所区别。

《单位定期存单质押贷款管理规定》第十九条规定："出质人和贷款人可以在质押合同中约定，当借款人没有依约履行合同的，贷款人可直接将存单兑现以实现质权。"第二十三条第一项规定，质押贷款合同期满，借款人未按期归还贷款本金和利息的，贷款人可依法定方式处分单位定期存单。由此可见，在主债权到期未受清偿的情况下，质权人有权处分单位定期存单，包括要求存单行兑付存单项下的存款。

裁判观点

案例：上海某国际贸易（集团）有限公司与宁波某城市交通投资有限公司、宁波某产业基地联合进出口有限公司进出口代理合同纠纷案［上海市徐汇区人民法院（2019）沪0104执异478号］

裁判摘要：《物权法》第二百一十九条第一款、第二款规定，债务人履行债务或者出质人提前清偿所担保的债权的，质权人应当返还质押财产；债务人不履行到期债务或者发生当事人约定的实现质权的情形，质权人可以与出质人协议以质押财产折价，也可以就拍卖、变卖质押财产所得的价款优先受偿。《单位定期存单质押贷款管理规定》第十九条规定，出质人和贷款人可以在质押合同中约定，当借款人没有依约履行合同的，贷款人可直接将存单兑现以实现质权。第二十四条第一款规定，质押贷款合同期满，借款人未按期归还贷款本金和利息的，贷款人和出质人可以协商以单位定期存单兑现或以法律规定的其他方式处分单位定期存单。现某产业基地未按《进口押汇申请书》的相关约定偿还押汇款项，根据《质押合同》的约定，质权人即某银行有权以其认为合适的方式依法实现质权，包括但不限于直接变卖、拍卖本合同项下的质物或出质权利，或与出质人协商将质物或出质权利折价清偿被担保的债务，某产业基地作为出质人在答辩时也同意某银行直接以定期存单兑现的方式处分系争存单，故某银行有权兑现系争存单项下的存款，并予以优先受偿。现因某国际贸易公司的申请，本院冻结了系争账号，致使某银行无法行使质权，某银行请求中止对系争账号的保全措施，具有事实和法律依据，本院应予支持。

法律延伸

《中华人民共和国民法典》

第四百三十六条　债务人履行债务或者出质人提前清偿所担保的债权的，质权人应当返还质押财产。

债务人不履行到期债务或者发生当事人约定的实现质权的情形，质权人可以与出质人协议以质押财产折价，也可以就拍卖、变卖质押财产所得的价款优先受偿。

质押财产折价或者变卖的，应当参照市场价格。

《单位定期存单质押贷款管理规定》（中国银行保险监督管理委员会令2021年第7号）

第十九条　出质人和贷款人可以在质押合同中约定，当借款人没有依约履行合同的，贷款人可直接将存单兑现以实现质权。

88.质物在监管期间发生损失的，监管方应承担何种责任?

问　题

商业银行与借款人、监管方签订了《质押监管协议》，约定由监管公司对借款人提供的质物履行监管义务。质物监管方在监管质押物期间造成质物损失的，该如何承担责任?

法律解析

商业银行接受动态质押（实践中又称流动质押、浮动质押、滚动质押）的，多采用第三人监管的模式，即由商业银行（质权人）委托物流仓储企业监管质物，解决质物交付、保管、运输、管理等难题。

在动态质押中，质权设立应当满足质物特定化、转移占有的条件。特定化方面，如果货物能够通过独立的仓库、区隔化等方式独立存储，则可满足特定化的要求。而转移占有方面，则要求出质人将质物交由监管人，监管人接受债权人（而非出质人）的委托占有、控制货物。如果监管人是受出质人委托监管并占有质物，或监管协议虽约定监管人受质权人委托占有质物，但实际上出质人对质物仍然享有实际的处置权，则应认为质物并未转移占有，动产质权未设立。

如果因为监管人实际履行职责的过程中未能有效监控货物出库或者因保管不善导致货物毁损灭失的，则应当按照监管协议的约定承担违约责任。监管协议对赔偿责任有约定的，应当依照规定处理，监管协议没有约定或约定不明的，应按照《民法典》第五百八十四条的规定进行赔偿。

裁判观点

案例：上海某物流配送有限公司与某银行股份有限公司某支行合同纠纷案［福建省高级人民法院（2018）闽民终1573号］

裁判摘要：1.关于本案质权是否成立的问题。本案中某物流作为监管方，在某银行出具的《查询及出质通知书（附确认回执）》上盖章并确认“我公司已收到出质人交付的上述货物，并已知晓出质人存放在我公司的上述货物已被出质人质押给贵行。本公司将严格按照《动产质押监管合作协议》的规定履行占有、监管责任”，足以证实某物流已经收到案涉钢材，出质人已履行交付义务，质权已依法设立。而（2016）闽01执异131号和140号执行裁定书已经驳回了某联合担保公司、某某银行的执行异议申请，即使出质人有重复出质的意思表示，也不可能重复交付质物，故无需调取（2014）浦民六（商）初字第14277号、14283号、15509号案件的全套案卷材料及某联合担保公司与涉案钢材有关的全部合同文件。

2.关于一审法院责任分配是否适当的问题。第一，虽然《监管协议》中没有明确约定某物流有核实重量的义务，但是《查询及出质通知书（附确认回执）》上已对质物的名称、规格、数量、重量、生产厂家、单价进行列明，某物流确认已收到出质人交付的合计34,235.541吨的质物，并承诺严格按照《动产质押监管合作协议》的规定履行占有、监管责任，某物流在《质物最低价值通知书》中亦确认将严格按照约定保证质物不低于最低价值，并在监管期间多次向某银行出具《质物进、出、存动态日报表》，确认质物数量、重量、价值等。虽然某物流主张2012年9月在监管过程中就已发现质物短缺的情况并在2013年6月进行了风险提示，但未提供充分证据予以证明，应承担举证不能的不利后果。第二，《商业银行法》第三十五条、《贷款通则》第二十七条等规定，均为相关金融主管部门对银行系统的内部管理规定，不影响商业银行对外签订合同约定的民事责任的认定，某物流主张存在重复出质，本案质权不成立的理由不能成立。第三，根据《动产质押监管合作协议》第7.1条约定，本案某物流不是无偿监管。若出质人未支付监管费，某物流可以根据合同的相关约定主张违约责任或者要求解除合同，在合同尚未解除的情况下，该公司仍要依约承担监管责任，且《动产质押监管合作协议》第8条已约定在出质人未足额交纳相关费用时，某物流对质物享有留置权，但在福州市中级人民法院（2014）榕执行字第298号案件执行中，某物流并未主张相应权利，且至今亦未向法院诉请主张监管费用，现某物流再以未收到监管费为由主张免责，本院不予支持。根据《动产质押监管合作协议》第4.5条的约定，本案没有证据表明某银行向某物流发出过解除质押监管通知书，不存在解除监管情形，故某物流主张某银行未继续要求其监管部分质物，与事实不符。第四，某物流没有证据证明有向某银行履行通知义务，也没有证据证明某银行向某物流发出了《解除质押监管通知书》，在此情况下，某物流对某公司及某某公司出质的7,000吨钢材仍需要继续履行监管义务，故对该公司主张该7,000吨出质钢材灭失是由于某银行迟迟不与某物流确认监管范围最终导致的，本院不予采信。一审认定双方当事人均未对质物重量进行清点过磅，某银行未尽质权人应尽的贷前审核义务，某物流未尽质押监管人的合同约定义务，双方均存在过错，符合客观实际。第五，案涉质物保管场地为露天仓库，质物作为钢材难免发生自然锈蚀。一审已经认定某银行因每月巡库及财产保全等原因对钢材锈蚀明确知晓，却基于成本考虑放弃采取更加有利于质物保管的措施，某银行有一定责任。虽然案涉钢材后来因涉诉被保全无法出库流转，但此时钢材仍处于某物流的监管之下，根据《动产质押监管合作协议》第4.3条和第4.3.1条的约定，质物发生变质或其他损害时某物流有通知义务，但某物流未提供证据证明有履行通知义务，亦有责任，其主张只能追究其晚通知1个月所造成的损失，缺乏合同或法律依据，不予支持。

3.关于案涉钢材短少及锈蚀损失在各方当事人之间如何分配的问题。根据《动产质押监管合作协议》第1条和第2.2条的约定，该监管协议兼具委托、仓储和保管合同的特征，即某银行和出质人之间存在质押法律关系，某银行与监管人某物流之间存在委托保管法律关系。根据《动产质押监管合作协议》的相关约定条款，某物流作为质物的占有、监管人既负有质物入库时审核查验义务，又负有质物日常保管查验义务。某物流作为质物保管人未审慎核对实际质物与质物清单中的质物是否具有同一性，就签章确认质物清单。在出现质物短少时，根据《动产质押监管合作协议》第4.4条"丙方违反上述约定造成质物短损灭失，甲方质权落空导致质物价值不足质物最低价值的，承担不足部分的赔偿责任"之规定，某物流应当对委托人承担违约责任，其责任大小依其过错程度而定，而一审法院已对涉案钢材减少的原因做了区分，认定因某物流监管不力导致的钢材缺失，系某物流过错所致，某物流应承担全部的赔偿责任；因钢材锈蚀及未过磅称重导致的钢材缺失，系双方过错所致，双方各承担50%的责任，并无不当。某物流主张只承担质物数量短少部分30%的责任，以及参照8,739.13吨/15,650.738吨的比例计算缺失钢材的赔偿责任，既无合同依据，也无法律依据，且未得到某银行的认可，本院不予支持。

法律延伸

《中华人民共和国民法典》

第五百八十四条 当事人一方不履行合同义务或者履行合同义务不符合约定，造成对方损失的，损失赔偿额应当相当于因违约所造成的损失，包括合同履行后可以获得的利益；但是，不得超过违约一方订立合同时预见到或者应当预见到的因违约可能造成的损失。

第八章

非典型担保

89. 在有追索权的保理中，商业银行是否可以同时起诉应收账款债权人及应收账款债务人？

问　题

商业银行在开展有追索权融资保理业务时，当出现应收账款债务人无法按约支付相应款项时，是否可以一并起诉要求应收账款债权人与应收账款债务人返还保理融资款本息或回购应收账款债权？

法律解析

《商业银行保理业务管理暂行办法》第十条对有追索权保留进行定义，即，“有追索权保理是指在应收账款到期无法从债务人处收回时，商业银行可以向债权人反转让应收账款、要求债权人回购应收账款或归还融资”。根据该定义，在有追索权保理中，商业银行要求债权人回购应收账款或归还融资的前提是商业银行应先向应收账款债务人行使追索权。但《民法典》第七百六十六条规定：“当事人约定有追索权保理的，保理人可以向应收账款债权人主张返还保理融资款本息或者回购应收账款债权，也可以向应收账款债务人主张应收账款债权。保理人向应收账款债务人主张应收账款债权，在扣除保理融资款本息和相关费用后有剩余的，剩余部分应当返还给应收账款债权人。”根据该规定，在有追偿权保理中，商业银行（即保理人）既可以选择要求应收账款债权人主张返还保理融资款本息或者回购应收账款债权，也可以向应收账款债务人主张应收账款债权，并无顺序限制。

《中华人民共和国民法典物权编理解与适用（上、下）》[①]一书认为，有追索权保理与无追索权保理的区别在于，在保理人不能从应收账款债务人

① 最高人民法院民法典贯彻实施工作领导小组主编：《中华人民共和国民法典物权编理解与适用（上、下）》，人民法院出版社2020年版。

处收回应收账款时，保理人还可以向应收账款债权人追索，其担保功能明显。在此规定之下，有追索权保理中的应收账款转让仅为交易的表现，其交易的实质在于担保融资款本息的清偿。根据类似法律关系类似处理的规定，《民法典担保制度司法解释》第六十六条第二款明确规定："在有追索权的保理中，保理人以应收账款债权人或者应收账款债务人为被告提起诉讼，人民法院应予受理；保理人一并起诉应收账款债权人和应收账款债务人的，人民法院可以受理。"

审查要点

建议商业银行在相关协议中明确约定以下内容：

1. 应收账款债务人未按期付款的，商业银行有权立即向应收账款债权人追偿。

2. 商业银行有权向应收账款债权人、应收账款债务人中的任意一方追索，或同时追索双方；如商业银行向其中一方追索，仅代表商业银行暂未向另一方追索，不视为商业银行放弃对另一方的追索权。

裁判观点

案例：某资产管理股份有限公司甘肃省分公司与兰州某工贸有限公司、杜某等合同纠纷案［甘肃省高级人民法院（2021）甘民终28号］

裁判摘要：本院认为，本案签署、履行合同的行为均发生在2021年1月1日以前，本案一审受理于2020年4月21日，争议的基础法律关系系基于某支行与某工贸公司所签订的《赊销（O/A）项下有追索权出口融信达业务合同》所产生，该合同约定："对已向保险公司投保出口信用保险的出口贸易，乙方（某支行）凭甲方（某工贸公司）提供的出口单据、投保出口信用保险的有关凭证、赔款转让协议或应收账款转让协议等，向甲方（某工贸公司）提供有追索权的出口应收账款融资、销售分户账管理、应收账款催收等服务"，符合保理合同法律关系的基本特征，根据最高人民法院《关于适用〈中华人民共和国民法典〉时间效力的若干规定》第三条"民法典施行前的法律事实引起的民事纠纷案件，当时的法律、司法解释没有规定而民法典有规定的，可以适用民法典的规定，但是明显减损当事人合法权益、增加当事人法定义务或者背离当事人合理预期的除外”的规定，本案应适用《民法典》关于保理合同的规定及配套的司法解释。本案虽为某资产甘肃分公司受让银行不良资产后进行追偿所提起的诉讼，但按照最高人民法院修改后的《民事案件案由规定》，本案中的争议是债权转让后，就原合同履行发生的纠纷，故本案案由确定为保理合同纠纷更为准确。

根据《民法典担保制度司法解释》第六十六条第二款“在有追索权的保理中，保理人以应收账款债权人或者应收账款债务人为被告提起诉讼，人民法院应予受理；保理人一并起诉应收账款债权人和应收账款债务人的，人民法院可以受理”的规定，某资产甘肃分公司基于《赊销（O/A）项下有追索权出口融信达业务合同》约定的追索权诉请某工贸公司承担偿还融资款本息，及要求杜某承担相应的保证责任的诉讼请求，属于人民法院的受案范围，应当予以受理。

关于某资产甘肃分公司能否一并起诉某信用保险陕西分公司及某财险甘肃分公司的问题，根据某银行与某信用保险陕西分公司、某财险甘肃分公司及某工贸公司分别签订的赔款转让协议约定，发生保险责任范围内的损失，某工贸公司授权某信用保险陕西分公司、某财险甘肃分公司将理赔后的款项全额支付给某银行，该赔款转让协议的签署系履行《赊销（O/A）项下有追索权出口融信达业务合同》约定的权利义务，与保理合同相牵连，且该赔款协议中未约定仲裁条款，故某信用保险陕西分公司及某财险甘肃分公司主张某资产甘肃分公司不享有对其的诉权的抗辩理由不能成立。从赔款转让协议约定的内容来看，并未在某银行与某信用保险陕西分公司及某财险甘肃分公司之间形成保险合同法律关系，一审法院认为某资产甘肃分公司的该诉讼请求系基于保险合同法律关系，继而认为该诉请应另案解决的认识错误，应予纠正。至于赔款转让协议中约定的付款条件是否已成就，某信用保险陕西分公司及某财险甘肃分公司是否应承担向某资产甘肃分公司的付款责任，属于本案实体审查中应予处理的问题。关于某信用保险陕西分公司与某财险甘肃分公司均辩称其不应承担保险合同项下的赔付责任的理由，由于本案系某资产甘肃分公司提起的保理合同诉讼，某工贸公司与某信用保险陕西分公司及某财险甘肃分公司之间的保险合同法律关系不属于本案审查的范围，故对该意见不予审查。

法律延伸

《中华人民共和国民法典》

第七百六十六条　当事人约定有追索权保理的，保理人可以向应收账款债权人主张返还保理融资款本息或者回购应收账款债权，也可以向应收账款债务人主张应收账款债权。保理人向应收账款债务人主张应收账款债权，在扣除保理融资款本息和相关费用后有剩余的，剩余部分应当返还给应收账款债权人。

最高人民法院《关于适用〈中华人民共和国民法典〉有关担保制度的解释》（法释〔2020〕28号）

第六十六条　同一应收账款同时存在保理、应收账款质押和债权转让，当事人主张参照民法典第七百六十八条的规定确定优先顺序的，人民法院应予支持。

在有追索权的保理中，保理人以应收账款债权人或者应收账款债务人为被告提起诉讼，人民法院应予受理；保理人一并起诉应收账款债权人和应收账款债务人的，人民法院可以受理。

应收账款债权人向保理人返还保理融资款本息或者回购应收账款债权后，请求应收账款债务人向其履行应收账款债务的，人民法院应予支持。

《商业银行保理业务管理暂行办法》（原中国银行业监督管理委员会令2014年第5号）

第十条　保理业务分类：

（一）国内保理和国际保理

按照基础交易的性质和债权人、债务人所在地，分为国内保理和国际保理。

国内保理是债权人和债务人均在境内的保理业务。

国际保理是债权人和债务人中至少有一方在境外（包括保税区、自贸区、境内关外等）的保理业务。

（二）有追索权保理和无追索权保理

按照商业银行在债务人破产、无理拖欠或无法偿付应收账款时，是否可以向债权人反转让应收账款、要求债权人回购应收账款或归还融资，分为有追索权保理和无追索权保理。

有追索权保理是指在应收账款到期无法从债务人处收回时，商业银行可以向债权人反转让应收账款、要求债权人回购应收账款或归还融资。有追索权保理又称回购型保理。

无追索权保理是指应收账款在无商业纠纷等情况下无法得到清偿的，由商业银行承担应收账款的坏账风险。无追索权保理又称买断型保理。

（三）单保理和双保理

按照参与保理服务的保理机构个数，分为单保理和双保理。

单保理是由一家保理机构单独为买卖双方提供保理服务。

双保理是由两家保理机构分别向买卖双方提供保理服务。

买卖双方保理机构为同一银行不同分支机构的，原则上可视作双保理。商业银行应当在相关业务管理办法中同时明确作为买方保理机构和卖方保理机构的职责。

有保险公司承保买方信用风险的银保合作，视同双保理。

90. 有追索权的保理中，商业银行仅起诉应收账款债权人追索，经追索未获清偿部分，商业银行是否可以再向应收账款债务人追索?

问　题

某商业银行与甲公司签订《国内有追索权保理协议》，约定甲公司将其对乙公司所享有的8,000万元应收债权转让于该商业银行。甲公司同时向该商业银行出具《回购承诺函》提供不可撤销的回购承诺，当出现承诺函约定情形时，该商业银行有权向甲公司发出《回购通知书》，行使追索权利。

保理期间届满，乙公司未按约履行义务，该商业银行仅起诉乙公司请求承担回购责任，并获得法院全部支持，但实际该商业银行未获全部清偿，该商业银行是否有权另行起诉乙公司要求其支付保理项下应付账款本金及违约金?

法律解析

《民法典》第七百六十六条规定:“当事人约定有追索权保理的，保理人可以向应收账款债权人主张返还保理融资款本息或者回购应收账款债权，也可以向应收账款债务人主张应收账款债权。保理人向应收账款债务人主张应收账款债权，在扣除保理融资款本息和相关费用后有剩余的，剩余部分应当返还给应收账款债权人。”《民法典担保制度司法解释》第六十六条第二款规定:“在有追索权的保理中，保理人以应收账款债权人或者应收账款债务人为被告提起诉讼，人民法院应予受理;保理人一并起诉应收账款债权人和应收账款债务人的，人民法院可以受理。”据此，在有追索权保理中，保理人有权选择向应收账款债权人主张返还保理融资款本息或者回购应收账款债权，或选择向应收账款债务人主张应收账款债权。即，在有追索权保理中，在应收账款债务人未依约偿付到期应收账款时，商业银行作为保理人有权要求应收账款债权人追索未偿还的融资款项，即行使追索权;如有约定可以要求应收账款债权人回购已转让应收账款的权利，即行使回购权;有权要求应收账款债务人偿付到期应收账款的权利，即行使求偿权。但在实际业务中，商业银行作为保理人行使上述权利是否有限制?各权利能否同时并存?应收账款债权人与应收债款债务人对保理人承担的是否是连带责任?《民法典》及《民法典担保制度司法解释》对此进行了留白，司法实践中也存在争议。

就题述问题，商业银行作为保理人已向应收账款债权人主张回购，但未获全部清偿时，是否可以另案起诉应收账款债务人偿付应付未付款项，最高人民法院有不同的观点。其一，不支持另案起诉应收账款债务人偿付未付款项。例如，最高人民法院在（2017）最高法民申132号中认为，保理人已在另案中请求债权人就应收账款债权承担回购责任，另案生效判决已经支持了其诉讼请求，在此情形下，保理人对债务人不再享有该笔应收账款债权，其要求债务人清偿债务缺乏请求权基础。其二，支持另案起诉。例如，在（2019）

最高法民申1821号中认为，根据保理合同第一条和第三十条的约定，法院认为，尽管保理人要求融资人履行回购义务，在融资人未履行回购义务之前，保理人仍然是应收账款项下债务人的“债权人”，有权向债务人主张债权。

审查要点

建议商业银行在相关协议中明确约定：应收账款债权人与债务人承担连带责任，或在债权人未能足额支付融资款项或未完全履行回购义务前，商业银行仍为应收账款的债权人，享有与该应收账款有关的一切权利，在债权人完全履行回购义务后，商业银行将相应应收账款回转至债权人。

裁判观点

案例：某银行股份有限公司长沙分行、某股份有限公司合同纠纷案［最高人民法院（2017）最高法民申132号］

裁判摘要：本院认为，根据《保理协议书》《保理融资申请书》的约定，本案为买断性保理，某银行受让某公司对某股份公司的应收账款债权，某银行成为某股份公司的债权人。此后，某公司向某银行出具《承诺函》，承诺如某股份公司没有在融资到期日内足额履行付款义务，则由某公司对《保理协议书》项下转让给某银行的对某股份公司的应收账款承担回购责任，其回购的标的仍是该应收账款债权。所以，某银行无论是向某股份公司请求债务清偿，还是向某公司请求回购，均是基于同一笔应收账款债权，在当事人没有另行约定的情形下，某银行只能择一主张。根据已查明事实，某银行已经在另案中请求某公司就该应收账款债权承担回购责任，另案生效判决已经支持了其诉讼请求，在此情形下，某银行对某股份公司不再享有该笔应收账款债权，故某银行又在本案中诉请某股份公司清偿债务缺乏请求权基础，一、二审判决驳回其诉讼请求并无不当。

法律延伸

《中华人民共和国民法典》

第七百六十六条 当事人约定有追索权保理的，保理人可以向应收账款债权人主张返还保理融资款本息或者回购应收账款债权，也可以向应收账款债务人主张应收账款债权。保理人向应收账款债务人主张应收账款债权，在扣除保理融资款本息和相关费用后有剩余的，剩余部分应当返还给应收账款债权人。

最高人民法院《关于适用〈中华人民共和国民法典〉有关担保制度的解释》(法释〔2020〕28号)

第六十六条　同一应收账款同时存在保理、应收账款质押和债权转让，当事人主张参照民法典第七百六十八条的规定确定优先顺序的，人民法院应予支持。

在有追索权的保理中，保理人以应收账款债权人或者应收账款债务人为被告提起诉讼，人民法院应予受理；保理人一并起诉应收账款债权人和应收账款债务人的，人民法院可以受理。

应收账款债权人向保理人返还保理融资款本息或者回购应收账款债权后，请求应收账款债务人向其履行应收账款债务的，人民法院应予支持。

91.同一应收账款同时存在保理、应收账款质押的，应如何确定清偿顺序？

问　题

丙公司为融资分别向甲商业银行、乙商业银行借款，丙公司以其某项目应收账款与甲商业银行签订《保理合同》，以该项目应收账款向乙商业银行提供质押担保，并分别办理了登记。当丙公司无法偿还借款时，甲商业银行和乙商业银行债权清偿顺序如何确定？

法律解析

实践中，经常出现应收账款债权人就同一应收账款订立多个保理合同，因此存在多个保理人就同一笔应收账款主张债权的情形。对此，《民法典》第七百六十八条规定：“应收账款债权人就同一应收账款订立多个保理合同，致使多个保理人主张权利的，已经登记的先于未登记的取得应收账款；均已经登记的，按照登记时间的先后顺序取得应收账款；均未登记的，由最先到达应收账款债务人的转让通知中载明的保理人取得应收账款；既未登记也未通知的，按照保理融资款或者服务报酬的比例取得应收账款。”

同样，实践中也多出现同一应收账款同时存在保理、应收账款质押、债权转让的情形。在此情况下，如何确定各权利人的受偿顺序，需要结合不同权利的设权方式来判断。就保理而言，实行登记对抗主义，未经登记，保理合同效力不受影响，保理人依据保理合同可享有应收账款债权，只是未经登记不能对抗善意第三人；就应收账款质押而言，采取登记生效主义，即未经登记，应收账款质权未设立，相应债权人未取得质权，无法就应收账款主张相应权利；而就普通债权转让而言，法律并无登记要求，仅要求当事人通知债务人，未通知债务人的，对债务人不发生法律效力。基于该原则以及我国统一动产和权利担保登记平台已建立的背景，《民法典担保制度司法解释》确定了同一应收账款同时存在保理、应收账款质押和债权人转让时权利人的优先顺位。该司法解释第六十六条第一款规定：“同一应收账款同时存在保理、应收账款质押和债权转让，当事人主张参照民法典第七百六十八条的规定确定优先顺序的，人民法院应予支持。”

审查要点

商业银行在开展保理、应收账款质押等业务时，建议完善业务流程，高度重视应收账款转让/质押登记、应收账款转让通知工作。具体建议如下：

1.业务落地前，建议在审批和落地两个环节均进行在先登记情况的查询工作，并注意尽早办理登记手续，避免在业务审批至落地期间新增在先保理、质押或转让。

2.业务落地后定期复查，及时发现并防控风险。尽管法律上认可在先登记的优先效力，但如果复查发现存在重复保理、质押等情况，应当结合应收账款债权人的经营状况，及时发现风险，并及时采取措施控制风险。

3.商业银行作为保理人的，还可以考虑在办理应收账款转让登记之外，再办理质押登记。在应收账款转让被认定无效等情形下还可顺位行使质权。

裁判观点

案例：某能源股份有限公司、某能源股份有限公司某煤炭分公司等合同纠纷案［陕西省高级人民法院（2021）陕民终779号］

裁判摘要：根据本案查明的事实，案涉保理合同为有追索权的保理合同。《民法典》第七百六十六条规定，当事人约定有追索权保理的，保理人可以向应收账款债权人主张返还保理融资款本息或者回购应收账款债权，也可以向应收账款债务人主张应收账款债权。保理人向应收账款债务人主张应收账款债权，在扣除保理融资款本息和相关费用后有剩余的，剩余部分应当返还给应收账款债权人。根据该规定，某资产管理陕西分公司有权向案涉应收账款的债务人，即某煤炭分公司主张应收账款债权。某煤炭分公司以案涉应收账款不真实抗辩，某资产管理陕西分公司主张案涉应收账款真实存在并提交《应收账款确认书》、应付某公司款项明细表，证明应收账款真实存在。《应收账款确认书》中虽然有某煤炭分公司员工彭某的签字并加盖某煤炭分公司的印章，但某煤炭分公司否认签字和印章的真实性并向一审法院提交鉴定申请，请求对签字和印章的真实性进行鉴定。同时，某公司的股东王某亦否认该确认书的真实性。因此，该确认书的真实性存疑。另外，《应收账款确认书》的往来对象是某公司和某煤炭分公司，保理人某银行股份有限公司榆林分行并非《应收账款确认书》的出具方。一审中各方当事人对《应收账款确认书》中载明的调查人并无明确主张，二审中某资产管理陕西分公司虽陈述《应收账款确认书》中的调查人系某银行的员工，但就此亦未提供相应的证据证明。保理业务中，保理人应当对基础债权的真实性进行必要的核实，尽到审慎注意义务。本案中，某资产管理陕西分公司没有提交其他证据证明保理人某银行股份有限公司榆林分行对某公司和某煤炭分公司之间债权的真实性进行了必要的核实。因此，无法认定某资产管理陕西分公司善意无过失地履行了审慎注意义务。此种情况下，公章及签字真实性的举证责任在某资产管理陕西分公司，而不在某煤炭分公司。因此，一审法院未根据某煤炭分公司的申请进行鉴定并无不当。

《民法典》第七百六十三条规定，应收账款债权人与债务人虚构应收账款作为转让标的，与保理人订立保理合同的，应收账款债务人不得以应收账款不存在为由对抗保理人，但是保理人明知虚构的除外。该条文适用的前提为“应收账款债权人与债务人虚构应收账款作为转让标的”。而本案中，尚无证据证明某煤炭分公司存在虚构债务的情况。因此，在某达公司未有充分证据证明案涉应收账款真实及某煤炭分公司存在虚构债务的情况下，某资产管理陕西分公司向某华能源公司、某煤炭分公司主张权利缺乏事实依据。

《民法典》第七百六十八条规定，应收账款债权人就同一应收账款订立多个保理合同，致使多个保理人主张权利的，已经登记的先于未登记的取得应收账款；均已经登记的，按照登记时间的先后顺序取得应收账款；均未登记的，由最先到达应收账款债务人的转让通知中载明的保理人取得应收账款；既未登记也未通知的，按照保理融资款或者服务报酬的比例取得应收账款。根据该规定，应收账款转让即便未通知，也不当然直接影响保理人权利的实现。因此，一审法院依据《民法典》第七百六十四条并以没有证据证明保理人向某煤炭分公司发送过债权转让通知为由驳回相应诉讼请求，适用法律错误，本院予以纠正。

法律延伸

《中华人民共和国民法典》

第四百四十五条 以应收账款出质的，质权自办理出质登记时设立。

应收账款出质后，不得转让，但是出质人与质权人协商同意的除外。出质人转让应收账款所得的价款，应当向质权人提前清偿债务或者提存。

第五百四十六条 债权人转让债权，未通知债务人的，该转让对债务人不发生效力。

债权转让的通知不得撤销，但是经受让人同意的除外。

第七百六十八条 应收账款债权人就同一应收账款订立多个保理合同，致使多个保理人主张权利的，已经登记的先于未登记的取得应收账款；均已经登记的，按照登记时间的先后顺序取得应收账款；均未登记的，由最先到达应收账款债务人的转让通知中载明的保理人取得应收账款；既未登记也未通知的，按照保理融资款或者服务报酬的比例取得应收账款。

最高人民法院《关于适用〈中华人民共和国民法典〉有关担保制度的解释》(法释〔2020〕28号)

第六十一条 以现有的应收账款出质，应收账款债务人向质权人确认应收账款的真实性后，又以应收账款不存在或者已经消灭为由主张不承担责任的，人民法院不予支持。

以现有的应收账款出质，应收账款债务人未确认应收账款的真实性，质权人以应收账款债务人为被告，请求就应收账款优先受偿，能够举证证明办理出质登记时应收账款真实存在的，人民法院应予支持；质权人不能举证证明办理出质登记时应收账款真实存在，仅以已经办理出质登记为由，请求就应收账款优先受偿的，人民法院不予支持。

以现有的应收账款出质，应收账款债务人已经向应收账款债权人履行了债务，质权人请求应收账款债务人履行债务的，人民法院不予支持，但是应收账款债务人接到质权人要求向其履行的通知后，仍然向应收账款债权人履行的除外。

以基础设施和公用事业项目收益权、提供服务或者劳务产生的债权以及其他将有的应收账款出质，当事人为应收账款设立特定账户，发生法定或者约定的质权实现事由时，质权人请求就该特定账户内的款项优先受偿的，人民法院应予支持；特定账户内的款项不足以清偿债务或者未设立特定账户，质权人请求折价或者拍卖、变卖项目收益权等将有的应收账款，并以所得的价款优先受偿的，人民法院依法予以支持。

92.如何识别第三人提供的差额补足、流动性支持承诺等增信文件的法律性质？

问 题

某商业银行拟购买甲公司与某证券公司发行的专项计划项下资产支持证

券，在该项项目中，甲公司与证券公司签订的《流动性差额支付协议》的法律性质是什么？

法律解析

在资产管理业务领域，有越来越多的金融创新，表现之一在于担保的创新，如第三人向商业银行提供差额补足、流动性支持等类似承诺文件作为增信措施。该等增信措施是否属于担保，是否应当适用《民法典》保证合同、物权担保等章节的规定，存在一定的不确定性。

对此，《民法典担保制度司法解释》第三十六条规定："第三人向债权人提供差额补足、流动性支持等类似承诺文件作为增信措施，具有提供担保的意思表示，债权人请求第三人承担保证责任的，人民法院应当依照保证的有关规定处理。第三人向债权人提供的承诺文件，具有加入债务或者与债务人共同承担债务等意思表示的，人民法院应当认定为民法典第五百五十二条规定的债务加入。前两款中第三人提供的承诺文件难以确定是保证还是债务加入的，人民法院应当将其认定为保证。第三人向债权人提供的承诺文件不符合前三款规定的情形，债权人请求第三人承担保证责任或者连带责任的，人民法院不予支持，但是不影响其依据承诺文件请求第三人履行约定的义务或者承担相应的民事责任。"就债务加入，《民法典》第五百五十二条首次明确规定："第三人与债务人约定加入债务并通知债权人，或者第三人向债权人表示愿意加入债务，债权人未在合理期限内明确拒绝的，债权人可以请求第三人在其愿意承担的债务范围内和债务人承担连带债务。"

根据上述规定，第三人向债权人提供差额补足、流动性支持等承诺文件为相关债务增信的，相关承诺性质应按照如下规则进行判断：

1.第三人具有担保的意思表示，且具有从属性和补充性的，如约定债务人在不完全履行或不能完全履行债务的情形下，第三人以代为补足差额、提供流动性支持等方式承担责任的，则应认定为保证。

2.若第三人作出明确的与债务人共同承担债务的意思表示，且该承诺具有独立性，即第三人与债务人承担完全一致的责任，该责任没有主从之分，也不存在补充性的，则应认定为债务加入。

3.若该承诺文件体现的意思表示不能确定为保证或债务加入，因债务加入的责任重于保证责任，则应认定为保证。

4.若第三人没有担保的真实意图或虽有担保的意思表示但因缺少部分法定要件而不能被认定为保证，亦没有债务加入的意思表示，则不能认定为保证或债务加入，债权人可以请求第三人按照承诺文件的内容承担相应责任。

审查要点

商业银行作为专业金融机构，在接受差额补足、流动性支持等类似承诺时，应尽到更为审慎的注意义务和更高程度的善意标准。具体建议如下：

1.应根据真实的交易安排及各方真实意思，准确使用相关表述，避免因表述上的问题陷入性质不明的状态。

2.无论是保证担保还是债务加入，均应严格审查增信主体的主体资格及公司机关决议。

3.如需争取相关增信文件被认定为独立合同，而非保证担保或债务加入，则建议在条款表述上避免使用“连带清偿”“保证担保”“共同偿还”或类似表述。同时，如果交易安排上可行，建议变通增信安排，如在流动性支持安排中，流动性支持资金并不直接支付至债权人，而通过增信方与债务人签署附条件生效的借款合同、债务人与债权人签署账户共管协议等方式，由增信方将流动性支持资金支付至债务人，再由债权人从债务人账户中扣款实现债权；或将增信义务的触发时点设置得更为丰富灵活，而不是或不仅仅是“债务人不履行债务时”。

裁判观点

案例：某信托有限责任公司、某银行股份有限公司某分行合同纠纷案［最高人民法院（2017）最高法民终478号］[①]

裁判摘要：依照《转让协议》第二条的约定，除不可抗力外，某分行应于《转让合同》及《回购合同》项下的特定资产收益权回购到期日前两

① 类似案例还有最高人民法院（2018）最高法民终667号。

日内，受让某信托公司拥有的特定资产收益权；某分行应支付的转让价款为，截至回购到期日某置业公司应付未付的转让价款本金，以及截至某分行实际支付转让价款之日某置业公司应付未付的溢价款、违约金、某信托公司实现特定资产收益权的费用等。结合《转让协议》第三条关于自某分行支付完毕转让价款之日起，某信托公司在《转让合同》项下相应的特定资产收益权及相应的抵押权自动全部转让给某分行，第七条关于某置业公司依约支付全部转让价款本金、溢价款及其他应付款项，则某信托公司与某分行不再履行《转让协议》项下的特定资产收益权转让相关权利义务，以及第八条关于除不可抗力外，如某分行未按照约定向某信托公司按时支付转让价款即视为违约等合同条款的约定，某分行取得特定资产收益权及其回购债权和相应抵押权的对价，是向某信托公司支付某置业公司应付未付的转让价款本金、溢价款及违约金等款项，且该款项应当在特定资产收益权回购到期日前两日内支付。在《转让协议》系《单一资金信托合同》附件的背景下，《转让协议》对于某分行受让相关权利的对价及其支付方式、解除条件和违约责任的约定，于《转让合同》与《回购合同》而言，显然具有一种分担风险，强化信托财产投资安全的增信作用。也就是说，在特定资产收益权回购到期日前两日内，某分行即应向某信托公司支付某置业公司应付未付的相关款项，某信托公司的此项付款请求权对应构成的某分行的差额补充义务，在功能上具有担保某信托公司债权实现的作用。

由上，某信托公司与某分行签订的《转让协议》系混合合同，双方各自承诺负担的给付义务分别构成不同的合同关系，其一是转让特定资产收益权及其回购债权和相应抵押权的债权转让法律关系，其二是具有增信担保作用的差额补充法律关系。某信托公司和某分行基于《转让协议》约定各自负担不同类型的主给付义务，以对价关系而结合且不可分离，共同形成相互依赖的权利义务关系。因双方各自负担的给付义务不属于同一合同类型，故《转让协议》并非法律规定的有名合同。鉴于当事人讼争的法律关系是复合的且不具有典型性，本案案由应当确定为合同纠纷。一审判决将案涉《转让协议》认定为单一的债权转让，进而将案由确定为债权转让合同纠纷不当，本院予以纠正。

法律延伸

《中华人民共和国民法典》

第五百五十二条 第三人与债务人约定加入债务并通知债权人，或者第三人向债权人表示愿意加入债务，债权人未在合理期限内明确拒绝的，债权人可以请求第三人在其愿意承担的债务范围内和债务人承担连带债务。

第七百条 保证人承担保证责任后，除当事人另有约定外，有权在其承担保证责任的范围内向债务人追偿，享有债权人对债务人的权利，但是不得损害债权人的利益。

最高人民法院《关于适用〈中华人民共和国民法典〉有关担保制度的解释》（法释〔2020〕28号）

第三十六条 第三人向债权人提供差额补足、流动性支持等类似承诺文件作为增信措施，具有提供担保的意思表示，债权人请求第三人承担保证责任的，人民法院应当依照保证的有关规定处理。

第三人向债权人提供的承诺文件，具有加入债务或者与债务人共同承担债务等意思表示的，人民法院应当认定为民法典第五百五十二条规定的债务加入。

前两款中第三人提供的承诺文件难以确定是保证还是债务加入的，人民法院应当将其认定为保证。

第三人向债权人提供的承诺文件不符合前三款规定的情形，债权人请求第三人承担保证责任或者连带责任的，人民法院不予支持，但是不影响其依据承诺文件请求第三人履行约定的义务或者承担相应的民事责任。

《全国法院民商事审判工作会议纪要》（法〔2019〕254号）

91.**【增信文件的性质】**信托合同之外的当事人提供第三方差额补足、代为履行到期回购义务、流动性支持等类似承诺文件作为增信措施，其内容符合法律关于保证的规定的，人民法院应当认定当事人之间成立保证合同关系。其内容不符合法律关于保证的规定的，依据承诺文件的具体内容确定相应的权利义务关系，并根据案件事实情况确定相应的民事责任。

93.特定资产收益权回购条款是否有效？

问 题

某理财公司（商业银行关联公司）与某信托公司拟设立某项信托计划，理财公司与信托公司签订《信托合同》。信托公司与甲公司签订《LP份额收益权转让合同》，约定由信托公司用信托资金购买甲公司持有的乙有限合伙企业的80%份额收益权。理财公司与信托公司、乙公司、丙公司签订《远期受益权转让合同及差额补足协议》，约定在特定条件下由丙公司受让LP份额收益权。在该项信托计划中，约定由丙公司受让LP份额收益权是否有效？

法律解析

"特定资产收益权"是交易主体以基础权利或资产为基础，通过合同约定确立的一项财产性权利，目前法律对此并无明确的规定或定义。[①]其常规交易结构主要包括两种：一是将特定资产收益权作为信托财产并销售信托受益权的类资产证券化模式；二是以信托资产买入特定资产收益权并嗣后贩售给融资方的模式。本问题中的交易结构即为第二种。

而特定资产收益权回购条款系在上述交易中，融资方承诺在一定期限内以约定的价格回购（受让）该资产收益权，从而保障该资产管理产品收回投资本金并获得相应收益。

回购条款在实践中主要呈现以下特点：

1.回购条款本质上是一种"售后回购"的逆向交易。回购义务人是资产的售出方（即融资方），其是否按照约定期限和价格履行回购义务，是资管产品收回资金并获得收益的关键所在。对资管计划管理人而言，融资方自身

① 参见中国保险资产管理业协会编著:《大资管法律风险与争议解决对策》，中国法制出版社2021版，第271页。

的回购承诺并不具有明显的增信效果，因此往往会要求融资方同时提供其他增信措施，如融资方在回购承诺的基础上另行提供财产抵押或由第三人（融资方的控股股东、实际控制人或其他关联方等）出具受让承诺等。在题述业务场景中，即为第三人出具远期受让承诺。

2. 回购条款理论上可以适用于动产、不动产、股权、证券等各类财产权利的交易。

3. 为了突出资管产品不保证收益的风险特性，避免被监管机构认定为融资类业务，实务中还出现了回购选择权的模式，即融资方有权决定是否按照约定的期限、价格来进行回购。[①]

特定资产收益权回购条款（含第三方远期受让收益权的条款），系独立的交易行为，属于合同之债的范畴，虽然具有一定的担保债权实现的功能，但并不符合《民法典》关于担保的规定，不构成法律意义上的担保。司法实践中，人民法院多按照条款（协议）本身约定的具体内容认定协议的效力及各方的性质。如该协议不存在违反法律、行政法规强制性规定及《全国法院民商事审判工作会议纪要》规定的协议无效的其他事由，应认定有效，各方当事人应按照协议约定履行义务。

此外，根据《全国法院民商事审判工作会议纪要》第八十九条和中国人民银行、原中国银行保险监督管理委员会、原中国证券监督管理委员会、国家外汇管理局《关于规范金融机构资产管理业务的指导意见》第十三条的规定，特定资产收益权回购条款的设置，应避免出现回购交易构成资产管理产品保本保收益的情形。

审查要点

商业银行在涉及特定收益权（包括但不限于信托受益权、股权受益权、票据收益权）等业务时，如交易结构安排有融资方或第三方远期回购的条款，应审慎评估相关约定是否存在违反中国人民银行、原中国银行保险监督

---

① 参见杨征宇、卜祥瑞、郭香龙等编著：《金融机构资管业务法律纠纷解析》，法律出版社2017年版，第86页。

管理委员会、原中国证券监督管理委员会、国家外汇管理局《关于规范金融机构资产管理业务的指导意见》《全国法院民商事审判工作会议纪要》等法律、行政法规、部门规章、规范性文件及司法解释的规定。尤其要注意在《全国法院民商事审判工作会议纪要》施行之后，可能因交易安排违反监管规定而导致相关协议被认定为无效，商业银行需合理评估相应交易的法律及商业风险，并做好风险防控措施。

法律延伸

《中华人民共和国民法典》

第五百七十七条 当事人一方不履行合同义务或者履行合同义务不符合约定的，应当承担继续履行、采取补救措施或者赔偿损失等违约责任。

《中华人民共和国信托法》

第十一条 有下列情形之一的，信托无效：

（一）信托目的违反法律、行政法规或者损害社会公共利益；

（二）信托财产不能确定；

（三）委托人以非法财产或者本法规定不得设立信托的财产设立信托；

（四）专以诉讼或者讨债为目的设立信托；

（五）受益人或者受益人范围不能确定；

（六）法律、行政法规规定的其他情形。

《全国法院民商事审判工作会议纪要》（法〔2019〕254号）

89.【资产或者资产收益权转让及回购】信托公司在资金信托成立后，以募集的信托资金受让特定资产或者特定资产收益权，属于信托公司在资金依法募集后的资金运用行为，由此引发的纠纷不应当认定为营业信托纠纷。如果合同中约定由转让方或者其指定的第三方在一定期间后以交易本金加上溢价款等固定价款无条件回购的，无论转让方所转让的标的物是否真实存在、是否实际交付或者过户，只要合同不存在法定无效事由，对信托公司提出的由转让方或者其指定的第三方按约定承担责任的诉讼请求，人民法院依法予以支持。

当事人在相关合同中同时约定采用信托公司受让目标公司股权、向目标公司增资方式并以相应股权担保债权实现的，应当认定在当事人之间成立让与担保法律关系。当事人之间的具体权利义务，根据本纪要第71条的规定加以确定。

中国人民银行、原中国银行保险监督管理委员会、原中国证券监督管理委员会、国家外汇管理局《关于规范金融机构资产管理业务的指导意见》（银发〔2018〕106号）

十三、主营业务不包括资产管理业务的金融机构应当设立具有独立法人地位的资产管理子公司开展资产管理业务，强化法人风险隔离，暂不具备条件的可以设立专门的资产管理业务经营部门开展业务。

金融机构不得为资产管理产品投资的非标准化债权类资产或者股权类资产提供任何直接或间接、显性或隐性的担保、回购等代为承担风险的承诺。

金融机构开展资产管理业务，应当确保资产管理业务与其他业务相分离，资产管理产品与其代销的金融产品相分离，资产管理产品之间相分离，资产管理业务操作与其他业务操作相分离。

94.当公司股东存在股权让与担保的情况下，商业银行作为公司债权人，是否有权要求名义股东承担公司股东的相关责任？

问　题

某公司与某商业银行签订《综合授信协议》，商业银行依约向该公司放款，但该公司未按约偿还借款。在该公司股东存在签订股权让与担保合同情形下，商业银行作为债权人是否有权要求名义股东承担股东出资义务？

法律解析

对于让与担保合同的效力问题，实践中存在一定分歧，对其持否定态度主要受传统民法中有关通谋虚伪意思表示说、违反物权法定说、流质契约说等学说的影响。[①]《民法典》第三百八十八条第一款则规定，“设立担

① 参见高圣平著：《担保法前沿问题与判解研究（第五卷）——最高人民法院新担保制度司法解释条文释评》，人民法院出版社2021年版，第505页。

保物权，应当依照本法和其他法律的规定订立担保合同。担保合同包括抵押合同、质押合同和其他具有担保功能的合同”。《全国法院民商事审判工作会议纪要》第六十六条也规定：“当事人订立的具有担保功能的合同，不存在法定无效情形的，应当认定有效。虽然合同约定的权利义务关系不属于物权法规定的典型担保类型，但是其担保功能应予肯定。”据此，笔者认为，现行法律明确了让与担保等具有担保功能的合同效力。让与担保合同，将不会仅因违反物权法定原则而被认定无效。对此，《民法典担保制度司法解释》第六十八条明确规定：“债务人或者第三人与债权人约定将财产形式上转移至债权人名下，债务人不履行到期债务，债权人有权对财产折价或者以拍卖、变卖该财产所得价款偿还债务的，人民法院应当认定该约定有效。当事人已经完成财产权利变动的公示，债务人不履行到期债务，债权人请求参照民法典关于担保物权的有关规定就该财产优先受偿的，人民法院应予支持。债务人或者第三人与债权人约定将财产形式上转移至债权人名下，债务人不履行到期债务，财产归债权人所有的，人民法院应当认定该约定无效，但是不影响当事人有关提供担保的意思表示的效力。当事人已经完成财产权利变动的公示，债务人不履行到期债务，债权人请求对该财产享有所有权的，人民法院不予支持；债权人请求参照民法典关于担保物权的规定对财产折价或者以拍卖、变卖该财产所得的价款优先受偿的，人民法院应予支持；债务人履行债务后请求返还财产，或者请求对财产折价或者以拍卖、变卖所得的价款清偿债务的，人民法院应予支持。债务人与债权人约定将财产转移至债权人名下，在一定期间后再由债务人或者其指定的第三人以交易本金加上溢价款回购，债务人到期不履行回购义务，财产归债权人所有的，人民法院应当参照第二款规定处理。回购对象自始不存在的，人民法院应当依照民法典第一百四十六条第二款的规定，按照其实际构成的法律关系处理。”

在股权让与担保的情况下，名义股东是否应当承担股东出资义务及相关责任的问题，《民法典》并无明确规定。《民法典担保制度司法解释》第六十九条明确规定：“股东以将其股权转移至债权人名下的方式为债务履行提供担保，公司或者公司的债权人以股东未履行或者未全面履行出资义务、抽逃出资等为由，请求作为名义股东的债权人与股东承担连带责任的，人民法院不予支持。”最高人民法院民二庭在《最高人民法院民法典担保制度司法解释理解与适用》[①]一书中认为，股权让与担保，应区分内部即股权受让人与公司之间的法律关系，以及与外部第三人之间的法律关系。股东将其股权转移至债权人名义，其实质系为债务人履行债务而提供的一项担保措施，而债权人也仅仅只是从名义上受让股权，其并不具有股东身份，不享有与股东身份有关的表决、分红等权利，亦不承担出资、清算等义务。虽最高人民法院《关于适用〈中华人民共和国公司法〉若干问题的规定（三）》第十八条规定了转让股东未履行出资义务或未全面履行出资义务，受让股东明知或应知的，应当承担连带责任。但从实质上看，股权让与担保与股权转让存在显著差异，债权人并非以取得股权的意思表示受让债权而仅以其为债权之担保，故其不享有股东权利亦不承担股东责任。[②]

裁判观点

案例一：某投资公司、某钢铁公司民间借贷纠纷案［最高人民法院（2019）最高法民终133号］[③]

裁判摘要：本院认为，某钢铁公司与刘某某签订的《协议书》约定，“双方签订的股权转让协议的目的是以股权转让的形式保证乙方债权的实现，督促甲方按本协议的约定偿还乙方的借款。”“甲方应积极筹措资金偿还乙方借款，每偿还一笔借款，按还款数额相应核减乙方的持股比例。”“……全部还清时，乙方应将受让的某矿业公司的股权份额全部转回甲方或甲方指定的公司，并配合甲方办理工商变更登记手续”。《补充协议书》再次明确，该股权转让是为了“保证乙方债权的安全和实现”，且双方确认“乙方也没有实质持有某矿业公司股权的意愿”。可见，双方签订股权转让协议的目的是

① 最高人民法院民事审判第二庭著：《最高人民法院民法典担保制度司法解释理解与适用》，人民法院出版社2021年版。

② 参见高圣平著：《担保法前沿问题与判解研究（第五卷）——最高人民法院新担保制度司法解释条文释评》，人民法院出版社2021年版，第516页。

③ 类似案例还有山东省烟台市中级人民法院（2021）鲁06民终2602号。

以股权转让形式保证刘某某债权的实现，担保某钢铁公司按协议约定偿还借款。上述《协议书》《补充协议书》约定将某钢铁公司名下某矿业公司64%股权变更至刘某某名下，与前述以某房地产公司100%股权提供担保为同一性质的担保，并非真正的股权转让，而是将某矿业公司64%股权作为对刘某某债权实现的非典型担保，即让与担保。对此，各方不持异议。如前所述，有关让与担保的约定内容真实、自愿、合法，不具有合同无效情形，应为有效合同。一审判决认定，双方于2014年6月13日签订《协议书》、2015年8月13日签订《补充协议书》的真实目的并非真正实现股权转让，而是对案涉债务提供担保，符合本案当事人在相关系列合同中作出的连贯的、一致的真实意思表示，本院予以确认。

某钢铁公司上诉主张，以某矿业公司股权设定的让与担保违反物权法定及物权公示原则，违反法律禁止流押流质的规定。本院认为，首先，根据物权和债权区分原则，物权法定原则并不能否定上述合同的效力，即使股权让与担保不具有物权效力，股权让与担保合同也不必然无效。其次，让与担保虽非《物权法》等法律规定的有名担保，但属在法理及司法实践中得到广泛确认的非典型担保。本院认为，《物权法》第一百八十六条规定，抵押权人在债务履行期届满前，不得与抵押人约定债务人不履行到期债务时抵押财产归债权人所有。第二百一十一条规定，质权人在债务履行期届满前，不得与出质人约定债务人不履行到期债务时质押财产归债权人所有。前述《物权法》禁止流押、流质之规定，旨在避免债权人乘债务人之危而滥用其优势地位，压低担保物价值，谋取不当利益。如约定担保权人负有清算义务，当债务人不履行债务时，担保权人并非当然取得担保物所有权时，并不存在流押、流质的问题。本案中，某钢铁公司与刘某某2015年8月13日签订的《补充协议书》约定，如某钢铁公司不能还清债务，“乙方有权对外出售某矿业公司股权，出售价格以评估价格为基础下浮不超过10%；出售股权比例变现的额度，不得超过未清偿借款本息”。可见，某钢铁公司与刘某某就以某矿业公司64%股权设定的让与担保，股权出售价格应以“评估价格为基础下浮不超过10%”的清算方式变现。本院认为，上述约定不违反禁止流质、流押的法律规定，应当认定上述约定有效。

某投资公司上诉主张，让与担保是已为《民间借贷司法解释》所认可的非典型担保，设定担保的目的在于债权人就担保标的物优先受偿。案涉某矿业公司64%股权已在工商部门变更登记至刘某某名下，具有物权公示作用及对抗第三人效力，能够限制该股权转让或其他处分。故，某投资公司就某矿业公司64%股权具有排除第三人的优先物权效力。某钢铁公司主张，依据物权法定原则，只有法律明确规定的物权种类，才具有法律认可和保护的物权效力，让与担保并非法律明确规定的物权种类，仅具有债权效力，不具有与法定物权同样的物权效力，不能对抗第三人，无法取得优先于其他债权人的受偿权；从合同内容看，本案就以该股权设定让与担保的《协议书》《补充协议书》均未约定刘某某享有优先受偿权。本院认为，某投资公司与某钢铁公司上述主张，实质争议焦点在于：以某矿业公司64%股权设定的让与担保是否具有物权效力，让与担保权人是否可因此取得就该股权价值优先受偿的权利。最高人民法院《关于进一步加强金融审判工作的若干意见》第三条规定，依法认定新类型担保的法律效力，扩宽中小微企业的融资担保方式。除符合合同法第五十二条规定的合同无效情形外，应当依法认定新类型担保合同有效；符合物权法有关担保物权规定的，还应当依法认定其物权效力。对于前述股权让与担保是否具有物权效力，应以是否已按照物权公示原则进行公示，作为核心判断标准。本案讼争让与担保中，担保标的物为某矿业公司64%股权。《公司法》第三十二条第三款规定，公司应当将股东的姓名或者名称向公司登记机关登记；登记事项发生变更的，应当办理变更登记。未经登记或者变更登记的，不得对抗第三人。可见，公司登记机关变更登记为公司股权变更的公示方式。《物权法》第二百零八条第一款、第二百二十六条第一款及第二百二十九条规定，在股权质押中，质权人可就已办理出质登记的股权优先受偿。举轻以明重，在已将作为担保财产的股权变更登记到担保权人名下的股权让与担保中，担保权人形式上已经是作为担保标的物的股份的持有者，其就作为担保的股权享有优先受偿的权利，更应受到保护，原则上具有对抗第三人的物权效力。这也正是股权让与担保的核心价值所在。本案中，某钢铁公司与刘某某于2014年6月就签订《协议书》以某矿业公司64%股权设定让与担保，债权人某投资公司代持股人刘某某和债务人某钢铁公司协调配合已依约办妥公司股东变更登记，形式上刘某某成为该股权的受让人。因此，刘某某依约享有的担保物权优于一般债权，具有对抗某钢铁公司其他一般债权人的物权效力。某投资公司主张，刘某某享有就某矿业公司64%股权优先受偿的权利，本院予以支持。某钢铁公司以让与担保非法定物权，以合同当事人未约定刘某某有优先受偿权为由，否定其优先受偿主张，本院不予支持。

案例二：某投资控股有限公司、某稀土（集团）有限公司合同纠纷案［最高人民法院（2018）最高法民终119号］[①]

裁判摘要：本院认为，关于讼争的《股权转让协议》的效力问题。1.关于本案合同的性质。一审法院认为，根据本案的证据，《股权转让协议》《流动资金借款合同》《担保与反担保协议》三份合同具有内在的联系，构成一个整体。虽然某投资公司将讼争股权转让给稀土公司，但稀土公司受让某投资公司股权后，将股权为某投资公司的借款作为质押担保，并订立了相关合同。从《股权转让协议》约定的内容看，某投资公司将股权变更至稀土公司名下后，"如解除条件未能满足的，某投资公司无权终止或解除本协议；但稀土公司既有权要求继续履行本协议的部分或全部内容，也有权要求终止或解除本协议的部分或全部内容"。现稀土公司主张全部继续履行合同。因此，本案讼争合同不仅有质押担保的内容，而且约定有在条件成就时受让讼争股权的内容。当稀土公司为某投资公司代偿债务后，在稀土公司主张继续履行合同的情况下，稀土公司可以受让讼争股权。因此，本案讼争股权转让合同不是典型合同。各方当事人按照合同约定履行相应义务。某投资公司关于本案讼争合同系担保合同的抗辩理由不能成立。

2.关于讼争股权转让合同是否违反禁止流质的规定。一审法院认为，讼争合同约定与流质条款有严格的区别。本案讼争股权转让合同约定的担保实现方式与流质条款不同。本案中对于股权转让对价系以稀土公司决定受

---

① 某投资控股有限公司针对本判决申请再审。再审法院作出（2019）最高民申2073号民事裁定书，驳回某投资控股有限公司的再审申请。

让股权后以合同约定的基准日确定。而流质条款的债权人是当然地取得股权，并不负有对标的股权的清算义务。因此，某投资公司认为本合同系流质条款的抗辩主张不能成立。本案股权转让未违反法律法规关于禁止流质的规定。

3.关于讼争股权转让合同是否违反国有资产管理法律法规。一审法院认为，某投资公司认为股权转让协议违反了国有资产管理相关法律法规的规定而引用的法律和行政法规均为管理性的强制规范，不能作为认定合同无效的法律根据，某投资公司以股权转让合同违反国有资产管理规定而无效的抗辩理由没有法律根据。该抗辩理由不能成立。

综上，本案讼争《股权转让协议》系有效合同。

法律延伸

最高人民法院《关于适用〈中华人民共和国民法典〉有关担保制度的解释》（法释〔2020〕28号）

第六十八条 债务人或者第三人与债权人约定将财产形式上转移至债权人名下，债务人不履行到期债务，债权人有权对财产折价或者以拍卖、变卖该财产所得价款偿还债务的，人民法院应当认定该约定有效。当事人已经完成财产权利变动的公示，债务人不履行到期债务，债权人请求参照民法典关于担保物权的有关规定就该财产优先受偿的，人民法院应予支持。

债务人或者第三人与债权人约定将财产形式上转移至债权人名下，债务人不履行到期债务，财产归债权人所有的，人民法院应当认定该约定无效，但是不影响当事人有关提供担保的意思表示的效力。当事人已经完成财产权利变动的公示，债务人不履行到期债务，债权人请求对该财产享有所有权的，人民法院不予支持；债权人请求参照民法典关于担保物权的规定对财产折价或者以拍卖、变卖该财产所得的价款优先受偿的，人民法院应予支持；债务人履行债务后请求返还财产，或者请求对财产折价或者以拍卖、变卖所得的价款清偿债务的，人民法院应予支持。

债务人与债权人约定将财产转移至债权人名下，在一定期间后再由债务人或者其指定的第三人以交易本金加上溢价款回购，债务人到期不履行回购义务，财产归债权人所有的，人民法院应当参照第二款规定处理。回购对象自始不存在的，人民法院应当依照民法典第一百四十六条第二款的规定，按照其实际构成的法律关系处理。

第六十九条 股东以将其股权转移至债权人名下的方式为债务履行提供担保，公司或者公司的债权人以股东未履行或者未全面履行出资义务、抽逃出资等为由，请求作为名义股东的债权人与股东承担连带责任的，人民法院不予支持。

《全国法院民商事审判工作会议纪要》（法〔2019〕254号）

66.【担保关系的认定】当事人订立的具有担保功能的合同，不存在法定无效情形的，应当认定有效。虽然合同约定的权利义务关系不属于物权法规定的典型担保类型，但是其担保功能应予肯定。

71.【让与担保】债务人或者第三人与债权人订立合同，约定将财产形式上转让至债权人名下，债务人到期清偿债务，债权人将该财产返还给债务人或第三人，债务人到期没有清偿债务，债权人可以对财产拍卖、变卖、折价偿还债权的，人民法院应当认定合同有效。合同如果约定债务人到期没有清偿债务，财产归债权人所有的，人民法院应当认定该部分约定无效，但不影响合同其他部分的效力。

当事人根据上述合同约定，已经完成财产权利变动的公示方式转让至债权人名下，债务人到期没有清偿债务，债权人请求确认财产归其所有的，人民法院不予支持，但债权人请求参照法律关于担保物权的规定对财产拍卖、变卖、折价优先偿还其债权的，人民法院依法予以支持。债务人因到期没有清偿债务，请求对该财产拍卖、变卖、折价偿还所欠债权人合同项下债务的，人民法院亦应依法予以支持。

第九章

其他特殊问题

95. “超级优先权”在商业银行信贷业务中该如何适用？

法律解析

《民法典》第四百一十六条规定：“动产抵押担保的主债权是抵押物的价款，标的物交付后十日内办理抵押登记的，该抵押权人优先于抵押物买受人的其他担保物权人受偿，但是留置权人除外。”这一规定被称为价款担保权，亦称超级优先权。

有别于域外法上成熟的系统性规定，《民法典》仅第四百一十六条这一个条款对超级优先权作了规定。实践中如何理解、适用，存在较多争议和不确定性。

1.超级优先权担保的主债权必须是抵押物的价款

“动产抵押担保的主债权是抵押物的价款”，目前比较一致的观点认为，向抵押物买受人提供资金购买抵押物的主体即可以成为超级优先权人，包括向买受人赊销产品的出卖人和向买受人提供信贷资金购买产品的第三方。

（1）当主债权人系出卖人时，需协调所有权保留与超级优先权。

《民法典》第六百四十一条规定：“当事人可以在买卖合同中约定买受人未履行支付价款或者其他义务的，标的物的所有权属于出卖人。出卖人对标的物保留的所有权，未经登记，不得对抗善意第三人。”

因此，在所有权保留的情况下，出卖人对标的物享有所有权，且经登记，得对抗善意第三人。

当价款部分给付的情况下，标的物可能同时存在所有权保留和超级优先权。但因《民法典》目前对超级优先权的规定比较简单，在出卖人的所有权（或取回权）与超级优先权行使产生冲突时，并没有准确的适用规则，实践中易产生争议，此类问题，有待立法、司法机关进一步完善。

（2）当主债权人系价金出借人时，需特别关注资金的流向和用途。

主债权人行使超级优先权时，应证明其对债务人享有的债务系抵押物的价款。因此，在实践中应注意，债权债务合同应与买卖合同关联起来，并尽量通过受托支付等方式，确保借贷资金直接支付给出卖人，并用于购买抵押物。

2. 抵押登记需在动产交付后十日内办理

超级优先权的设立，必须办理抵押登记，且应严格按照法定时限办理。因此，实践中，有意设立超级优先权的债权人，应特别专注抵押物的交付情况，并且在出卖人将抵押物交付给买受人后，尽早办理抵押登记，最迟不得超过动产交付后十日。

考虑到交付仅发生在买卖双方之间，债权人难以及时掌握准确的信息，且难以规避买卖双方串通损害债权人利益等情况，如业务上可行，建议由买卖双方与债权人三方共同签署抵押合同，并在抵押合同中专门载明经买卖双方一致确认的买卖合同核心条款，包括价金金额、收款账户及标的物交付时间、地点、方式等。

当然，如债权人与抵押物买受人签订了抵押合同，未办理抵押登记或未在动产交付后十日内办理抵押登记的，债权人仍对该动产享有一般的抵押权。

3. 优先对象限于抵押物买受人的其他担保物权人

《民法典》第四百一十四条确立了担保物权的一般清偿顺序规则，即同一财产上有效设立多个担保物权的，按照公示先后顺序确定清偿顺位。超级优先权之所以“超级”，即在于打破了担保物权的一般清偿顺位规则。即使其他担保物权设立公示在先，超级优先权亦恒定优先。但应关注以下三个问题：

（1）其他担保物权人对应的担保人系抵押物买受人，不包括抵押物出卖人或其他第三方。

（2）抵押物买受人对应的权利人应当是担保物权人，而不是享有所有权的出卖人或出租人。

（3）超级优先权人恒定优先的两个例外：

一是留置权人。《民法典》第四百五十六条规定：“同一动产上已经设立抵押权或者质权，该动产又被留置的，留置权人优先受偿。”

二是其他超级优先权人。出卖人可以设立超级优先权，为买受人提供价金贷款的出借人也可以设立超级优先权。此外，为买受人提供价金贷款的出借人还可以是多个主体，从而可能设立多个超级优先权。

法律延伸

《中华人民共和国民法典》

第四百一十六条 动产抵押担保的主债权是抵押物的价款，标的物交付后十日内办理抵押登记的，该抵押权人优先于抵押物买受人的其他担保物权人受偿，但是留置权人除外。

第四百五十六条 同一动产上已经设立抵押权或者质权，该动产又被留置的，留置权人优先受偿。

第六百四十一条 当事人可以在买卖合同中约定买受人未履行支付价款或者其他义务的，标的物的所有权属于出卖人。

出卖人对标的物保留的所有权，未经登记，不得对抗善意第三人。

最高人民法院《关于适用〈中华人民共和国民法典〉有关担保制度的解释》(法释〔2020〕28号)

第五十七条 担保人在设立动产浮动抵押并办理抵押登记后又购入或者以融资租赁方式承租新的动产，下列权利人为担保价款债权或者租金的实现而订立担保合同，并在该动产交付后十日内办理登记，主张其权利优先于在先设立的浮动抵押权的，人民法院应予支持：

（一）在该动产上设立抵押权或者保留所有权的出卖人；

（二）为价款支付提供融资而在该动产上设立抵押权的债权人；

（三）以融资租赁方式出租该动产的出租人。

买受人取得动产但未付清价款或者承租人以融资租赁方式占有租赁物但是未付清全部租金，又以标的物为他人设立担保物权，前款所列权利人为担保价款债权或者租金的实现而订立担保合同，并在该动产交付后十日内办理登记，主张其权利优先于买受人为他人设立的担保物权的，人民法院应予支持。

同一动产上存在多个价款优先权的，人民法院应当按照登记的时间先后确定清偿顺序。

96. 以夫妻一方名义借款，另一方是否负有偿还义务?

问 题

张某以个人名义在夫妻关系存续期间内与某商业银行签订了《借款合同》，借款金额50万元，借款期限2年。借款期限届满，张某拒不偿还该笔借款。对于该笔借款，张某的妻子是否负有偿还的义务?

法律解析

《民法典》第一千零六十四条规定："夫妻双方共同签名或者夫妻一方事后追认等共同意思表示所负的债务，以及夫妻一方在婚姻关系存续期间以个人名义为家庭日常生活需要所负的债务，属于夫妻共同债务。夫妻一方在婚姻关系存续期间以个人名义超出家庭日常生活需要所负的债务，不属于夫妻共同债务；但是，债权人能够证明该债务用于夫妻共同生活、共同生产经营或者基于夫妻双方共同意思表示的除外。"据此，夫妻一方在婚姻关系存续期间以个人名义所负债务，原则上属于个人债务，夫妻另一方不负有偿还义务。除非，债权人能够证明该债务用于家庭日常生活、夫妻共同生活、共同生产经营或者基于夫妻双方共同意思表示（含事后追认）。

审查要点

1. 夫妻一方向商业银行借款，除非商业银行要求夫妻另一方作为共同借款人签署相关借款合同，或有充分证据证明夫妻一方借款用于家庭日常生活或夫妻共同生活、生产经营或夫妻双方构成了借款的共同意思表示，否则，该债务为借款人个人债务，商业银行无法向夫妻另一方主张。

2. 司法实践中，为日常家庭生活所负的债务，通常仅包括正常的吃穿用度、子女抚养教育经费、老人赡养费、家庭成员医疗费等。如大额借贷、贷款购买财产赠与他人等，均属于个人债务，不能向另一方追索。

裁判观点

案例：王某、姚某民间借贷纠纷案［最高人民法院（2020）最高法民申3577号］

裁判摘要：根据查明的事实，2010年10月29日，杜某向王某借款1,500万元并出具《借条》，王某通过某支行分两笔向杜某账户转款合计1,500万元。借款期间，杜某并未付息还本，于2013年6月18日向王某重新出具了《借条》1份，其中载明，“本人借王某本金1,500万元，从2010年10月30日到2012年10月30日2年共计利息720万元。本金大写：壹仟伍佰万元，利息柒佰贰拾万元整。利息没付，息不生息。借款延期到2013年12月30日，本金1,500万元，大写：壹仟伍佰万元，月息贰分。2013年12月30日还款，连本带息全部结清。公司第二次王某融资款需承担的3分息中1.5分息由我承担。借款人：杜某，2013年6月18日”。根据以上事实，杜某系以其个人名义向王某借款，姚某并非借款人。最高人民法院《关于审理涉及夫妻债务纠纷案件适用法律有关问题的解释》第一条规定：“夫妻双方共同签字或者夫妻一方事后追认等共同意思表示所负的债务，应当认定为夫妻共同债务。”第三条规定：“夫妻一方在婚姻关系存续期间以个人名义超出家庭日常生活需要所负的债务，债权人以属于夫妻共同债务为由主张权利的，人民法院不予支持，但债权人能够证明该债务用于夫妻共同生活、共同生产经营或者基于夫妻双方共同意思表示的除外。”姚某并未在案涉借条上签字，王某亦未提供充分证据证明姚某曾就案涉借款所涉债务明确作出追认的意思表示。虽然姚某曾于2014年1月29日向王某转款80万元，但原审判决认为仅通过这一笔银行转款的行为，即认定姚某有对杜某所借1,500万元债务追认的意思表示，依据不足，并无不当。原审判决认为案涉借款1,500万元，明显超出家庭日常生活所需，王某负有举证证明该债务用于夫妻共同生活、共同生产经营或者基于夫妻双方共同意思表示的责任，亦无不当。王某向本院申请再审时提交了某公司财务账照片、某公司网页截图，拟证明姚某、杜某对某公司共同投资，共同经营，本案所涉债务应为共同债务。但从其提交的上述照片、网页截图载明的内容看，不能达到其证明目的。

法律延伸

《中华人民共和国民法典》

第一千零六十四条　夫妻双方共同签名或者夫妻一方事后追认等共同意思表示所负的债务，以及夫妻一方在婚姻关系存续期间以个人名义为家庭日常生活需要所负的债务，属于夫妻共同债务。

夫妻一方在婚姻关系存续期间以个人名义超出家庭日常生活需要所负的债务，不属于夫妻共同债务；但是，债权人能够证明该债务用于夫妻共同生活、共同生产经营或者基于夫妻双方共同意思表示的除外。

第一千零六十五条　男女双方可以约定婚姻关系存续期间所得的财产以及婚前财产归各自所有、共同所有或者部分各自所有、部分共同所有。约定应当采用书面形式。没有约定或者约定不明确的，适用本法第一千零六十二条、第一千零六十三条的规定。

夫妻对婚姻关系存续期间所得的财产以及婚前财产的约定，对双方具有法律约束力。

夫妻对婚姻关系存续期间所得的财产约定归各自所有，夫或者妻一方对外所负的债务，相对人知道该约定的，以夫或者妻一方的个人财产清偿。

最高人民法院《关于适用〈中华人民共和国民法典〉婚姻家庭编的解释（一）》（法释〔2020〕22号）

第三十七条　民法典第一千零六十五条第三款所称“相对人知道该约定的”，夫妻一方对此负有举证责任。

97.夫妻一方对外担保形成的债务，是否属于夫妻共同债务？

问　题

甲公司与某商业银行签订《借款合同》，借款金额100万元，借款期限2年。刘某为甲公司上述借款承担连带责任保证。借款期限届满，甲公司拒不偿还该笔借款，刘某亦不承担保证责任。刘某的妻子是否应当承担保证责任?

法律解析

夫妻一方对外担保所形成的债务，是否属于夫妻共同债务，司法实践中裁判规则并不完全一致。对此，福建省高级人民法院专门就（2014）闽民申字第1715号案向最高人民法院报送《关于再审申请人宋某、叶某与被申请人叶某某及一审被告陈某、李某民间借贷纠纷一案的请示》。最高人民法院民一庭于2015年1月1日作出《关于夫妻一方对外担保之债能否认定为夫妻共同债务的复函》，该复函规定："同意你院审判委员会多数意见，即夫妻一方对外担保之债不应当适用《最高人民法院关于适用〈中华人民共和国婚姻法〉若干问题的解释（二）》第二十四条的规定认定为夫妻共同债务。"

据此，笔者认为，具体判断个案中夫妻一方对外担保形成的债务是否属于夫妻共同债务，重点还应考量该担保之债与夫妻共同生活、共同生产经营是否密切相关。如夫妻一方为他人提供没有获利的担保，或所获利益没有用于夫妻共同生活或共同生产经营，则不属于夫妻共同债务。如为自己担任股东或实际控制人的公司提供担保，这种担保行为实质是为了公司经营，而其从公司经营中所获的利益，直接影响夫妻关系存续期间共同财产的多少，那么这种情况下的担保之债，有可能被认定为属于夫妻共同债务。但若其配偶能够充分证明股东或实际控制人因担保所形成的债务，未用于夫妻共同生活，则不应将担保债务认定为夫妻共同债务。

裁判观点

案例一：周某与青岛某贸易有限公司等执行异议之诉案［最高人民法院（2017）最高法民申3915号］[①]

裁判摘要：第一，最高人民法院民一庭《关于夫妻一方对外担保之债能否认定为夫妻共同债务的复函》规定，夫妻一方对外担保之债不应当适用最高人民法院《关于适用〈中华人民共和国婚姻法〉若干问题的解释（二）》

① 类似案例还有北京市第一中级人民法院（2018）京01民终8017号。

第二十四条的规定认定为夫妻共同债务。山东省某市中级人民法院于2015年11月19日作出民事调解书，周某某对江苏某镍业有限公司应向山东某国际贸易有限公司支付回购货款及收益50,591,600元的本金和利息承担连带担保责任，属于对外担保之债，根据上述复函的规定，涉案债务不应认定为夫妻共同债务。第二，《中华人民共和国婚姻法》（以下简称《婚姻法》）第十七条规定，夫妻在婚姻关系存续期间所得的财产，归夫妻共同所有。周某与周某某于1991年9月27日结婚，于2015年7月28日自愿离婚；2012年10月，周某某购买位于上海市某路×××号××××室、××××室房产。该房产购买于周某与周某某夫妻关系存续期间，虽然只登记在周某某一人名下，但是在周某、周某某未举证证明归个人所有的情况下，根据《婚姻法》第十七条的规定应为夫妻共同财产。《物权法》第九条第一款规定，不动产物权的设立、变更、转让和消灭，经依法登记发生效力；未经登记，不发生效力。但法律另有规定的除外。虽然周某与周某某于2015年7月28日签订《自愿离婚协议书》，约定涉案房产归周某所有，但是双方未进行不动产物权的转让登记，物权的转让不发生效力，涉案房产仍属于周某与周某某夫妻共同所有。

案例二：李某与安某执行异议之诉案［最高人民法院（2016）最高法民申2908号］

裁判摘要：1.关于能否认定本案债务为夫妻共同债务的问题。最高人民法院《关于适用〈中华人民共和国婚姻法〉若干问题的解释（二）》第二十四条规定，债权人就婚姻关系存续期间夫妻一方以个人名义所负债务主张权利的，应当按夫妻共同债务处理。但夫妻一方能够证明债权人与债务人明确约定为个人债务，或者能够证明属于《婚姻法》第十九条第三款规定情形的除外。本案中，生效判决虽仅确定夫妻一方即寇某对债务承担清偿责任，但是该笔债务发生在寇某与李某夫妻关系存续期间，一审、二审及再审申请中，李某均未提供相应证据证明债权人与债务人明确约定该债务为寇某一方所负个人债务，或者证明寇某与李某达成过夫妻财产归各自所有的约定且第三人知晓该约定。

李某主张二审判决违背本院民一庭答复和复函的认定，但相关答复和复函仅是针对个案相关情况作出的处理意见，不具有普遍约束力。对于夫妻共同债务，仍应依照最高人民法院《关于适用〈中华人民共和国婚姻法〉若干问题的解释（二）》第二十四条的规定，并结合案件具体情况予以认定。也即，就个案处理而言，并非夫妻一方对外担保之债一概不能认定为夫妻共同债务，重点还应考量该担保之债与夫妻共同生活是否密切相关。本案中，担保人寇某系债务人某公司的法定代表人和股东，而寇某又是某公司另一股东北京某投资管理有限公司的法定代表人、股东，某公司的经营状况直接影响到寇某的个人收益，与寇某与李某婚姻关系存续期间夫妻共同财产的多少也有直接关系。李某主张寇某因担保而形成的债务并非用于夫妻共同生活，对此，李某负有举证责任，而李某并未提供充分证据证明寇某未将某公司的经营收益用于夫妻共同生活。因此，二审判决将本案所涉债务认定为夫妻共同债务，在事实认定和法律适用上均无不当。李某关于本案所涉债务为寇某个人债务的申请理由，不能成立。

2.关于能否对案涉房产采取执行措施的问题。案涉房产购买于李某与寇某婚姻关系存续期间，夫妻在婚姻关系存续期间所得的财产，应属夫妻共同所有。李某主张案涉房产由其父母出资购买，但未提供充分证据予以证明，不应予以支持。因本案所涉债务应当认定为夫妻共同债务，故执行法院对作为夫妻共同财产的案涉房产采取执行措施，于法有据。至于李某主张的生活所必需的居住房屋不得拍卖的理由，因不属于案外人执行异议之诉程序审查范围，本院不作审查，李某可以通过其他执行救济途径另行解决。

98.债务人能否以其不具有完全民事行为能力的子女的财产设立担保？

问　题

2020年12月，张某拟向某商业银行借款40万元，并以登记在其未成年儿子张小某名下的房产设立抵押担保，该抵押担保是否有效？

法律解析

《民法典》第三十五条规定："监护人应当按照最有利于被监护人的原则履行监护职责。监护人除为维护被监护人利益外，不得处分被监护人的财产。未成年人的监护人履行监护职责，在作出与被监护人利益有关的决定时，应当根据被监护人的年龄和智力状况，尊重被监护人的真实意愿。成年人的监护人履行监护职责，应当最大程度地尊重被监护人的真实意愿，保障并协助被监护人实施与其智力、精神健康状况相适应的民事法律行为。对被监护人有能力独立处理的事务，监护人不得干涉。"

根据上述规定，以限制民事行为能力人、无民事行为能力人的财产提供担保，除非法定代理人或者监护人能够证明其代理被监护人签订担保合同是为了被监护人的利益（如为子女的教育、生活需要），同时须提供合法有效的证明材料，否则，该担保合同可能被人民法院认定无效。

审查要点

商业银行在接受物保之前，应严格核查担保物的产权归属。如担保物所有权人系未成年人，应谨慎接受该担保物。如确需接受该担保物的，应尽可能地全面收集未成年人的监护人以其财产提供担保系维护未成年人利益的证据。

同时，商业银行还应要求具备一定辨识、理解能力的未成年人及其监护人出具相关书面声明/承诺，就以未成年人名下财产提供抵押事宜作出明确同意的意思表示，并声明不损害未成年人的利益。

裁判观点

案例：黄某与某银行股份有限公司某支行、黄某某、温某等借款合同纠纷案［最高人民法院（2014）民申字第308号］[①]

裁判摘要：本案的争议焦点为：抵押合同中涉及以黄某持有的"某小

---

① 类似案例还有浙江省高级人民法院（2016）浙民申393号。

区别墅”份额所设立的抵押担保效力应如何认定。首先，我国现行法律对抵押人的身份并无限制，黄某系限制民事行为能力人，其母亲温某以监护人的身份代其签订抵押合同并不违反法律禁止性规定。其次，《中华人民共和国民法通则》第十八条第三款规定，监护人不履行监护职责或者侵害被监护人的合法权益的，应当承担责任。即便监护人温某代黄某签订抵押合同的行为损害了黄某的利益，法律也仅规定由监护人来承担相应责任，而非由此否定合同效力并由合同相对人承担责任。在此情况下，二审法院认定案涉抵押合同有效并无不当。此外，黄某的监护人当初为获取贷款利用未成年人黄某名下的财产进行抵押并出具不损害其利益的声明，在获得贷款之后又以损害未成年人利益为由主张合同无效，该抗辩理由属恶意抗辩，违背诚实信用原则，二审法院对该抗辩理由未予采纳并无不当。黄某主张，其监护人与某支行在签订合同时存在恶意串通情形，对此，黄某并无证据予以证实，且该主张同样属于恶意抗辩，本院亦不予采纳。关于某支行在二审中提交的《声明》，二审法院虽采纳该证据用以证明抵押合同的签订不存在侵犯黄某利益的情形，合同因此不应认定为无效，但本案抵押合同的效力认定无需取决于该声明内容的存在与否，即该证据应否作为新证据采纳不影响本案的处理结果。因此，本案不存在因采纳《声明》而认定事实错误的情形。某支行在签订合同时并无主观恶意，亦不存在明显过错，黄某主张由某支行承担相应责任无事实依据和法律依据。

法律延伸

《中华人民共和国未成年人保护法》

第四条 保护未成年人，应当坚持最有利于未成年人的原则。处理涉及未成年人事项，应当符合下列要求：

（一）给予未成年人特殊、优先保护；

（二）尊重未成年人人格尊严；

（三）保护未成年人隐私权和个人信息；

（四）适应未成年人身心健康发展的规律和特点；

（五）听取未成年人的意见；

（六）保护与教育相结合。

第十六条　未成年人的父母或者其他监护人应当履行下列监护职责：

（一）为未成年人提供生活、健康、安全等方面的保障；

（二）关注未成年人的生理、心理状况和情感需求；

（三）教育和引导未成年人遵纪守法、勤俭节约，养成良好的思想品德和行为习惯；

（四）对未成年人进行安全教育，提高未成年人的自我保护意识和能力；

（五）尊重未成年人受教育的权利，保障适龄未成年人依法接受并完成义务教育；

（六）保障未成年人休息、娱乐和体育锻炼的时间，引导未成年人进行有益身心健康的活动；

（七）妥善管理和保护未成年人的财产；

（八）依法代理未成年人实施民事法律行为；

（九）预防和制止未成年人的不良行为和违法犯罪行为，并进行合理管教；

（十）其他应当履行的监护职责。

第十七条　未成年人的父母或者其他监护人不得实施下列行为：

（一）虐待、遗弃、非法送养未成年人或者对未成年人实施家庭暴力；

（二）放任、教唆或者利用未成年人实施违法犯罪行为；

（三）放任、唆使未成年人参与邪教、迷信活动或者接受恐怖主义、分裂主义、极端主义等侵害；

（四）放任、唆使未成年人吸烟（含电子烟，下同）、饮酒、赌博、流浪乞讨或者欺凌他人；

（五）放任或者迫使应当接受义务教育的未成年人失学、辍学；

（六）放任未成年人沉迷网络，接触危害或者可能影响其身心健康的图书、报刊、电影、广播电视节目、音像制品、电子出版物和网络信息等；

（七）放任未成年人进入营业性娱乐场所、酒吧、互联网上网服务营业场所等不适宜未成年人活动的场所；

（八）允许或者迫使未成年人从事国家规定以外的劳动；

（九）允许、迫使未成年人结婚或者为未成年人订立婚约；

（十）违法处分、侵吞未成年人的财产或者利用未成年人牟取不正当利益；

（十一）其他侵犯未成年人身心健康、财产权益或者不依法履行未成年人保护义务的行为。

第十九条 未成年人的父母或者其他监护人应当根据未成年人的年龄和智力发展状况，在作出与未成年人权益有关的决定前，听取未成年人的意见，充分考虑其真实意愿。

99. 商业银行办理委托贷款业务，能否直接与借款人签订担保合同并将担保财产抵押至商业银行名下？

法律解析

《商业银行委托贷款管理办法》第三条第一款规定："本办法所称委托贷款，是指委托人提供资金，由商业银行（受托人）根据委托人确定的借款人、用途、金额、币种、期限、利率等代为发放、协助监督使用、协助收回的贷款，不包括现金管理项下委托贷款和住房公积金项下委托贷款。"第四条规定："委托贷款业务是商业银行的委托代理业务。商业银行依据本办法规定，与委托贷款业务相关主体通过合同约定各方权利义务，履行相应职责，收取代理手续费，不承担信用风险。"根据上述规定，从委托贷款法律关系的本质来看，受托方（银行）不是实质意义上的债权人，借款合同关系的当事双方为委托人和借款人，委托人才是真正意义上的债权人和担保权人。正因为如此，《商业银行委托贷款管理办法》第十四条规定："委托贷款采取担保方式的，委托人和担保人应就担保形式和担保人（物）达成一致，并签订委托贷款担保合同。"

因此，笔者认为，在委托贷款业务中，原则上应由委托人和担保人直接签订担保合同。如因业务需要，确需商业银行受托签订担保合同的，商业银行应在担保合同中明确委托人、商业银行（即受托人）与借款人之间的地位和法律关系，委托人和借款人应清楚知悉并认可由商业银行代委托人签署担保合同并办理抵押登记，并应就相关争议解决的义务和诉讼主体资格等事项作出约定。

对此，《民法典担保制度司法解释》第四条专门规定："有下列情形之一，当事人将担保物权登记在他人名下，债务人不履行到期债务或者发生当事人约定的实现担保物权的情形，债权人或者其受托人主张就该财产优先受偿的，人民法院依法予以支持：……（二）为委托贷款人提供的担保物权登记在受托人名下；……"据此，商业银行受托与担保人签订担保合同的，不影响债权人或商业银行受托行使担保权利。

审查要点

1.商业银行开展委托贷款业务，应与委托人、借款人签署三方协议，明确各自的地位和权责利。

2.如委托贷款设有担保的，应尽量由委托人与担保人直接签订担保合同。如确需商业银行签订担保合同的，应向担保人明示商业银行系代表委托人签订相关合同，合同权利义务均归属于委托人。同时，结合《民法典担保制度司法解释》第四条的规定，各方也可明确委托贷款所对应的担保权利由委托人行使还是由商业银行受托行使，以免产生不必要的争议。

裁判观点

案例：某米业有限公司与海南某酒店投资有限公司金融借款合同纠纷案［最高人民法院（2018）最高法民终673号］

裁判摘要：关于某酒店公司应否向韩某承担抵押担保责任的问题。第一，韩某与某米业公司、某分行于2014年9月30日签订的《委托贷款合同》第1.8条约定："即使担保合同以某分行名义订立，即使担保登记将某分行作为担保权益人，某分行均仅作为代理人，义务仅限于根据韩某的要求提供办理担保事宜所必需的签字盖章手续，担保权益及其相关责任、风险均归属韩某。"第3.6条约定："韩某直接享有本合同及其项下的担保合同所约定的某分行作为贷款人所享有的一切权利。"同日，某分行与某酒店公司签订了两份

《抵押担保合同》。故从上述合同的签订情况看，某酒店公司对于《委托贷款合同》的存在及韩某与某分行之间的代理关系应当明知，其是在对韩某为案涉贷款实际权利人有清楚认知的基础上签订的两份《抵押担保合同》。第二，对某酒店公司名下的某块土地的国有土地使用权办理抵押登记时，虽然登记的抵押权人为某分行，但因该抵押法律关系是为案涉贷款设定，在委托贷款法律关系中，受托人某分行的代理行为产生的后果应当归属于委托人韩某。在本案诉讼中，某分行也明确表示韩某享有案涉国有土地使用权的抵押权，故韩某可以自己的名义直接向某酒店公司主张以某分行名义设立的抵押权。

法律延伸

《中华人民共和国民法典》

第九百一十九条 委托合同是委托人和受托人约定，由受托人处理委托人事务的合同。

第九百二十五条 受托人以自己的名义，在委托人的授权范围内与第三人订立的合同，第三人在订立合同时知道受托人与委托人之间的代理关系的，该合同直接约束委托人和第三人；但是，有确切证据证明该合同只约束受托人和第三人的除外。

最高人民法院《关于适用〈中华人民共和国民法典〉有关担保制度的解释》（法释〔2020〕28号）

第四条 有下列情形之一，当事人将担保物权登记在他人名下，债务人不履行到期债务或者发生当事人约定的实现担保物权的情形，债权人或者其受托人主张就该财产优先受偿的，人民法院依法予以支持：

（一）为债券持有人提供的担保物权登记在债券受托管理人名下；

（二）为委托贷款人提供的担保物权登记在受托人名下；

（三）担保人知道债权人与他人之间存在委托关系的其他情形。

《商业银行委托贷款管理办法》（银监发〔2018〕2号）

第三条 本办法所称委托贷款，是指委托人提供资金，由商业银行（受托人）根据委托人确定的借款人、用途、金额、币种、期限、利率等代为发放、协助监督使用、协助收回的贷款，不包括现金管理项下委托贷款和住房公积金项下委托贷款。

委托人是指提供委托贷款资金的法人、非法人组织、个体工商户和具有完全民事行为能力的自然人。

现金管理项下委托贷款是指商业银行在现金管理服务中，受企业集团客户委托，以委托贷款的形式，为客户提供的企业集团内部独立法人之间的资金归集和划拨业务。

住房公积金项下委托贷款是指商业银行受各地住房公积金管理中心委托，以住房公积金为资金来源，代为发放的个人住房消费贷款和保障性住房建设项目贷款。

第四条　委托贷款业务是商业银行的委托代理业务。商业银行依据本办法规定，与委托贷款业务相关主体通过合同约定各方权利义务，履行相应职责，收取代理手续费，不承担信用风险。

第十四条　委托贷款采取担保方式的，委托人和担保人应就担保形式和担保人（物）达成一致，并签订委托贷款担保合同。

100. 个人汽车消费贷款业务中，商业银行与保险公司合作，应注意哪些问题？

问　题

某商业银行拟与甲保险公司合作开展个人汽车消费贷款业务，并签订了《车保贷合作协议》。该业务的担保方式为保险公司提供的履约保证保险，并约定如未办妥抵押，担保人应承担一定的违约责任。在此前提之下，某商业银行同意先放款后办理抵押登记。同时，甲公司建议某商业银行将办理车辆抵押事项、催收等事项全部委托其办理。在该等业务合作中，某商业银行应当注意哪些风险？

法律解析

题述业务属于融资性信保业务。《信用保险和保证保险业务监管办法》

第一条第一款规定："本办法所称信用保险和保证保险，是指以履约信用风险为保险标的的保险。信用保险的信用风险主体为履约义务人，投保人、被保险人为权利人；保证保险的投保人为履约义务人，被保险人为权利人。"第三款规定："本办法所称融资性信保业务，是指保险公司为借贷、融资租赁等融资合同的履约信用风险提供保险保障的信保业务。"第四款规定："本办法所称合作机构，是指在营销获客、风险审核、催收追偿等信保业务经营过程中的相关环节，与保险公司开展合作的机构。"

《民法典》第一百六十一条规定："民事主体可以通过代理人实施民事法律行为。依照法律规定、当事人约定或者民事法律行为的性质，应当由本人亲自实施的民事法律行为，不得代理。"办理抵押登记、进行逾期贷款催收，并非应当由商业银行亲自实施的民事法律行为，商业银行可以委托保险公司代为办理。

最高人民法院在2010年6月24日发布的《关于保证保险合同纠纷案件法律适用问题的答复》中认为："汽车消费贷款保证保险是保险公司开办的一种保险业务。在该险种的具体实施中，由于合同约定的具体内容并不统一，在保险公司、银行和汽车销售代理商、购车人之间会形成多种法律关系。"就保证保险的法律性质，司法实践及学界均有不同观点。在目前法律体系下，司法实践多认为应依据当事人意思自治原则确定合同的性质。如保证保险相关协议中未对保证期间、保证范围、保证责任方式等作出约定，而是按照《保险法》的相关规定分配各方权责利，则应认定为保险法律关系，而非保证法律关系。据此，笔者认为，商业银行在与保险公司开展相关业务时，应当结合业务需要，合理确定双方之间的法律关系，并据此作出不同的约定，尽可能避免法院在合同性质认定方面的不确定性，减少双方在合同履行过程中产生分歧或争议。

审查要点

保险公司与商业银行合作开展信保业务，应严格遵守《信用保险和保证保险业务监管办法》的相关规定。主要包括：

1.经营信保业务的保险公司，最近两个季度末核心偿付能力充足率不低于75%，且综合偿付能力充足率不低于150%。

2.保险公司承保的信保业务自留责任余额累计不得超过上一季度末净资产的10倍。除专营性保险公司外，其他保险公司承保的融资性信保业务自留责任余额累计不得超过上一季度末净资产的4倍，融资性信保业务中承保普惠型小微企业贷款余额占比达到30%以上时，承保倍数上限可提高至6倍。

3.保险公司承保单个履约义务人及其关联方的自留责任余额不得超过上一季度末净资产的5%。除专营性保险公司外，其他保险公司承保的融资性信保业务单个履约义务人及其关联方自留责任余额不得超过上一季度末净资产的1%。

裁判观点

案例：某保险股份有限公司济宁市分公司、某银行股份有限公司济宁分行保证保险合同纠纷案［山东省济宁市中级人民法院（2021）鲁08民终2143号］

裁判摘要：关于上诉人某保险济宁分公司与被上诉人某银行济宁分行之间形成的合同关系性质问题。本院认为，本案中虽双方都未提供保险单，但双方签订了合作协议，上诉人垫付过费用，且上诉人在上诉事实与理由中亦未否定被上诉人的相关主张，根据以上事实综合判断，并结合双方之间发生的多起同类型其他案件，本院认定双方之间应存在保证保险合同关系。保证保险系保险人收取保险费用后，为投保人的债务履行向被保险人（债权人）提供担保，当投保人违约而使被保险人遭受损失时，被保险人有权依据保险合同约定从保险人处获得保险赔偿的一种保险。在保证保险合同中，保险人赔偿的目的在于填补投保人给被保险人造成的损失，所负担的是给付保险赔偿金的责任，而非保证责任。案涉协议或保险单中并未明确约定某保险济宁分公司对债务人的债务承担保证担保责任，对诸如保证期限、保证范围、保证责任方式等保证合同常用条款更无涉及，相反其责任方式主要体现为垫付责任及赔付责任，故案涉保证保险合同并非保证合同，其性质仍属于保险合同，应根据保险合同的约定确定相应的权利义务，这一点在最高人民法院给辽宁省高级人民法院关于保证保险合同纠纷案件法律适用问题的答复［2010年6月24日，（2006）民二他字第43号］中亦有相关认定。

法律延伸

《中华人民共和国民法典》

第一百六十一条 民事主体可以通过代理人实施民事法律行为。

依照法律规定、当事人约定或者民事法律行为的性质，应当由本人亲自实施的民事法律行为，不得代理。

《信用保险和保证保险业务监管办法》（中国银行保险监督管理委员会令2021年第7号）

第一条 本办法所称信用保险和保证保险，是指以履约信用风险为保险标的的保险。信用保险的信用风险主体为履约义务人，投保人、被保险人为权利人；保证保险的投保人为履约义务人，被保险人为权利人。

本办法所称保险公司，是指经银保监会批准设立的财产保险公司；所称专营性保险公司，是指经银保监会批复的直保业务经营范围仅限信用保险、保证保险的财产保险公司。

本办法所称融资性信保业务，是指保险公司为借贷、融资租赁等融资合同的履约信用风险提供保险保障的信保业务。

本办法所称合作机构，是指在营销获客、风险审核、催收追偿等信保业务经营过程中的相关环节，与保险公司开展合作的机构。

图书在版编目(CIP)数据

民法典背景下商业银行担保实务问题100问·法律评析·实务指南 / 胡龙，刘晔主编. — 北京：中国法制出版社，2023.1

ISBN 978-7-5216-3016-9

Ⅰ. ①民… Ⅱ. ①胡… ②刘… Ⅲ. ①担保法－案例－中国 Ⅳ. ①D923.25

中国版本图书馆CIP数据核字（2022）第210311号

策划/责任编辑：刘海龙 封面设计：杨鑫宇

民法典背景下商业银行担保实务问题100问·法律评析·实务指南

MINFADIAN BEIJING XIA SHANGYE YINHANG DANBAO SHIWU WENTI 100WEN · FALÜ PINGXI · SHIWU ZHINAN

主编/胡 龙 刘 晔

经销/新华书店

印刷/三河市紫恒印装有限公司

开本/710毫米×1000毫米 16开 印张/22 字数/326千

版次/2023年1月第1版 2023年1月第1次印刷

中国法制出版社出版

书号ISBN 978-7-5216-3016-9 定价：78.00元

北京市西城区西便门西里甲16号西便门办公区

邮政编码：100053 传真：010-63141600

网址：http://www.zgfzs.com **编辑部电话：010-63141814**

市场营销部电话：010-63141612 **印务部电话：010-63141606**

（如有印装质量问题，请与本社印务部联系。）